中国大学生第一部**最**成功、**最**励志的创业案例智库

最新100个大学生创业致富金点子

魏勤 ◎ 编著

人民日报出版社

图书在版编目（CIP）数据

最新100个大学生创业致富金点子 / 魏勤编著.
—北京：人民日报出版社，2016.6
ISBN 978-7-5115-3552-8

Ⅰ.①最… Ⅱ.①魏… Ⅲ.①大学生－创业－案例
Ⅳ.①G647.38

中国版本图书馆CIP数据核字（2016）第302890号

书　　名：最新100个大学生创业致富金点子
作　　者：魏　勤

出 版 人：董　伟
责任编辑：万方正
封面设计：李尘工作室

出版发行：人民日报出版社
社　　址：北京金台西路2号
邮政编码：100733
发行热线：（010）65369527　65369846　65369509　65369510
邮购热线：（010）65369530　65363527
编辑热线：（010）65369533
网　　址：www.peopledailypress.com
经　　销：新华书店
印　　刷：北京鑫瑞兴印刷有限公司

开　　本：710mm×1000mm　　1/16
字　　数：290千字
印　　张：15.5
印　　次：2017年3月第1版　2017年3月第1次印刷

书　　号：ISBN 978-7-5115-3552-8
定　　价：38.00元

序 言

致青春 我的梦

在2015年全国"两会"上,国务院总理李克强做政府工作报告,13处谈及"创业",为历次报告之最,当年全国高校毕业生749万,为历史最多,他强调要实施好大学生创业引领计划。"中国梦"是新时代的主旋律,大学生创业是践行"中国梦"的一种途径。一时间,"总理都喊你来创业,你还犹豫什么?"迅速在社会上流行。

时下,大学生创业蔚然成风,已在我国各大高校的创业园风生水起,他们创业的身影已经渗透到社会各行各业中,他们有不少独具创业思维,利用课余时间勤奋致富,在象牙塔里不仅收获了知识,也收获了实践经验与财富。自主创业成了越来越多大学毕业生的选择,网络科技、农业种植、加盟店、电商、广告公司……大学生企业如雨后春笋破土而出,他们在学校、工商、税务、风险投资等相关部门的给力支持下,用智慧和勇敢编织了一个个"商业小王国"。所以,近几年来,大学生创业问题一直是社会的热点。

入选本书的大学生创业者,每一个案例绝对真实,有据可查,他们都是80后、90后敢于创业的"牛人",很值得我们点赞,这100个大学生成功创业案例是我们媒体记者用最真实的记录展示他们的创业风采,并将其创业事迹汇编成书。在这些创业者中,有的是还在就读的大学生,有的是刚走出校园的大学生,其中有两位是身残志坚励志创业的大学生。所选的代表来自各行各业,涉及现代科技、三农经济、会展服务、教育培训等诸多领域，创业的方式和经历各有不同，但他们都展现出大学生创业的蓬勃朝气和不懈努力的精神，向社会展示了新时代下"天之骄子"蛮拼的个性，彰显了他们敢于探索、不怕困难、敢于创新、造福社会的优秀品质，最终实现创业的美好梦想。

我们细读这些成功的大学生创业的事迹，无不与"金点子"密切相关。好的创业"金点子"是来自生活的灵感，来自工作的经验，来自对美好未来的向往。这是我们媒体采访100位创业成功人士所得出的心语。《最新100个大学生创业致富金点子》是中国大学生第一部最成功、最励志的创业案例智库，对现代大学生创业颇具现实指导意义。这些大学生成功创业的故事，曾经一度引起社会各行业强烈反响。当初他们没有资源，没有资金，没有团队，其创业过程的艰辛可想而知，但是为了生存，为了展现美好的青春年华，他们努力通过自主创业，铺就了一条光明创富路，以此向自己的青春致敬。

如果你也想创业，如果你也想成为成功人士，或者你正在创业路上，不妨认真阅读这本或许会改变你命运的智慧书籍，看看这些大学生是如何创新理念、回避风险、走上成功创业之路的。他们的故事，也许没有像李嘉诚、马云、比尔·盖茨那样波澜壮阔，但是这些创业故事绽放出的精彩，却值得我们学习。对于普通大学生来说，这100个大学生成功的创业故事，也许比李嘉诚、马云、比尔·盖茨的创业故事更有借鉴意义！

目录 CONTENTS

序言　致青春　我的梦 // 001

001 "餐饮老板内参"运营一年价值千万 // 001
002 "地摊王"休学创办运动品牌店 // 004
003 "卖鱼哥"在寒风中发展连锁店 // 007
004 "蘑菇达人"带领乡亲一起致富 // 009
005 "蚯蚓梦"成就百万富翁 // 011
006 "偷懒"偷得创业灵感，创办宠物商品王国 // 014
007 开心"鸭司令"赚取人生第一桶金 // 017
008 "与蛇共舞"的惊险致富故事 // 019
009 五个U盘起家，五年带动一万个大学生创业 // 021
010 14岁白手起家，19岁身家千万 // 023

011 一辈子的努力，创造两辈子的价值 // 025
012 被省委书记点赞的创业者 // 027
013 年销售额达两亿元的臭豆腐连锁店 // 030
014 从《业主手册》窥见商机，年收入1500万元 // 032
015 IT男另辟蹊径，自创女内衣店 // 034
016 阿勒泰女生在戈壁滩刨出"金蛋蛋" // 036
017 "焊接"变形金刚玩出大名堂 // 039
018 把小菊花做成大产业 // 042
019 "侨乡种子"搭乘"长征"火箭遨游太空 // 043
020 "唐园画室"助百名学生上名牌大学 // 046

- 021 立志在平原建成全球最大的乌骨羊基地 // 049
- 022 办生态鸡场，圆田园梦想 // 052
- 023 办校园杂志，激活校园消费市场 // 053
- 024 帮人修改留学文书三年进账百万 // 056
- 025 不要银行"金饭碗"，要"飞龙"的土饭碗 // 058
- 026 残疾大学生用创业回报社会 // 059
- 027 草原大学生和他的"乐器梦工厂" // 062
- 028 创办自行车 4S 连锁店，月销售收入 50 万 // 064
- 029 创办最大军品网年营收近亿元 // 066
- 030 获得总理接见的创业牛人 // 068

- 031 兼职创业获得人生第一桶金 // 070
- 032 大学毕业创业，当汽修学校校长 // 073
- 033 科技部部长都去捧场的车库咖啡馆 // 074
- 034 创作"鱼皮画"年销售百万元 // 078
- 035 辍学办网络教育，7 年收入达 10 亿 // 081
- 036 艺术设计生养殖火鸡，制作高价值羽毛画 // 084
- 037 从大学贫困生到新型黏胶王 // 087
- 038 从推销雨伞到卖钻石的女合伙人 // 089
- 039 打造国内最大的手机应用广告平台 // 091
- 040 传播蒙古音乐，让世界聆听草原 // 093

目 录

041　大四学生创办跆拳道馆 // 095

042　大学生"鹅老板"不怕被成功复制 // 097

043　独腿90后撑起一个海洋俱乐部 // 099

044　发明无烟烧烤工具,获国家发明专利 // 101

045　大学毕业勇敢创业,刷马桶"刷出"财富路 // 104

046　哈佛女生把青海牦牛卖到全世界 // 107

047　黄河岸边创业造福更多老百姓 // 111

048　建筑系学生摇身变为"芋头大王" // 114

049　凉皮连锁店带动1700人就业 // 116

050　开发校园食堂广告代理权 // 118

051　开免费复印店,一年赚一部跑车 // 120

052　在校开水吧,年创收300万 // 122

053　他让媒体机遍布天津写字楼 // 124

054　野外露营悟出帐篷"大钱景" // 125

055　北大金融法硕士毕业卖米粉 // 128

056　大学卖棉被半个月收入200万 // 131

057　武大学子卖手绘古城地图年收入70万 // 133

058　闪银办起国内首家大数据信用评估公司 // 134

059　动画梦想家年盈利200万 // 137

060　牧民学子创意"唐卡"淘出"钱景" // 139

061	在泥巴上创业，小小泥鳅赚外汇	// 142
062	年销百万的"红色纪念品"	// 145
063	农村"飞"出一个"灵芝大王"	// 146
064	农大毕业生创业成功并上市	// 148
065	从地震灾区走出来的女"山大王"	// 151
066	女大学毕业生当"猪倌"闯出大名堂	// 153
067	大学毕业后创办会展策划公司年收入600万	// 155
068	女大学生毕业养兔子年产值千万	// 157
069	炮兵学子结缘万条"娃娃鱼"	// 159
070	"柴百万"盆栽韭菜年赚千万	// 161
071	放弃教师编制，创办英语学习班	// 164
072	三年成为世界孔明灯"一哥"	// 166
073	"三女侠"的放心早餐车遍布天津	// 168
074	绿色养殖将害虫"变"金虫	// 171
075	为客户省电一年接单2000万	// 173
076	创业10年成为身家2亿的服装大王	// 175
077	水果味玉米带来了"玉米财"	// 177
078	大学毕业后做个甜蜜的养蜂人	// 179
079	外语女生变身"葡萄专家"管理千亩葡萄园	// 181
080	90后女生包下千座茶山成中国茶王	// 183

目录

081	文科状元返乡种菜成千万富翁	// 187
082	外语女生摇身变为"养牛状元"	// 189
083	小小面包大财富年销亿元	// 191
084	取得国家摄影师资格创业赚 600 万	// 193
085	大学宿舍诞生的"千万富翁"	// 195
086	小竹鼠蕴藏大财富	// 198
087	养猪失败后办电子厂大获成功	// 200
088	大学毕业自创业,一年卖出 30 万头土猪	// 203
089	在大学里创业成为百万富翁	// 206
090	在校生成世界最年轻的"艺术蛋糕大师"	// 208
091	植物墙里种出"黄金果"	// 211
092	中国最牛的"速记"团队	// 212
093	让黑木耳变成"黑金子"	// 215
094	种养"两手抓",每年抓到 80 万	// 217
095	自创"绿媒"广告,获国家专利证书	// 219
096	走出校园进山村种植猕猴桃	// 221
097	大学毕业做"青蛙王子"年入 4000 万	// 223
098	丝绸剪纸画,成就创业梦想	// 226
099	做中国"最值钱"的煎饼人	// 229
100	轻轻松松做字画经纪人	// 232

后记 相信自己的力量 创业从梦想开始 // 235

001
"餐饮老板内参"运营一年价值千万

谁也没有想到,运营不到一年时间,一个叫"餐饮老板内参"的微信公众号被做到估值上千万元,获得风险投资200万元。这家由两个80后创立、办公地点在郑州各个咖啡馆的"轻公司",是如何实现一个蝌蚪级公司的天鹅梦的?在其CEO秦帅超看来,风投其实离你很近,"用心做好玩的事,别人就会找你来玩。"

做"U盘化生存"的轻公司

大学毕业后,秦帅超曾混迹于互联网、新媒体,而谭野也在郑州多家媒体单位做过广告、记者等工作。和秦帅超约好的采访地点,在农科路一家咖啡馆。一台苹果笔记本、一个手提包、一杯饮料,便是他平日里的办公状态。

追求自由的两个前媒体人,在2012年三四月份谋划创业时,就定位于要做一家轻公司。秦帅超不希望把创业做成一件悲情的事情,"不想做传统中的苦逼式的创业,我们就想轻松自在地做一件事情。"

近一年时间,他们的工作地点,大都在郑州大大小小的咖啡馆,秦帅超笑言自己快把郑州所有的咖啡馆跑遍了,"我们是U盘化生存的公司,只要有网络、有电脑,就能办公。"

2013年5月,经过考虑,他们决定搭建一个商业新知识分享平台——瓦特课堂网,整合各行各业的牛人,分享靠谱的"干货"。

从培训网站到垂直自媒体

经两人深思熟虑之后,这个网站在上线前期的一次头脑风暴中被毙掉。

毙掉的原因很简单：盈利模式不清晰，项目无法变现，"我们的网站只能对来听课的人收费，就算自己很忙，一个月做很多场，也赚不了多少钱。"

秦帅超说，创业首先要考虑的是生存，"瓦特课堂网"看似前景广阔，却难以盈利。于是，在和二兔创始人黄涛讨论了近两个小时之后，他们决定将这个项目毙掉，重新进行定位。

这一次，他们决定做自己擅长的领域——餐饮。秦帅超在一网站做过生活美食频道，谭野之前做过餐饮记者，两人在这一点上一拍即合。

领地便设在刚刚开始的微信平台上，做一个针对餐饮业老板人群的订阅号，名字就叫"餐饮老板内参"，每天推荐一篇文章，以互联网视角给传统餐饮业老板提供有价值的参考。

"当时已有很多美食分享类的自媒体，别人都做'2C'，我们做'2B'，将用户群体转向餐饮老板。"秦帅超说，以往大家对餐饮业的认知停留在低端和传统上，随着有互联网思维的外行不断进入，餐饮业也逐渐时尚起来。

秦帅超设定的目标是，有200名餐饮老板关注这个公众号之后，就很容易找到变现之道，进而能维持公司生存。

做好内容吸引客户

出乎秦帅超意料的是，这一目标很快便成功实现。

"2013年8月1日，我们推出第一篇文章。第一个月我们计划把自然增长粉丝目标定为100个，结果大大超出我们预期，主动关注的餐饮业老板和业界人士达到300多个，其中不乏知名的餐饮品牌。"秦帅超说。

如今的"餐饮老板内参"已经有了专门的编辑，但秦帅超仍然坚持每天的内容要由他自己来发。在他看来，互联网的传播方式，是靠内容本身来传播，第一个月的粉丝增长，正是朋友圈内的好友们对公众号内容的认可。

粉丝的爆发式增长缘于秦帅超发表的一篇名为"餐饮老板如何变身微信达人"的文章。文章发表后，在迎来粉丝的爆发式增长之后，他们也迎来了自己的第一桶金。

"帮助广州一个客户做一个在自媒体上的产品推广方案，收费1.5万元，这就保证了我们初期的运营。"秦帅超说，前期靠自媒体本身赚钱并不容易，更多的盈利来自推广和咨询。

随着商家对自媒体推广的需求越来越多，"餐饮老板内参"也迎来了更多大客户，秦帅超逐渐找到了变现的方式，一方面坚持做好内容吸引客户，另一方面通过为客户做好服务实现盈利。

风投公司抛来橄榄枝

2014年7月19日晚，秦帅超在他个人微信朋友圈宣布："'内参'一周岁之际，收到了最好的生日礼物：刚刚正式获得深圳微玺的天使投资……"

这一消息一公布，朋友圈里立马炸开了锅。

"餐饮老板内参"获得深圳微玺的天使风投，是国内第一个融资成功的垂直类自媒体。这也是秦帅超原先没考虑过的事情。在他看来，风投是一件离自己非常遥远的事情，当微玺投资找上门来邀请他去参加路演时，他第一感觉是"这事儿没戏"。

抱着试一试的心态，他用一下午做好了PPT，作为当时24个项目之一参加了路演。靠谱的地方正是在于盈利模式清晰、有成功案例支持、有未来想象空间，"PPT内容虽然不多，但是我们讲清楚了现在是什么、目前做了什么、将来想做什么。中间的成功案例以及多位名人及餐饮老板的代言也起到了很大作用，影响力的可视化很重要。"

很快，秦帅超得到了通过路演的消息，在和投资人面谈时，用了半小时就搞定。

"其实在最后坐下来谈的时候，对方对我们的项目已经有了充分了解。"秦帅超说，互联网项目风投和传统意义上不一样，投资方更容易判断项目的价值，并不需要很详细的商业计划书和前期调查，谈好之后资金很快到位。

搞定风投需做好三件事

他建议创业者，如果你想搞定风投，需要做好三件事情：创始团队、商业模式及想象空间。

首先，项目发展初期的创始团队很重要，你们是干什么的，决定着你们是否能做成功。

其次，商业模式要清晰：你是做什么的，你的用户是否会买单，你通过何种方式盈利……"和我们一起参加路演的很多项目，都说我坚信我未来一定会赚钱，但是不正面回答风投问到的赚钱问题，而最后获风险投资的，恰恰是3个具备盈利能力的项目。"

最后，是要有充分的想象空间。风投公司更愿意投资未来有更大发展空间的项目。

002
"地摊王"休学创办运动品牌店

从校园里"摆地摊"起家,到事业网点辐射乌鲁木齐各社区,成为高校的"地摊王",再到如今拥有17家专卖店、100余名大学生创业成员、500万元净资产,迈出这三大步,24岁的新疆大学学生高泽宇只用了3年。

创业之初,高泽宇就认定只有做到专业,才能在竞争中立于不败之地。因此自创业起,他就向顾客提供专业的售后服务:所有产品终身免费维修,并免费维修非本店购置的品牌运动鞋。

然而,他并不满足于此,他有着更大的抱负:要吸纳更多的大学生创业,真正做到"万人同创业"。

喝自来水、吃馕成就"地摊王"

高泽宇刚入学时,没有满足于安逸的校园生活,而是想着如何利用课余时间进行勤工俭学,为自己赚取学费和生活费。入学不久,他便萌发创业念头,还曾对同学宣称"要做中国优秀的企业家",却遭到同学的嘲笑,说他是在做白日梦。

同学的嘲笑并没有打击高泽宇的信心。为了找项目,他几乎跑遍了乌鲁木齐,最终拿着筹到的5000元钱,决定从摆地摊做起。他给自己算了一笔账:假如毕业后去找工作,以月薪2000元计,贷款30万元买房,20年不吃不喝才能还清,而摆地摊第一个月、第一年可能不赚钱,但往后,钱可能翻倍地赚。两相比较,自然是创业成功的机会大。

2006年夏天,高泽宇召集了平时要好的20多名同学,在新疆大学找了块空地,把物美价廉的品牌运动鞋摆满了3张课桌,卖力地推销,然而只卖一天,学校就不让摆了。暑期他们便将目光转向小区,没有运输工具,他们就用床单打成背包,背着去小区卖。

创业的艰辛让他们更懂得金钱的来之不易。炎炎夏日,他们连一瓶矿泉水都舍不得买，每天就吃馍、喝自来水。每天下午3点多开始摆摊，常常在小区坚持到凌晨1点多才离开。回到学校已经深夜两三点，还要聚在一起讨论一天的得失。

大学生放下身段到小区摆地摊并不常见，别人不理解，被人挖苦是常事。因此，第一天练摊，就有一半的伙伴退出，一周后，仅留下5名同学。但这并没有吓住高泽宇。在他看来，地摊经济就是要人多，一个人摆摊和几百人摆摊的效果必然大相径庭。他坚持不断扩充队伍，还通过开讲座传播创业经验，招募更多有创业理想的学生加入。

"地摊经济"越做越大，高泽宇要花费更多时间在创业上，学习和创业不能兼顾。再三权衡后，他选择休学两年，一心一意地开创自己的事业。

高泽宇并不满足于只做运动鞋的生意，开始开发电子产品。听说广州电子产品进价低，他就只身一人到广州进货。在广州，他曾用4000元买来一台假笔记本电脑，防骗经验增长的同时，他也有了更长远的计划，准备在广州建立发货办事处，以西安为总部，发起以笔记本电脑等为突破口的西北5省电子产品攻坚战，客户群体为高校学生。

一边是品牌运动鞋，一边是电子产品，高泽宇面向社区和高校的"地摊经济"越做越大，乌鲁木齐市几乎所有大型社区和主要高校都有他的地摊创业团队，团队成员越来越多，资金也越来越足。高泽宇把所有资金都投入到事业中，创业3个月后，他们在乌鲁木齐市有了第一家实体运动品牌店。

两次重组，创业团队走上正轨

创业之路充满荆棘和坎坷，高泽宇在3年创业路上也经历了大起大落。

2006年10月23日，正在西安开发市场的高泽宇得到部分团队成员背叛的消息，立即回到乌鲁木齐。回到库房，眼前的景象让他目瞪口呆：库房里大量运动鞋被4名团员私分，现场人去楼空，一片狼藉，留下了40余万元的债务由高泽宇承担。他意识到，用感情维系来管理团队已经不管用了。

面对如天文数字般的债务，高泽宇甚至有过轻生的念头。但一番痛苦抉择后，他决定重新振作起来，重组团队。经历过失败的他深谙财聚人散、财散人聚的道理，他要让每个人都树立主人翁意识。但由于缺乏管理经验，2008年5月，第二次团队危机也悄然爆发，5个和高泽宇从摆地摊时一同走来的创业伙伴此时对创业失去兴趣，开始拉帮结派。面对日益紧张的团队关系，事业继续拓展无望，高泽宇下决心解散团队。

那天会上，除了不想创业的5个人，其余人获悉后都失声痛哭。他们堵住大门、高喊继续创业的样子让高泽宇热泪盈眶。回想创业以来的点点滴滴，他决定和剩下的十余名成员继续为共同的创业梦奋斗。

从摆地摊开始，高泽宇的身边始终围绕着一批有创业激情的大学生创业者，这让许多人感到好奇。从2006年就一直跟随高泽宇创业的赵志强说，完全是高泽宇的个人魅力使然。他难忘第一次旁听高泽宇与团队成员开会时的场景：从晚上10点至第二天凌晨5点，高泽宇神情激昂地与团队成员畅谈未来发展、梳理目前存在的难题。这种忘我的创业激情震撼了他，他预感高泽宇日后定会成功，下定决心要跟他共同创业。

2008年5月至今，上下拧成一股绳的大学生团队进入了快速发展期，公司设有市场部、销售部、宣传部等，部门间权责明晰、责任明确，团队中以能力为先，谁能力强就负责主要事务。团队以高泽宇为主要负责人，主要管理者8名，团队成员20余名，另有大学生员工百余名，成员平均年龄不到24岁。

如今，他们的运动品牌专卖店已经开了17家，预计在今年10月，专卖店将扩张至50家；同时，业务面也越拓越宽，今年还开发了装修业务。

昔日为创业而休学，今日回炉重读

3年前，为了全心全意投入创业，高泽宇和公司宣传主管赵智强都选择了休学。但在创业过程中，高泽宇有时也感到力不从心，制度管理、人文知识匮乏，让高泽宇感到急需"充电"。去年，公司终于走上良性运转轨道，24岁的高泽宇来到新疆财经大学学习工商管理，22岁的赵智强则在新疆职业大学学习连锁经营管理。

高泽宇常被同龄人称为"叔叔辈"，他外表成熟，稳重又健谈。他和时下的年轻人似乎没有多少共同点，他不爱上网、不会打游戏、不懂手机的各项功能；他每天只睡4小时，剩余时间几乎全花在发展事业上……

高泽宇的公司以"万人体育用品有限公司"命名，饱含了他远大的理想抱负：吸纳更多的大学生共同创业。

如今，他的体育用品店和"地摊经济"成为许多大学生闲暇时的打工首选，部分学生还被选拔为团队成员。同时，他还在积极筹办大学生创业联合会，希望为有创业理想的大学生建立一个交流平台，并为他们提供实习实践基地，打造真正的万人创业。

003
"卖鱼哥"在寒风中发展连锁店

"来,乡亲们,瞧一瞧啊!福海县野生有机冷水鱼,大鲤鱼、大狗鱼都是活的哦。"1月18日新疆福海县冬捕节开幕当天,24岁的陈枫迎着凛冽的寒风在现场大声吆喝着。陈枫身穿军绿色皮大衣,脸上的围脖已经结着一层厚厚的冰碴。

在福海县渔场熙熙攘攘的道路边,"把'福'一起带回家——大学生创业联盟"的红色条幅很显眼,七八个和陈枫穿着一样的大男孩在摊位前忙碌着。陈枫兴奋地对记者说:"为了备战今天的冬捕节,我和伙伴们凌晨四点半就开始准备货物了。"而与他一同创业的这群年轻小伙竟都是大学生。"职业不分贵贱,只是分工不同,普通人能做的事,大学生同样可以做!"

年轻,就应该敢去打拼

2013年,陈枫从新疆职业技术学院市场营销专业毕业。毕业后在家乡的一家私企做会计,一个月有6000元的收入。虽说在同学朋友的眼中他有一份收入可观的工作,但在陈枫心里一直有个自主创业的想法:"我还年轻,应该去打拼一下才不会后悔。"

因为是土生土长的孩子,陈枫从家乡的发展变化中嗅到了商机:这几年福海县的冬捕节影响力越做越大,吸引的游客也很多,何不利用这个时机,做鱼的买卖?闲谈时和高中同学王卓说了自己的想法。当时王卓大专毕业刚回到家乡,正在找工作,听了陈枫的想法非常赞同,两个人一拍即合。于是陈枫不顾亲戚朋友的劝阻,辞掉了工作。

创业始于2013年冬捕节即将开始的头一个月,他们二人开始着手筹备货源。可人手有限忙不过来,他们又想到发动身边的高中同学,蔡飞就是其中之一。当时他放寒假在家休息,一听老同学的召唤,马上又联系了六七个中学同学,大家都觉得这个事可行。很快明确了分工,有负责收购的,有负责加工的,还有联系销售的。清晨五点多蔡飞就守在乌伦古湖岸上，等着购买水产公司打捞出的新鲜鱼，第一次进了一吨的货，由于资金有限，他们只对这些鱼进行了简单地加工、包装。

冬捕节当天他们在渔场路边摆了个地摊，虽是"初生牛犊"，但他们的销量却相当不错。第一天全部卖完，一天就挣了近七万元，前后一个月的时间里，除去本钱他们净挣四万元多钱。看着自己人生第一桶金，大家信心满满。

出摊一天卖光光

有了第一年的销售成果，大家总结经验，继续为第二年的冬捕节备战。2014年1月18日冬捕节开幕当天，他们进了三吨货，第一天就卖出去近一半。"我们今年更有信心。"陈枫笑着说，他们将销量好归功于自己的鱼不仅品质好，而且还干净卫生，"更重要的是，我们的服务态度很好，会和每一位前来买鱼的顾客讲解如何选鱼，每种鱼用哪种做法口感会更好，顾客很认可这种方式。"明年，他们打算把制作鱼的烹饪手法做成手册放到礼品盒里。

陈枫说，为了这一季的销售，一个月前，他们从早上五六点一直忙到晚上七点多，每天收购回来的鱼都是他们自己刮鳞破腹，再到真空包装，每一个环节都做到保质保量。这几天尤其忙，收摊后还要准备第二天的货，晚上还要住在没有通暖设备的彩板房里看货。虽然很累，但是看到鱼卖出去了，大家心里很安慰。

要创立自己的鱼类品牌

创业的过程也让陈枫看到了自己这个团队的短板，就是光靠自己这几个同学的力量是有限的。于是，2014年，他们找到福海县人社局创业指导中心，在专业老师的指导下，他们拓宽思路，一步步朝着既定目标努力着。10月份，他们筹资在渔场附近盖了一间20平方米的简易彩板房，又买来了包装机。目前他们正积极争取着大学生创业贷款。

"下一步就是建立我们自己的鱼类品牌，我们有自己的优势，团队中有学市场营销专业和计算机专业的同学，我们根据我们的特长做前期市场调查，建立自己的品牌主页；等我们有了自己的品牌后，我们还要成立一家公司，然后搞连锁化发展。"陈枫这位"卖鱼哥"自信地对记者描绘着他未来的卖鱼之路。

004
"蘑菇达人"带领乡亲一起致富

他叫王浩春，年仅24岁，是位典型的腼腆陕北后生。当同龄人大都还在校园里享受最幸福的时光或者刚迈出校门走向社会打拼时，他已经是一位管理着几十号人的少年厂长。虽然工人们都称呼他为"小王总"，但正是这位"小王总"好几次乾纲独断的决策让这个生产食用菇的厂子越来越红火，因此工人们也越来越"服"这位"小王总"。如今，他已经带了村里30多名乡亲一起干，未来他还计划让周边几个村子的村民都加入进来一起致富。

放弃稳定工作　带领乡亲一起致富

家住陕北绥德县芄园沟乡高舍沟村的王浩春，2010年毕业于山东煤炭高级技工学校，由于工种紧俏的缘故，他顺利地在临沂矿务局找到了一份工作。当时大学生月薪普遍低于3000元，而四年前王浩春每月的工资就达到了4000元。然而渐渐地，他厌倦了这份工作。

在外打拼挣钱的日子里，他每每想到父辈们年复一年、日复一日面朝黄土背朝天地辛苦劳作，也未能改变贫困的生活时，便暗暗下了决心，一定要帮村里的乡亲富起来，让大家过上好日子。

回乡创业的念头越来越强烈，归心似箭的王浩春毅然回到了他土生土长的高舍沟村。仅仅一年多时间，最初的梦想开始崭露头角。在芄园沟乡宁静的乡间路上，放眼望去，一处平坦草滩地上的大型建筑房，格外惹人注目，这里正悄然孕育着一位90后的现代农业梦——食用菌种养殖。

认准方向就要不断突破困难

王浩春在一次外出考察中，意外发现"食用菌种养殖"市场前景非常广阔，而这样的现代养殖在当地还是一个空白，这让他眼前猛地一亮。打那时起，他就到处奔走调研，请行业专家反复论证。一番斟酌后，他一门心思搞起了"食用菌种养殖"。

掏出家底，又贷了些款，他筹集了700多万元，大胆地启动了食用菌项目。一块20亩的草滩地开启了创业之路，从土地平整、水电路到厂区等系列基础设施建设，一切都要从零开始。他谋划的项目也有人质疑过，但最终他没有动摇自己的选择，在当地党委政府的帮助下，完成了所有审批手续，成立了绥德县芄园沟乡恒业现代种养殖专业合作社，实行"合作社+基地+农户"的生产模式。

第一步往往是艰难的，尽管已拥有了大型厂区、研发实验室、先进的设备、丰富的原料，但在第一年的5月，由于液体菌种培育科技含量较高，技术人员经验缺乏，出现了菌丝体发育不成熟、培养料碳氮比失调、培养料酸化等问题，导致无法出"菇"，直接损失80多万元。

就这样，王浩春的第一次菌种培育宣告失败，此时的他看在眼里急在心里。在分析和琢磨后，王浩春意识到光有研发室、没有精湛的科研团队万万不行。为此，在政府的支持下，他参加全国食用菌新产品新技术博览会暨市场流通峰会，通过向与会教授学习，从中国农业大学、山西农业大学、西北农业科技大学专门聘请了经验丰富的专家和技术人员指导解决生产中的技术难题，不断加强液体菌种的培育能力。

在试验的三个月里，技术员凝神聚力，7月8日终于迎来了菌种培育的成功，这意味着首批平菇、灵芝、杏鲍菇、黑木耳、金针菇、茶树菇、秀珍菇、双孢菇等多个品种的"液体菌种"培育成功。

王浩春不忘初衷，在规模还比较有限的情况下就为30多名乡邻提供了就业岗位。他还免费为芄园沟乡"幸福院"里的所有老年餐桌提供新鲜的食用菌菇，让他们尽情享受这份温暖。

"浩春很有想法，有干劲儿，从回村到建厂投产，一路走来真是不容易，我可以说是个见证人。"高舍沟村党支部书记王亚雄说，"一些群众在这里不仅有了稳定的收入，每月不仅有两天的带薪休假日，还为每位员工购买了保险，他用人性化的管理，让大家工作起来更加愉快、安心。"

展望未来　规模化　产业化

目前，一期育种间、养菌间和二期出菇间的厂房已建成投运。现在平菇已正式投产，日均生产新鲜食用菌7000公斤，已经向周边县区开始销售批发了。项目总投资1600万元，目前已完成投资1200万元，预计年生产能力达到2100吨，年产值1100万元。

王浩春向记者坦言，他现在压力很大。"开弓没有回头箭，我现在必须努力把这项事业做大做好，只有这样才能带动乡亲们增收。"王浩春还说，"现在主要就是资金缺口比较大，希望政府能在资金和政策方面加大支持力度。"

王浩春向记者描绘，在未来争取把食用菇做成芪园沟乡乃至绥德县的特色产品，到时候只要政府向老百姓修一批大棚，他来负责向乡亲们免费发放种子和提供技术指导支持，到时候乡亲们就可以体面地赚钱了。说到这里，王浩春的脸上乐开了花，仿佛看到了那一天一样。"现代设施农业必将是农业未来的发展方向，创业才刚刚开始，路还很长，困难还很多。"在"现代食用菌产业"前冠上"恒业"二字，王浩春有他的深意：永不放弃、持之以恒的事业。

005
"蚯蚓梦"成就百万富翁

不做城里人，回乡当农民。现年28岁的刘军，2011年7月从山东农业大学研究生毕业后，主动放弃在城里高薪就职的机会，毅然回到江西省信丰县老家，在嘉定镇龙舌村养起了蚯蚓。经过几年的打拼，刘军不仅成了当地的致富能手，还发挥专业特长，利用无害化处理过的猪粪养殖蚯蚓改良土壤，使原本寸草不生、沟壑纵横的稀土尾砂地，转化为平整松软的肥沃土地。凭着在这一项目上的突破优势，刘军夺得了2013年第二届"赢在江西"青年创新创业大赛的冠军。

不顾一切反对　放弃高薪回乡养殖蚯蚓

春节后，记者来到信丰县嘉定镇龙舌村一处叫阿厦塘的山坳里，刘军的信丰县归根生态科技示范基地就在这里。近百亩集中连片的土地上，一畦畦标准的蚯蚓床整齐有序。刘军正手持锄头，和工人一起翻垄挖收蚯蚓。

刘军说，这种蚯蚓名叫"大平2号"，不仅可以用来喂养泥鳅、鳗鱼、甲鱼、石蛙等，还可药用，市场需求量非常大。此外，这种蚯蚓的繁殖能力很强，每月可挖收一次，市场价位根据季节需求而定，一般为每公斤16元到30元不等。目前，仅蚯蚓养殖一项，给刘军带来年收入达百万元。

3年前，刘军大学研究生毕业后回乡养起了蚯蚓，成了附近乡亲眼中的另类。父母好不容易供他读完大学，当然希望他能留在城里工作，而他却不顾父母及亲友的劝说，放弃了在大城市的高薪工作，回到老家承包土地养殖蚯蚓。一时间，父母骂他是不孝儿。左邻右舍也对他冷嘲热讽："一个大学研究生，好不容易丢下锄头到城里生活，现在又回乡下当农民，这书不就白念了！"

刘军没有被困难和流言吓倒，而是充分发挥所学专业知识，在家乡广袤的土地上，毅然开始了自己"蚯蚓梦"的创业之路。

重大突破　稀土尾砂地变废为宝

刘军说，在中国，养殖蚯蚓的人不少，尤其是北方，几十年前就有人开始养殖蚯蚓。在大学时，他研究的课题就与这有关。

2010年暑假，刘军获悉信丰生猪养殖规模大，每天所产生的猪粪有几千吨，而这些猪粪除了部分用于果园、菜园、稻田作肥料外，大多被排在山涧河道中，给生态环境带来了很大污染。既然有这么多的猪粪，何不把它利用起来养殖蚯蚓？

返回学校后，刘军开始着手相关研究，成功掌握了猪粪无害化处理技术。2011年7月，返回家乡的刘军，把经过无害化处理的猪粪用来饲养蚯蚓，结果取得成功。经不断摸索和技术改进，刘军用猪粪养殖蚯蚓，亩产量可达3500公斤，比国内其他用牛粪养殖蚯蚓的产量高出近一倍。刘军所掌握的这项技术，一举攻破了"猪粪难以养殖蚯蚓"这一课题。而更让刘军感到欣喜的是，用猪粪养殖过蚯蚓的土地，土质变得暗黑，异常肥沃松软。刘军于是把目光瞄准了当地的一些稀土尾砂地。当年冬天，刘军租赁了嘉定镇龙舌村阿夏塘一块100多亩的稀土尾砂地进行试验。经过两年多的试验，原本100多亩寸草不生、沟壑纵横的稀土尾砂地，已变成平整松软的肥沃土地。从此，刘军把技术示范基地设在这里，昔日这块超百亩的稀土尾砂地逐渐消失，成为一处"聚宝盆"。刘军这一治理稀土尾砂地的办法，得到了赣州市矿管、水土等部门的高度赞扬。

去年1月，在第二届"赢在江西"青年创新创业大赛的总决赛中，刘军的"用猪粪来养蚯蚓，再用蚯蚓来改善土质"创业项目，征服了在场评委，从入围决赛的15名选手中脱颖而出，获得冠军，并赢得10万元创业奖金。

自行钻研　脐橙专用肥将投放使用

随着基地规模的不断扩大，加上研发的多个创业项目获得成功，江西、山东、广东、湖南、河南等地的多所农业大学，邀请刘军前往授课，介绍返乡创业的成功经验及课题交流。刘军的两名学弟大学毕业后也慕名前来，辅助刘军一起研发新的项目。

一些信丰本地及周边的菜农、果农、苗农都纷纷前往刘军的养殖基地，收购他养殖蚯蚓后的猪粪。刘军开始思量，赣南是脐橙之乡，但目前仍没有专供脐橙使用的肥料。于是，刘军经过配方改良，研发出了脐橙专用肥。目前，该专用肥项目的研发，已通过了江西省科技厅专家的评审。为了使该专用肥能尽快生产投入使用，刘军目前正在基地内建设一个2000平方米的生产厂房，并与信丰当地一家大型果业公司达成协议，创办一个大学生创业基地，招收相关专业的大学生，成立创业团队，最终达到共赢的目的。

刘军透露，目前，国内已有多所农业大学的老师向他推荐人才，其中有不少大学生已签订了工作意向。刘军说，创业基地建成后，脐橙专用肥很快会生产出来，并投放到市场。

心怀梦想　搭平台携乡亲共同致富

刘军成功创业的事迹经媒体报道后，引起了中央电视台农业频道《致富经》栏目的关注。3月2日，该栏目特别派出两名记者，从刘军就读的山东农业大学开始拍摄，一路南下，经南昌、吉安等地寻访客户，最终到达信丰，直至3月18日结束行程返回北京。全程采访，详细记录了刘军返乡创业的创业故事。

刘军说，返乡创业的想法，在大学时期就有了，经过几年的努力，这个梦想已经实现，但一人富不算富，大家富才是富。近两年来，刘军在创业打拼的同时，没有忘记帮助当地乡亲。附近村民在种养殖方面遇到了什么问题，只要找到他，刘军都会提供无偿帮助。无法指导解决的，他就通过自己的人脉关系，帮助联系有关专家前来指导。

2011年，刘军种植象草饲养蝗虫取得成功，经媒体报道后，不少省内外的农户打电话或慕名前来，找到刘军咨询饲养技术，他都毫不保留地提供给大家。与此同时，刘军的生态科技示范基地招聘了不少当地的中老年人及妇女任员工，每月工资两三千元，让他们实现家门口就业。

刘军表示，自己返乡创业，当时就认准了一个理："身为一名大学生，首先要摆放好自己的位置，不管到哪里，从事什么工作，只要用心去做，就能实现自己的梦想！"

006
"偷懒"偷得创业灵感,创办宠物商品王国

5年前,肖宇等3名研究生因为偷懒不想考试而去做课题,结果没想到在课题中发现了商机,于是投资2000元起家,在20平方米的出租屋里开起了宠物用品商店。没想到生意越做越大,不得不几易场地。到现在,他们一年的销售额已达2000多万元。

做个课题就能代替考试　他偷懒偷出了创业灵感

"我们的创业来得很偶然。"昨日,E宠商城合伙人之一肖宇说起创业过程,称从没想过自己会做这一行。

事情得从2007年说起。当时,肖宇在重庆大学经管学院读研一。因嫌电子商务这门课程很枯燥,他上课总是无精打采,面对考试更是挠头。见他挠头擦痒的样子,教授就调侃说:"你不喜欢这门课,不想参加考试也可以,但条件是要做一个电子商务方面的规划课题,合格了就免考。"

听到教授这样一席话,肖宇高兴极了。于是张罗着四处寻找电子商务方面的课题做。可是,在调查时,网商老板一听他的来意都纷纷拒绝。加上当时重庆电子商务方面做得好的企业的确很少,完成这方面的课题不是一件容易的事。

好不容易得到的偷懒机会难道要放弃?肖宇当然不干。眼看交课题的时间越来越近,肖宇就近取材,把同班同学杨华和校友余振共同建的宠物光易网站列为课题研究对象。接下来,在查阅了大量的资料后,他用两个月完成了近30页的宠物电子商务商业计划书。出乎意料的是,课题交给教授,他获得了全班最高分。

作业过关了,另一个想法同时在肖宇头脑中形成。做课题过程中,肖宇发现,无论国际国内,都市发展与宠物服务行业的成长是成正比的,而针对这个行业的电子商务在国内参与的人很少,重庆更没有这方面的网站。有市场,没竞争,肖宇觉得,这应该是个绝好的商机。

有明确战略步骤　敢于两年时间不赚一分钱

研究生自然是高素质人群，他们做生意是不是比别人更有优势呢？

事实上，肖宇和他的同学确实把生意做得和别人不太一样。他们有明确的战略规划，有踏实的实施步骤，甚至敢于用2年时间不赚钱。这一点，并不是所有的创业者都能做到的。

他们也有一般创业者都有的艰难付出。为了保证服务质量，他们也玩了命。

有了创业灵感，肖宇把自己的想法告诉杨华和余振说："不如我们就按计划书做，干脆开一家专卖宠物用品的网店。成功不成功，都算是我们玩了一把社会实践。"

大家一拍即合，很快凑起2000元钱，在校区内租了教师公寓一个顶楼约20平方米的房间，搬去两台旧电脑，就开始了他们的网店创业历程。

在没有资金作支撑的情况下，按照计划书，3名合伙人决定实施三步走战略：第一步"社区化"，聚集目标客户；第二步"商务化"，提供用品给目标客户；第三步"服务化"，提供服务给目标客户。

"当然，三步走的目标是一个漫长的过程。"肖宇说，三步中的第一步，他们用了整整两年时间。由于第一步不卖产品，他们四处游说拉宠物用品店搞活动，通过互动提升网站影响力。同时，适时组织一些社会活动，向外界宣传推介网站，用不同的方式提高网点的点击率。这期间，由于没有进账，网站的维护和运营费用，3人就靠兼职打工赚钱来支付。

2009年，见网站点击率每天达到6000次以上，3人借助第一步放水养鱼的基础，着手实施第二步"商务化"目标，开始在网站上卖宠物用品。

网店要上实物样品照片，没有实物也没有摄影棚，3人就把简易版摄影棚搬到批发市场的路边，向批发商借一个商品拍了照片，又赶快还回去。很多批发商不知道他们的目的是什么，不借商品让他们拍照，他们耐心解释，说了不少好话，"口水都说干了。"

当时没钱进货，他们就把网店开在距离批发市场1公里内的地方，接到订单后立即到批发市场进货。为节约成本和保证服务质量，3人自己当送货员，白天配货打包，晚上分头坐公交车或走路送货。

服务质量一点不打折　宠物用品年销2000万

"说是玩，其实真正玩上了，由不得自己不玩命。"肖宇说，特别是网店刚进行商务化的阶段，他们既是老板又是送货员。起初3个月，3人每天送完货回家，倒在床上就睡着了。但看到每天的进账越来越多，哪怕送货到凌晨也没有一个人喊累。

"我们一直把服务质量放在第一位。"肖宇说，有一次，他接到一笔渝中区临江门的宠物食品订单。当时天下着大雨，他冒雨送货，把伞全部遮着货。交货时，宠物食品一点没打湿，自己却淋得像落汤鸡。"这样做完全是为了保证服务质量，这样的事情还有很多。"

肖宇说，前年，他们也遇到过一次公关危机。一个用户收到天然狗粮后发现长虫，在网上发帖投诉。他经核实发现，是库管的疏忽造成的，于是收回狗粮，发出道歉公告。从此以后，他们投入狗粮包装成本，杜绝类似事情发生。

正是因为这样的服务理念和创业精神，E宠商城3个月就成为重庆宠物行业最大的网店。不到半年，又成为重庆宠物行业最大的零售商。

肖宇称，E宠商城经过5年的积累，现在每月的宠物用品销售量每月以10%的速度增长，年销量达到2000多万元。

准备向全产业链扩张　想到国内城市设分店

"我们现在经营的宠物用品，已有上万个品种了。"肖宇说，接下来，他们将实施第三步，把网上卖宠物用品延伸到给宠物洗澡、美容、寄养、医疗、训练、摄影等全产业链，把规模扩大，把领域扩宽，用3—5年时间在全国一些大城市设分店。

据介绍，E宠商城从最初的3人合伙创业，到现在已扩大到40人的团队。随着规模的不断扩大，他们的办公地点从第一次租用20平方米的教师公寓起，已搬了6次家。

下一步，E宠商城计划以重庆为基地，建立技术中心、呼叫中心、仓储中心和人才中心，陆续在成都、西安等全国各大城市设店，在武汉、深圳、北京、上海等建立分仓，实现对全国宠物人群的覆盖。"我们将把E宠商城做成中国宠物行业的领袖企业，做成重庆地区最有品牌性的本地电子商务公司。"

团队稳定最重要

肖宇在谈到他们的创业成功之路时，总结出三条创富秘籍：

一是创业要组建一个志同道合的团队。他说，E宠商城从最初的3人合伙团队，到现在仍是3人合伙团队，虽然中间经历了数次合伙人分分合合，但大家每次遇到什么困难，总能坐到一起共同应对，最终使难题迎刃而解。

二是创业要坚持。无论什么创业，都有一个艰难的过程，如果不坚持，遇到资金、技术等方面的困难就放弃，最终不会取得成功。

三是创业发展要循序渐进，走稳一步再走下一步，防止盲目扩张出现被动局面。

007
开心"鸭司令"赚取人生第一桶金

1988年出生的何东，因为家里实在太穷，为了养家决定休学含泪回家养鸭子，经过4年的拼搏，现在已成了江苏省无锡市最大的鸭子养殖个体户，已拥有百万资产。和同龄人比起来，何东略显"沧桑"，每天在太阳下与鸭子打交道，这个"85后"小伙子连找对象的时间都没有。在何东看来，和当初的大学同学比起来，自己这几年在社会这所大学的历练，更是一笔难得的财富。

为养家　休学回家养鸭子

何东每天早上五六点起床，先来到位于江阴临港新城申港街道申南村4000多平方米的鸭棚里，从四五万只鸭子里把健康出状况的鸭子挑出来治病，然后开始喂食。中午简单吃点叮饭，下午再去鸭棚巡视，然后又是一阵忙碌地给鸭子们准备"晚餐"。

2005年，何东的父亲因患胃癌入院治疗，当年底，手术后的何东父亲开始自己创业，学起了养鸭子。从2006年下半年到2007年，何家靠养鸭赚了二三十万元。

2007年，何东考取了徐州师范大学。全家人没想到的是，在何东考上大学的第二年，因为鸭子价格回落、疫病增加等不利因素，何家不但把此前所赚的几十万元都赔光了，还亏了不少钱，何东父亲的身体再次出现状况。大一结束后，何东决定回家帮父亲撑起这个家。"大二新学期报到时，我向学校申请休学。"当听到儿子不念大学要回家养鸭子，何东父亲立即赶到徐州阻止，令他没有想到的是，平时很听话的儿子这次却铁了心。知道拗不过儿子，何东父亲突然一下子坦然了，只对儿子说了一句：既然决定了，就要好好干。

上手快就成养鸭能手

让人欣慰的是，何东回家没几天就"赚了"自己养鸭生涯的第一桶金。"我从网上查到，从徐州买鸭饲料，即使加上运输费，每吨的价格也能便宜400多元。"何东告诉记者，这样每天降低饲料成本三四千元。现在，常州的一些养鸭大户也都陆续开始换用徐州的鸭饲料了。

回家后，何东潜心研究起养殖鸭子的方法。何东发现，父亲的传统养鸭方式只能让鸭子长大，遇到鸭子生病就一筹莫展。于是，何东自建一个养鸭群，拉了不少资深养鸭专业户进群讨论。平时也会在网上搜集各种和鸭子有关的病例，他还是一个全国鸭子养殖网的常客。现在，鸭子的常见病，何东都能自己帮它们医治。"去年，有2万多只鸭得了胰腺病，多亏儿子天天在鸭棚里照顾吃药，才将损失降到最低。"何东的父亲说。

现在，何家的养鸭场已经有60多亩地，鸭棚4000多平方米，这些硬件的投入就有两三百万。

"鸭司令"还想返校学习

养了4年的鸭，何东不无忧虑地告诉记者，目前养鸭子的创收风险也越来越大。他已经在考虑做别的创业项目。"养鸭，是为了挑起养家的担子，可以为以后的发展积累第一桶金。"

对于儿子当初的选择和如今的成就，何东父亲告诉记者，一开始他对儿子的选择和未来一直很纠结，现在实践证明儿子当初的选择并不是一时冲动，而是踏踏实实地在干，这几年也让他对儿子有了更深的认识。

何东说，今年他的那些大学同学就要毕业了，和他们相比，自己并不为当初的选择感到后悔，因为在社会这所大学里，这几年他所学到的"财富"是同学们体会不到的。

何东坦言，以后有机会，还想重返大学校园，充实自己，为今后的发展打基础。"也许再进课堂，和我当初的心情就不一样了，学习目的、效率会和以往不同。"

008
"与蛇共舞"的惊险致富故事

李羽锋是广西博白县江宁镇江宁村人,1980年出生,现在是当地有名的"蛇王"。2013年,他的蛇场养殖量达6000多条,创收150多万元。他还建立了蛇病理药理实验基地和实验室。从开始创业到今天的成功,他花了不到3年时间。

"不怕咬"和"不怕死"的创业精神

3年来,李羽锋被毒蛇咬过无数次,所以一直随身带着刀具和蛇伤药,正因为这种"不怕咬"和"不怕死"的精神,他从"门外汉"变为"百毒不侵"的蛇专家和蛇老板。在博白县,他的经历就是一段传奇。

面对记者,李羽锋麻利地从蛇箱里扯出一条两米来长的眼镜蛇。伴随着"嘶嘶"的声音,他反手一抓,就像精确测量过一般,捏住了毒蛇的颈部,将毒蛇平放在工作台的台面上。此时,毒蛇张开大口,暴出两颗红白利齿。李羽锋腾出右手,拿一只小杯子送入毒蛇口内,让其咬住。瞬间,毒液从毒牙中流出……

"每天跟毒蛇打交道,就算再牛的养蛇人,都会存在一定的危险。"李羽锋伸出右手,告诉记者,他的无名指已弯曲,那是被毒蛇咬伤后留下的后遗症。

当天8时,李羽锋将冻鸡肉进行解冻,同时打扫蛇舍,"与蛇共舞"忙碌的一天开始了。

记者在现场看到,蛇舍地面铺着粗沙,正中央搭起铺子,上边盖了两三层被褥。掀开被褥,数十条大蛇开始蠕动,对于这样的场景,李羽锋早已熟视无睹,他将解冻过的鸡肉装在盆里,放置在铺下,让蛇自行爬下吞食。喂食完毕,11时,李羽锋钻进了实验室。这个10多平方米的小屋里,墙上贴满了各种蛇病的解剖图,桌上整齐摆放着显微镜等各种仪器,还有一柜子防治蛇病的药物。

奉献技术　奉献爱心　不计报酬

此时，李羽锋的电话骤然响起，玉林一名姓刘的养殖户喂蛇时不慎被咬伤，急忙求助。李羽锋认真询问了被咬伤的准确时间，告诉他详细的处理办法。挂了电话，他长吁一口气说："我给每位养殖户都配好了蛇伤药，只是很多人被咬时过于慌乱而处理不当，这样容易造成严重伤害或者有生命危险。"

除了接听养殖户求助电话，李羽锋还要接待各地登门拜访的养殖户和商人，有的人直接将病蛇带来给他处理。他总是免费帮养蛇户检测蛇病、开药，还将自己的养殖经验和治疗技术热心相传。除此之外，一些养殖户还将李羽锋请到家里，让他给自家的蛇场设计升级方案。而他也从不计报酬，只为交个朋友。

现在，李羽锋的养蛇技术已经闻名乡里，成为方圆百里养蛇界的顶尖人物。一名养殖户跟记者坦言："李羽锋既是养蛇大户，又是正儿八经的技术专家。养蛇的人很多，像李羽锋这样的，还真的不多见。"

不断进步　不断带动养蛇户抱团发展

但是，3年前李羽锋一样是个"门外汉"，甚至看到蛇都会害怕。那么这短短3年时间，他是如何成长的呢？

李羽锋告诉记者，一切全靠勤奋学习和高人相助。一年多以前，他养的蛇得了疑难杂症，想了很多办法都没能解决。于是，他连夜带着病蛇赶到广西大学动物科学技术学院，找到了曾芸教授。热心的曾教授立即进入实验室解剖病蛇，细心查找病因，分析病变过程，拿出合理的治疗方案，蛇病很快得到控制。而李羽锋的虚心也感动了曾教授，一来二去，他们成了师徒，于是，他的实验室就这样建了起来。

师傅领进门，修行在个人。从"门外汉"变成专家，其中的苦累只有他自己知道。直至现在，李羽锋每天除了照顾几千条蛇，还在研究蛇病防治新方法。

目前，李羽锋的蛇场养殖量达到6000多条，还带动了周边100多名养蛇户。他负责全程技术跟踪服务，包括提供种苗、种蛇，回收商品蛇、蛇毒以及深加工蛇产品等。

009
五个U盘起家，五年带动一万个大学生创业

父母卖掉房子给自己交学费

2005年9月，怀揣着父母卖掉房子凑来的一万多元学费，19岁的贺靖第一次踏进西南林学院大门。想到4年后严峻的就业形势，贺靖告诉自己，在大学期间要通过努力拥有一个属于自己的平台，这样才能在同等条件下比别人有更多的机会。

为了找到施展才华的平台，贺靖第一个选择进入学生会。每一次开展活动时，他总是第一个去，最后一个走，把每一件小事做好。一次学院举办大学生趣味辩论赛，贺靖更主动承担起拉赞助的"大任"。从向学生到向企业要钱，贺靖脑子一片空白，但他自己全扛了下来。"每晚都睡不着觉，因为有太多太多的事情需要我去筹划，一切都要从零开始。"两个月后，除了收获一万多元的赞助费，贺靖还收获了宝贵的经验。

大三，贺靖担任学生会主席，他算是有了一个"属于自己的平台"，于是开始在学校举办大学生职业生涯规划系列活动。较强的交际能力、逐步拓宽的人脉，以及"认识了学校各路风云人物"，让贺靖现在仍旧感激，"没有这个平台，可能现在我还在为找工作四处碰壁"。

五个U盘创业影响一辈子

2008年3月，西南林学院首届大学生创业大赛，让贺靖真正开始了创业之路。有了学生会平台的锻炼，贺靖联合了平时一起做事的几个兄弟开始写创业计划书，内容就是如何利用大学平台进行创业。"在写完之后，大家都激动得睡不着觉。"第二天，拿着计划书，贺靖开始找商家"借钱"。贺靖坦言，"没有营销策略，没有运作方式，现在看来，当时的计划书很幼稚"。但策划出来后，还是得到了校方老师的支持。

"只要你们能够给我们货,我保证给你们卖得很好,我有至少10种途径帮你去卖。"那时候,贺靖每天拿着计划书游走于各类商家之间,给他们描绘合作前景。终于,有一个商家被贺靖的耐心打动了,给了他5个U盘去卖。为了卖出这5个U盘,贺靖和几位同事摆起了地摊。"拿货的价格是50元,市场价是90元。"贺靖清楚地记得,当时他们定这5个U盘的"销售价格"是70元。比市场上便宜,加上同学之间的信任,U盘很快脱手。带着赚到的100元钱,贺靖铺了更多的货,开始给自己班上、学院的同学宣传,更低的价格让学生们纷纷选择从他那里买货,甚至有的班级开始团购产品。一个月后,整个数码城的人几乎都知道了贺靖这个名字,更多的商家开始给他们铺货,他赚到了"职业生涯"的第一桶金。

"五年要带动一万学生创业"

在昆明理工大学白龙校区旁的三间铺面,约80平米的空间摆满了各式各样的数码产品,墙上挂满了很多荣誉。贺靖正和几个创业伙伴挤坐在一条长凳上,商讨着如何让自己的校园传媒进军呈贡大学城。

"你看这样子像富豪吗?"指着自己简陋的办公场所,"大学创业富豪"贺靖笑道。2008年3月以10万元本金注册的昆明赢携科技有限公司,目前的正式员工有13人。在近两年的磨练中,13个人都成为了公司的业务骨干。这些员工的平均工资已经达到了1000多元,每当新学期开始时,还会飙升到2000元以上。公司现有这样的实体铺面3间,在16所高校有大学生加盟点,23所高校57个餐厅拥有桌面媒体和18所高校框架广告发布权,公司一年营业额能超过100万。

"昆明盘龙区就业局为公司争取的5万元创业无息贷款可能于近期发放。"贺靖表示,公司的成立让他面临更多的经济压力,此时盘龙区劳动就业局及时给予帮助,在提供创业政策指导的同时,正积极争取为公司提供5万元的创业无息贷款帮助。有了创业基金,贺靖正在谋划更大的项目。"整合校园传媒资源,变成云南市场的分众传媒。"贺靖介绍说,目前高校传媒还处于低端层面,海报贴得满墙都是,商家为了贴张海报,甚至恶心竞争,你贴他撕。贺靖希望能通过在校园内的电瓶车、宿舍大楼门口等地方安装液晶屏,提升校园广告的整体质量,规范商家广告的投放,并以此实现公司的盈利。谈笑间,贺靖流露出惯有的自信。

"我们将把精力更多地放在开发适合于大学生创业的项目,让更多的大学生去运作。"贺靖计划在5年内解决60—100人的就业问题,提供勤工助学岗位200—300个,通过"昆明大学生创业联盟"影响和带动1万名有创业愿望的大学生实现就业,真正让"赢在携诚"成为云南省校园的第一品牌,成为大学生最爱的品牌。

010
14岁白手起家，19岁身家千万

"请坐，请坐。"罗敬宇热情地招呼记者入座。给记者的第一印象，罗敬宇不像是19岁——微胖，穿着成熟，谈吐得体。他递上自己的名片，"我有8张不同的名片，分别代表我8种不同的身份。"

罗敬宇的店里，主要经营两种货物：美术画材，如画笔、颜料等；乐器，最醒目的是吉他。2010年起，罗敬宇和朋友一起注册了一家公司，主要经营上述两类产品。如今，他的公司已经有了29位"在编员工"，年销售额达1500万元。

14岁贩卖孔明灯 "捞到"第一桶金

罗敬宇是湖北十堰市人，父亲经商，母亲是小学教师。

"我小时候的零花钱都要自己挣。"罗敬宇说，在他很小的时候，父母就有意地培养他的自立意识。他想要买一件衣服，就得在家里干活，父母"按劳付酬"，挣到的钱可以自己支配。

14岁，罗敬宇开始创业了，他的第一个计划是卖孔明灯。"我在十堰大市场进货，2元钱一个，卖8元。"下了晚自习后，他就在十堰市区的六堰广场摆地摊卖孔明灯。

后来，他从网上了解到，"淘宝网"上孔明灯的价钱是5角钱一个。这次，他把同学发动起来了——从网上购回大量孔明灯，以5元钱的价格卖给同学，同学们再以8元钱一个卖出去。

"一个晚上，我就赚了1700元钱。"对自己的"创举"，罗敬宇颇为得意。

初中毕业后，罗敬宇考进十堰市13中，学习美术。在学校，他的时间很自由，便向家人提出要开家服装店，父母一致反对。

说不动父母，罗敬宇就自己行动。找同学、找朋友，东拼西凑了15万元钱，在十堰市"金三角"服装店开了自己第一家店面，"女人的钱最好赚，十堰市的服装市场很大,应该可以赚到钱。"

考虑到自己还在读书,他聘请了两个成年女孩,一个当店长,一个当店员。周末和寒暑假,15岁的罗敬宇就跑到武汉汉正街、浙江义乌打探市场行情并进货。

自费"留学"取真经　"叔叔阿姨"都服管

2010年1月,罗敬宇争取到一位朋友的100万元投资,在十堰市茅箭区成立了"佳宇文化用品有限公司",主要经营美术画材和乐器。

为什么要做这两个业务?罗敬宇说:"我是学美术的,知道画材市场利润巨大。再说,学艺术的学生都爱玩点乐器,两个业务可以一起做。"

罗敬宇的公司最初有18个人,全是从社会上招聘的,平均年龄33岁左右。其中,年龄最大的今年已经42岁了,比他的爸爸只小一岁,他担任总经理。

公司开业之初,罗敬宇正在读高中,学习繁忙,无暇管理公司。公司要运转顺利,必须有先进的管理理念。

高二暑假期间,经朋友介绍,罗敬宇自费到加拿大的一家企业学习"积分制"管理方法。"所谓'积分制',就是我给每个人打分。比如说,我要某个人在2天跑下一个学校,他用了2个小时就完成了任务,我就给他加20分。如果2天完成不了,就减分。这个人每个月的工资、奖金都和这个分数直接挂钩。""艺考热"升温,美术画材市场的需求很大。在罗敬宇的公司,员工们平均都能拿到5000元以上的月薪,最多的员工可以拿到月薪32000元。

现在,公司员工已经达到29名。罗敬宇不再具体管理了,他把员工分为四个部门:销售部、人事部、仓储部、财务部,每个部门设置一名总监,平日由总监管理公司。

昨天,销售部总监汤大志在电话里告诉记者:"罗总虽然年龄不大,但是执行力很强,有自己的主见,说一不二。我们平时都是按章办事,大家都很服他。"

"遥控"旗下多家公司　年销售额达到1500万

2012年高考,罗敬宇以美术联考211分、文化分381分的成绩考进湖北大学艺术学院视觉传达专业。

没来武汉上学前,罗敬宇就把公司的触角伸到了武汉。2010年,罗敬宇读高二时,就把服装店迁到武汉的虎泉,聘请两位员工经营店面。2011年5月,他在武汉藏龙岛开了一家美术用品店。这个时候,他已经有了3家直营店和4家加盟店。当他的同学还在十堰准备高考时,他已经成了武汉的老板。

罗敬宇做生意，头脑非常精明，在他看来："员工就做员工该做的事情，我是老板，只要把握好方向就行了。"考进湖大后，他的业务量迅速增加，现在除了8家实体店，他还和朋友一起开了3家网店，还在汉阳开了一家美术培训学校，公司的年销售额达到1500万元。

记者了解到，罗敬宇在学校非常低调，吃在食堂、住在宿舍，和同学关系融洽。公司有6台车，他从来没有开到学校过，"没有必要，那些都没有意义。"

011
一辈子的努力，创造两辈子的价值

不久前，一份名为《中国大学生创业富豪榜》的榜单出炉，囊括了101名1999年以后在校的大学生创业成功人士。其中，当时身家300万19岁的丁仕源仍是深圳信息职业技术学院的一名学生。到了21岁积累财富1200万元，他目前是丁叮（香港）企业集团总裁。丁仕源今年才24岁，他发誓要以一辈子的努力，创造两辈子的价值，活出三辈子的精彩。他给自己公司今年定下的目标是产值超过一亿元。

懵懂少年曾经很叛逆

丁仕源自嘲自己曾经是个令父母头痛、老师烦恼的问题少年。

1990年出生于客都梅州市的丁仕源很小就随父母移民到改革开放的排头兵深圳市。当时在深圳龙岗区开私人诊所的父亲成了先富起来的一代人。家庭富裕加上父母疏于管教，幼小的丁仕源像野草一样随性野蛮生长着。12岁小学毕业的那天，丁仕源带着一帮同学去舞厅彻夜狂欢庆祝毕业，深夜两点还没回家。当时已20岁的哥哥好不容易在一家舞厅找到他，狠狠地把他狂扁了一顿。在同学面前挨了打的丁仕源觉得很没面子，痛定思痛之后，决心告别懵懂的过去，用实际行动证明自己的价值。后来在读初中的同时报名参加社会上为成人开设的职业技能培训班，专攻新闻学、营销学、心理学、服装设计等课程。大踏步地比同龄人至少提早10年踏进了成人世界。

14岁时，丁仕源完成了培训班的全部课程。2004年，《中国服饰报》驻深圳记者站向社会招聘实习生，丁仕源兴冲冲地跑去应聘，但该站负责人看到他一脸稚气于是断然拒绝。但丁仕源拿出早已准备好的一沓服装企业负责人通讯录递过去，并阐述了自己对行业的理解和看法。主编翻看着这份300多家企业的通讯名录，破格招收了丁仕源。这本通讯录是他平时参加大型服装展销会时留心收集的资料。

15岁挖到第一桶金5万元

丁仕源在报社的工作主要是拉广告。2005年，15岁的丁仕源联系到深圳一家大型本土品牌的服饰企业老板，当时约好下午3点见面，可是等到深夜12点，也没有见着老板。但丁仕源一点也不气馁，每天上午下午各去一次该公司蹲守找老板，经过一个星期的坚持，该公司老板终于被他的执着精神打动，丁仕源拿出自己精心准备的市场调研报告以及该公司的广告策划投放建议案，使得公司老板对他刮目相看，和他签订了全年100万元的广告投放协议。丁仕源为此得到了5万元的提成。这是他人生中赚取的具有真正意义上的第一桶金。

大学时创办自己的文化公司

2008年，18岁的丁仕源考入深圳职业技术信息学院。随着在模特圈的影响力越来越大，他还制定了人生的下一个目标——创办大学生文化娱乐市场。他希望集合所有有梦想的大学生，做一些较为实体的产品，让普罗大众受益。

18岁，他成立丁叮文化发展有限公司，成为公司法人及公司执行董事兼总经理；19岁时，丁仕源已经赚到300万元的身家，经常开着奔驰跑车穿梭在学校和公司之间；20岁，拿下广东省"挑战杯"创业计划大赛金奖，成为"2010年中国大学生创业富豪榜"唯一一名90后代表；21岁，创办丁叮文化产业营销运营平台，并担任运营总监。全国近百家媒体进行过专题报道。

2010年开始，丁仕源从长沙开始在全国各大高校作巡回演讲，传授他的创业经验，受到大学生们的热烈欢迎。2013年丁仕源公司的产值已达1200多万元，前不久他又获得300万美元的风险投资。

目前，丁仕源还进军房地产市场，正在运营一个高端商贸综合体项目。他的目标是今年达到1亿元的产值。

012
被省委书记点赞的创业者

90年出生的付文杰,是武汉科技大学金属材料工程专业本科学生,同时也是时代俊杰股份有限公司法人代表、董事长。目前拥有尚山石商贸公司、情雨茶餐厅、仙源学校等实体,总资产3000多万元,员工240多人,年销售收入8000多万元,湖北省百佳青年创业榜样,2011年入选中国大学生年度人物,2012年入选湖北省首届大学生创业十佳之星。中共湖北省委书记李鸿忠亲自称赞付文杰"边学习边创业,做得很好"。

瞄准商机,勇敢投身创业梦想

2008年9月,刚刚步入大学校门的付文杰戴着一副眼镜,举手投足间散发着浓郁的书生气。由于父母迫切希望他能早日独立成才,竟"狠心"要求他今后独自承担学习费用。于是付文杰就在父母面前立下誓言:"自己养活自己,不向父母要一分钱。"君子一言,驷马难追。一时逞强夸下海口,让这个当年不谙世事的文弱书生着实惶恐了一阵子。要挣钱?怎么起步?转机在大一下学期悄然来临。

2009年3月的一天,付文杰在乘公共汽车回学校的路上,看到一位卖盆景的阿姨,搬着几大筐的盆景上车,非常吃力,就主动帮她把盆栽搬下车,并帮她送到店里。热心肠的他,此后一有时间,就主动跑到店里帮阿姨招揽生意。在和阿姨的交往中,他了解到卖盆景的收益居然还不错。而且这位阿姨看他比较憨厚,人又热心,就把自己多年卖盆景积累的小窍门毫无保留地教给了他。正苦于创业无处着手的付文杰,看着校门口忙得不亦乐乎的摆摊小贩,突然灵感迸发:我为什么不试试摆摊卖盆景呢?!说干就干,他马上揣着身上仅有的200多元钱,找到花卉批发市场。50多盆小盆景,开始了他做小摊贩的创业生涯。

可盆景还真不是那么好卖的。第1天,只卖出了3盆,他心急如焚。晚上,他溜到其他摊贩门前,偷学别人做生意的技巧,发现做生意首先要靠人气。于是,他邀请几位同学做"托儿",来集聚人气,果然,第二天就卖了400多块钱。他又用这笔钱批发100盆,半个月挣了1000块钱,这便是付文杰的"第一桶金"。虽然不多,却给他极大的鼓舞。

成功始于觉醒,态度决定命运,付文杰的"野心"和"细心"成就了他,从此创业的想法更坚定了,并且一发不可收。

乘势作为,依靠团队淘金集资

小打小闹毕竟成不了气候,付文杰决定召集有创业意向的同学组成团队,大家一起为创业打拼。2009年5月,大一下学期,在学校的支持下,他发起成立俊杰创业者联盟,为有创业意愿的同学提供实习平台。

一个月后,火炉武汉开始发威,热浪滚滚,学校的跳蚤市场如期开放,黄家湖大学城近10万人的大学生消费群体吸引了付文杰的目光。团队所有人员一致决定,抓住商机销售大学生日常用品;到了暑期,他组织团队开办补习班,并在火车站附近发展卖报团队……几番买卖下来,团队资产累计达到4万余元。

就这样,通过低风险的"再造血",他的创业团队一步一步成长壮大起来,总资产增长到了8万元,为此后的发展打下基础。为了使一手创立的"俊杰"联盟坚持走下去,付文杰做好了充足的准备:注重细节,决不允许出现差错;凡事亲力亲为,认真指点;学习和创业有矛盾,就靠熬夜来弥补;大家意见不统一,他便从中协调统一意见。

凭借智慧和勇气终圆梦

就在付文杰雄心勃勃地准备向梦想大步迈近的时候,却遭遇了创业过程中的第一次重大打击。2009年11月,大二上学期,付文杰大胆决策,筹借6万元在校外绿化地上建了40多间活动板房,租给雇主经营。眼看就要收益的时候,那些板房却被有关部门强令拆除。这个消息,犹如晴天霹雳,几乎让他崩溃:不仅每月2万元租金泡汤,他还得为每位租主支付2000元违约金。最后,事情尘埃落定后,他口袋里仅剩下三块钱,连吃一顿饭的钱都不够。漆黑的夜晚,付文杰一个人坐在校园里的石凳上,对着清冽的湖水,泪流满面:"怎么办?就这样放弃吗?"想起在父母面前的豪言壮语,想起那总在前方招手的美丽梦想,不服输的个性让他昂起了头:"不,我不能倒下,我要重新站起来。"

整理好心情,第二天,付文杰就到汉正街当起了"扁担"。100多斤重的麻袋,扛100袋才5块钱,可是,他愿意干。肩膀磨破了,鲜血渗到衬衣上,斑斑点点的红；脚底起泡了，每走一步都钻心地疼；晚上回宿舍搽药绑绷带，宿舍的男同学看了都心疼。但他不怕苦，第二天清晨继续早早起来赶到汉正街。平时有课不能走太远，他就在学校附近做家教、卖报纸、送外卖。早上同学们还在蒙头大睡，他已经伴着初冬的晨雾，蹬着自行车，走街串户地送报纸了；中午，同学们躺在床上睡午觉，他又顶着风雪奔波在送外卖的路上；晚上，同学们已经进入梦乡了，他还就着宿舍走廊里昏黄的路灯，温习白天的功课……就这样，他在脚踏实地的苦干中不断反思教训，汲取经验。

冷静一段时间后付文杰发现自己创业的渴望依然强烈，"我要创业""我想创业"的念头不断敲打着他的神经，于是将控制投资风险的教训谨记于心，他重新踏上了创业的征途。

2010年3月，依靠俊杰创业者团队成员的资助，付文杰注册成立了时代俊杰商贸有限公司；然后，依靠团队成员的力量，大力开展业务。卖天堂伞，卖男士衬衣，只要能赚钱的，他们都做。经过一段时间的积累，又相继开办了"情雨茶餐厅""枫叶酒店"和"贴身衣橱"内衣店等实体商店，良好的服务态度和过硬的产品质量为他们赢得了良好的口碑，让他们在学校周边小有名气。

社会支持，事业如日中天

与此同时，付文杰的创业事迹受到学校、湖北省教育厅的肯定和关注，《中国青年报》《楚天都市报》《长江商报》等国家及省、市级主流媒体，先后报道了他的创业事迹。2011年10月，作为大学生创业代表，付文杰在全省大学生创业经验交流会上发言。

省教育厅和学校的肯定与鼓励，媒体的推介，给付文杰带来意想不到的收获。一些企业家和社会成功人士了解到他的情况后，主动跟他合作，给了他大笔的贷款和投资。当其他创业者在为资金烦恼的时候，他手上却揣着大笔的钱，雄心勃勃地发展着自己的事业。

心底有一个美丽梦想

他创业成功了，还以自己的方式回报社会：慷慨资助武汉理工大学1位患脑瘤的大学生治病，资助武科大的3位贫困生完成学业，2012年6月接纳12位大学生就业。

付文杰始终坚信，先做人后做事。任何时候，做人的姿态决定了成就的高低。"要做到勤奋、诚信、坚持、智慧。"他说，天道酬勤，一个人首先要得到自己的认可，才能得到别人的认可；诚实守信，是做人的基本原则，不要为了利益而丢掉它，那样你会丢掉更多；很多棘手的事情，咬咬牙就坚持下来了，困难就过去了；要灵活运用自己的头脑，要有大智慧，把握公司发展的稳定方向。

将在学校继续深造的付文杰，心底埋着一个美丽的梦想。几年前在专业课上，当他了解到我国钢铁冶炼技术与发达国家的差距时，就许下了一个宏伟的愿望：将来拥有自己的钢铁研究院，提高我国的钢铁冶炼技术。这个梦想，看似遥不可及，然而付文杰有着自己的打算：30岁以前，建成3家三星级以上的地标型酒店。30岁以后，努力实现成立钢铁研究院的目标。

013
年销售额达两亿元的臭豆腐连锁店

湖南籍大学毕业生钱勇军，不去应聘当个体面的白领，却借了一万元钱，摆起了小摊点做起又脏又累的"小吃"生意……5年之后的今天，成功的事实证明了他当初选择的路是正确的！

经营长沙"臭豆腐"

2002年，中专毕业生钱勇军结束了三年的打工生涯，重新回邵阳老家自学高中课程参加全国高考。2004年，25岁的他如愿地考上合肥工业大学。当他来到学校时，却发现周围同学都比他小六七岁。他暗下决心：一定要通过创业来追回六年青春！大二时，他以创业团队CKO（首席知识官）的身份参加了第九届全国大学生创业计划大赛，获得了安徽省一等奖、全国三等奖。大学毕业后，2009年钱勇军开始计划运营长沙的名小吃——"臭豆腐"。从当年6月开始，钱勇军学习制作臭豆腐，他坦言，从一开始他就设定了优秀臭豆腐的标准："外脆、里嫩、不烂"。

那段时期，钱勇军每天从早上9点开始，坚持工作十六七个小时。夏日的长沙酷似蒸笼，而钱勇军的豆腐房，温度高达五六十摄氏度。功夫不负有心人，通过六个月没日没夜的实验，臭豆腐胚终于达到了最初预定的效果。

2010年，钱勇军重金引进了一位炸臭豆腐的专业人才，负责调味与卤炸，并在长沙大学城的天马路开设了第一家名为"黑色经典"的臭豆腐店,还为它制作了一个精美的主题网站进行推广。

2011年4月,中央七台农经频道通过网络知道了"黑色经典"臭豆腐,并进行了专题报道,让其品牌红极一时。钱勇军开始在店内播放这个视频报道,天马店的生意比原来好了两三倍。这时钱勇军开始筹划进军黄兴路步行街。

2011年6月,"黑色经典"步行街店正式营业,恰逢那时微博开始流行,许多人吃过钱勇军的臭豆腐后,纷纷在微博上晒图片,通过微博强大的口碑效应,"黑色经典"的生意异常火爆。

发力连锁"钱进"

一家店的生意再好,远赶不上多店一同经营。这时,钱勇军开始全力招商加盟策划工作。加盟的方案,其实早在钱勇军读大学时就已经酝酿出来。那时的他,刚刚参加完学校一个创业比赛,并获得了第九届"挑战杯"全国大学生创业设计大赛安徽省一等奖、全国三等奖。当时他针对像他这样的"三无"(无资金、无技术、无背景)创业者,确定了连锁小吃加盟这条创业之路。

毋庸置疑,钱勇军运营思路非常精准明晰,2013年,"黑色经典"臭豆腐全国连锁店达600多家,带动就业2000多人,连锁店年销售额超过两亿元。他因此被评为长沙市"优秀创业大学生"。去年,钱勇军考上了北京大学光华管理学院,攻读工商管理硕士,学到了更为先进的企业管理方法。

2008年到2014年,钱勇军完成了从白手起家到品牌年产值过亿的创业发展,并实现了成为北大硕士的学业理想。

钱勇军说:"创业是辛苦的,要不怕吃苦。创业的门槛很低,不论是百元、千元、万元创业,过程中的酸甜苦辣都只有经历过的人才知道,希望每个创业者都能收获自己的一片天!"

014
从《业主手册》窥见商机，年收入1500万元

"一间房子，一张桌子，一个机子，一台车子，外加一个妹子"，很多人是这样描叙创业时的艰辛。但85后大学生曹志远创业时，连这"五子"都没有，兜里只有2800元钱，却从最普通的楼书空白处，窥见了黄金广告位的滚滚商机，依靠从《业主手册》里琢磨出来的生财之道，他现在年赚1500万元。日前，85后大学毕业生曹志远，凭着一人创业带动60个城市千余人就业的业绩，入选长沙市第三届"创业新星"。

一个点子　从薄薄楼书琢磨出生财之道

买过房的人都知道，交房时会收到一份楼书——《业主手册》。寥寥几页纸，通常只有该楼盘的房屋使用说明和业主文明公约等内容。没啥可看，但你又不得不看。《业主手册》如果配上拉风的广告插图，效果会怎样？85后大学生曹志远就把这样一个突发奇想的点子，变成了滚滚而来的"米米"。

"大家都司空见惯的东西，我琢磨出了商机。"1985年出生的曹志远娃娃脸上稚气未脱，但谈起创业却牛气十足。2006年大学毕业后，他在一家装修公司跑业务，几乎跑遍了长沙各小区的物业公司。"楼书是每个新房业主必读，而且业主买房后必定考虑装修、家居、电器，何不从中做广告？"2008年底的一天，曹志远灵光一现，与雨花区一家楼盘物业公司商量：你不花一分钱，我来帮你设计印刷楼书，只要一个条件，你允许我在后半部分打点广告。

这样的好事，物业公司当然欢迎。接下来十几天里，小曹在物业公司每天打电话，约来十几个建材家居电器品牌商看楼盘，他的理念和这些商家一拍即合。商家破天荒头一次在《业主手册》上登广告，他又用兜里仅有的2800元钱请人排版设计，最后在印刷厂蹲了两天两夜，印了1000册"史上第一本"彩页杂志版的《业主手册》送到物业公司。业主和物业管理人员看了这本拉风的《业主手册》，都赞不绝口。除去印刷费用，曹志远净赚3万元！

2009年元月，初试创业甜头的曹志远辞掉工作，成立"卓远文化"。"公司成立后，和朋友吃了顿开张饭，就只剩2600元了。"2010年在他最需要发展的时候，长沙市雨花区为他争取市、区两级创业富民帮扶资金4.5万元，有了这笔钱，敢闯的他租了一个500平方米的大办公室。"我当时月薪只有2000元。"曹志远说，这笔钱还帮他以两倍于自己的工资挖到了一个杂志的编辑高手。

一个奇迹　带动百人创业千人就业

曹志远依靠自己开发的中国第一个社区终端广告载体，2009年公司创收近百万元，2010年公司创收翻了一番。走进曹志远的公司就让人感觉到朝气蓬勃，全公司员工60余人，平均年龄不到27岁，就连公司6个"高层"也全是年轻的面孔。但就是这群年轻人，他们今年已创收1500万元，两年内全国营业目标5个亿。

如今，历经3年打拼，曹志远已和碧桂园、保利、绿城、长城等全国十强物业企业建立合作，在北京、上海、深圳、广州等60个城市有了市级代理商。曹志远自豪地告诉我们，目前卓远的《业主手册》已经覆盖了60个城市，600多个高端社区及物业，1000多个品牌商家，200万装修需求人群，而且与60个城市共同缔造创业传奇。目前卓远公司及代理商有100家，带动了100人创业，就业人员有一千多。曹志远曾接受中央电视台新闻频道《面对面》和军事农业频道《致富经》等栏目专访，被誉为"85后创业年轻人典范"。

一个愿景　打造中国首个楼书"全媒体"

"我要把《业主手册》办成中国第一本在报刊亭热卖的楼书杂志！"曹志远透露，今年公司已注册了文化商标《百阅家居》，并注册刊号，即将在各地报刊亭出售。他们的《百阅家居》APP移动版和网络版将在今年10月上线。一年内，他要把杂志覆盖全国100座城市4000个高端住宅社区。

"很多人搞装修，一个钉了一块砖都要去检查，每天要往工地跑，有时为了一些小问题会与装修的工作人员发生争执。"曹志远介绍，他们开发了一套装修视频监控系统，不需要业主花一分钱，不仅能实时显示和记录各重要受控区域图像，能够使业主及装修公司管理人员全方位及时了解各区域装修情况，还做到反应迅速、处理及时、指挥准确。通过安装视频监控系统还能有效地提高现场施工人员的工作效率及施工规范程度，录像资料能够为争议提供强有力的事实依据，对于进一步提高装修品质、管理水平及业主满意度有重要意义。

《业主手册》、《百阅家居》、物业终端多功能自助查询机（中国第一台）、百阅家居网络版等等，曹志远的楼书"全媒体"愿望正在一步步实现，他希望他的楼书"全媒体"成为"业主、物业、商家"三方的和谐共赢圈。

015
IT男另辟蹊径，自创女内衣店

一副斯文的黑框眼镜，外加一个黑色双肩包，休闲衣，30岁的刘源浩在出席会议等各种场合，仍是一副典型的IT男装扮。4年前，他还是武汉一著名通信科技公司非洲项目的外派员工。现在，作为武汉爱生活网络公司的总经理，他创立了自己的女式内衣品牌。

近日，刘源浩告诉记者，刚刚过去的一年，他卖出了30万件文胸，他不无骄傲地说："网上销售文胸应该是第一名。"不过，他对这个成绩并不满意："有些仿冒品冲击了我的市场，去年营业额增长不大，总共只有4000多万元。"

大学卖耳机"起家"　读研没花家里一分钱

在武汉江夏区光电谷科技孵化器长咀科技园，刘源浩拥有千万余平方米仓库，数百个纸箱里面是自己创立品牌的各种型号和各种花色的胸罩。

刘源浩来自黄石市一个普通农村家庭，上有4个姐姐。2002年考入武汉科技大学。家境贫困的他总琢磨着能自己赚点钱，减轻家里的负担。2005年，读大四的他趁着学业轻松，和室友逛汉正街，在一家店铺内，他发现了一种防噪音耳机，当即看到了大学生集体生活的强大需求，和室友一起凑了500块钱，以每对1元左右的价格拿货，到校园里以4元价格出售。在路边支了张桌子，刘源浩写了一条海报广告，"给你一片宁静的学习和休闲空间"，不到一天的时间，耳机销售一空。

很快，刘源浩发现光靠站在校园里卖既费时间，也没精力。他在高校的周边商店选了6个点，用2.5元的价格将货铺进商店，由小店代售，每月只跑两三趟收款，每月几百块的生活费就出来了。

毕业后，他考取武汉邮电科学研究院通讯专业的硕士，继续这份兼职。一天，他在代卖店发现了竞争者，别人以更低的代销价给了店家。当时，商业网站已经兴起。为了竞争，他盯上网络，想通过网络卖向外地。

辞IT业10万年薪　开网店卖文胸

刘源浩的一名室友做过网站，经他的指点，刘源浩自己研究了一个月，买了一个域名，开发了一个网站销售系统，转到网上卖耳机。

就这样，他白天上课，晚上打理网上的生意。读研期间，他的宿舍堆满了耳机，每月有三四千块钱的收入，到2008年研究生毕业，他没花家里一分钱，账上还有3万元存款。

硕士毕业的第一份正式工作，是在某通信科技公司做技术支持。头一年，刘源浩就被派到非洲的乌干达做项目。他让女朋友接手网店，定期给他"汇报"销售的情况，刘源浩则"遥控"女友进货销售。

结婚有了小孩后，刘源浩不愿长期驻外，这时，他用耳机、眼罩和竹炭包搭配出的一款产品"旅游三宝"网上热销，网店人手紧张，2009年，他下决心辞去年薪10万的工作，回武汉创业。

然而，随着一些厂家开始涉足网上直销，刘源浩的代理产品失去价格优势。形势逼迫他再次做出选择。当时，电视购物盛行，但网上卖同样产品，价格更便宜。经反复尝试，他挑选了女式内衣做代卖产品，有标准尺寸，有稳定客户，而且退货率还比较低。

持续半年后，网上再现价格战。几番挫折让刘源浩感到，不能再走代理的老路，要创立自己的品牌，否则只能成为价格战的牺牲品。

开创自有品牌　练成女性内衣行家

2010年5月，他注册了女性内衣品牌"梦芭蒂"请专业设计工作室，开发各种款式的内衣。

一来二去，他成了行家："和老婆逛商场，她去买衣服，我就去看内衣，一说头头是道，营业员听得目瞪口呆。对文胸，从排扣、花边，到肩带，没有一个环节我不清楚。随便一款义胸，拿在手上一摸材质，我心里就一清二楚。"

刘源浩在浙江和广州采购原材料，并请那里的设计师跟随市场，设计各种款式。订阅各类内衣杂志，看各种款式，学习掌握内衣的潮流。每次的款式都是由他拍板定夺后，在广州一些工厂下单生产，然后产品集中到武汉。运用他开发的管理流程，组织配送到全国各地。

第一年，刘源浩的营业额做到了300万。2011年，就达到了1800万元。次年，营业额翻番到3000多万，如今公司员工已发展到50余人。他请国外的模特拍摄各种内衣图片，在网上不断推广品牌，甚至还请了明星代言，客户遍布全国各省市，还销售到东南亚等国家。

目前，刘源浩正在申报江夏区科技局的创业扶持资金。从大学时卖耳机起步，从一个网店，到今天创出品牌。刘源浩说："毕业时考公务员很热，我从来没想过，就想创造一个属于自己的公司。借着经济大势，只要想好下一步，我就要去闯，去做。"

016
阿勒泰女生在戈壁滩刨出"金蛋蛋"

创业，对于一些刚走出"象牙塔"的大学生来讲，是想也不敢想的事情。在很多人眼里，80后就应该坐在办公室里，好好上班，积累经验、人脉和物质基础，而要独立闯出一片属于自己的天地，太难了！但我们要介绍的这位80后女孩，却在走出校门不久便不顾家人反对，放弃了原本稳定的工作，自筹资金去条件恶劣的戈壁滩上开荒种地，用自己的创业经历诠释了一个当代大学生的就业观，硬要从土里刨出"金蛋蛋"。

要让1000亩荒地长苗结瓜

4年过去了，这1000亩荒地上种出的打瓜、葵花，让附近团场的种植能手都羡慕不已，每年几十万元的收入，更是让众多质疑者对这位80后女孩刮目相看。

这位80后女孩名叫刘佳，是一位充满时尚气息的漂亮女孩。2007年大学毕业后，她从湖南长沙市回到了阿勒泰市。终于把独生女儿盼回来了，还顺利找到一份稳定的工作，刘佳的父母心里别提多高兴了，可他们哪能知道女儿的心思。

11月的阿勒泰市切尔克齐乡已是寒意逼人，记者联系上刘佳时，她仍在地里忙碌着。听说我们要去参观她的"产业"，刘佳急忙开着一辆皮卡车赶来。粉色的围领毛衣，外面罩着一件乳白色的马夹，我们眼前的创业明星显得很阳光。"地里还有一些葵花没卖完呢，等卖完我就回市区。"说完，她钻进了皮卡车，带着我们出发了。

从切尔克齐乡政府出发，下了柏油路，我们乘坐的车辆开始颠簸摇摆在戈壁滩的小道上，而刘佳的皮卡车已经甩出我们一段距离。大约行驶了10公里路程，我们来到了一处牧区特有的房屋前，放眼望去，周边没有一户人家，收获过的葵花地里，几峰骆驼正悠闲地啃食葵花秸秆。

刘佳说，这是她买牧民的房子，简单修了下屋顶。屋内很干净，两张床，一个火炉，一张简易方桌。天气凉了，刘佳的妈妈忙赶过来陪女儿。"我的专业是行政管理，但一直觉得农村有年轻人广阔的发展空间，发展现代农业我们年轻人大有可为。"刘佳说话时，脸上一直挂着自信的笑容。她说，毕业后放弃在内地大城市工作的机会，其实就想回家创业。2007年毕业，她一边在公司上班，一边寻找机会，更要说服父母支持她创业。

"听她说要到乡里包地种，开始我和她爸就觉得她是一时兴起，说说就过去了，没想到她背着我们自己筹钱真干起来了。"刘佳的妈妈说起女儿的创业之初，仍有些不理解。但看得出来，她对女儿如今的成功很满意，更流露出对女儿辛苦创业的疼爱。

深思熟虑后，刘佳决定承包土地当一个"现代农民"。2008年3月，刘佳找到切尔克齐乡和克孜勒喀英村的领导，这是刘佳的家乡，她12岁小学毕业才离开这里。听了刘佳要承包1000亩荒地的想法，他们表示可以提供最大的便利和支持，这给了刘佳很大的创业信心。

土地问题解决了，可刘佳一个初出茅庐的小女孩，一点种植经验都没有，面对1000亩戈壁荒地，不仅需要魄力，更重要的是资金和技术及人才。"从决定创业开始，我就到处取经，村干部、农业技术员、种植大户，我是见谁问谁，他们也乐于向我传授经验。"刘佳说，她还上网查阅相关资料，请教种植业方面的专家。

朋友缓解创业资金压力

刘佳承包荒地创业的事情很快传开了，许多人认为这个女孩傻了，这么多年来，就是有经验的种植能手也不敢种这片荒地啊。但刘佳认为，好地都是靠人侍弄出来的。在请教了几位有经验的种植户后，刘佳粗略估算了一下，第一年至少要投入30多万元。

30多万元，对于一个刚出校门的女孩来讲，的确是个不小的数字，但人们总愿意帮助那些有目标、肯努力的人。"我没办法，就向大学宿舍的好友求助。我讲我的创业计划，说给你们利息也行，入股也行，肯定不会让你们失望。"说到这里，刘佳的眼神里流露出坚定。

要想求得别人的帮助，不仅需要明确的目标、诚恳的言辞，更关键的是要有让人信服的品德，而这几个方面，刘佳无疑都具有。江苏、浙江、长沙的4个同窗好友，努力给刘佳凑了20万元，刘佳的初中好友听说她要创业，也慷慨解囊，借给她10万元。

2008年4月15日，乍暖还寒，刘佳雇了两个哈萨克族小伙子，在荒地里支起帐篷，准备大干一场。陪女儿前来的妈妈，看到这样的环境，本来就不坚定的想法更加动摇了。

"就一顶军用帐篷、一个小炉子，早上起来被褥上面都冻着冰块儿，我真不忍心让女儿这样拼命。"刘佳的妈妈说，她心疼女儿，眼泪都出来了，恳求女儿跟她回去。

已经下定决心的刘佳怎么会放弃自己的梦想？刘佳使出各种招数说服妈妈，妈妈最后决定多陪女儿一段时间。

第一年毕竟没经验，在多方请教种植专家后，刘佳决定先种500亩产量和销路都比较好的"三道眉"食葵。"真开始干了，才知道种庄稼不像以前想的那样，种下去，然后等着收获那么简单，真的太难了。"刘佳说。

"一个刚走入社会的女孩子，每天孤身住在野地里，你不害怕吗？"记者问。

"从到这里创业开始，我就一心想把事业干好，说实话，有时候真忘了自己是个女孩子，我要用强大的自信，让帮助我的人信服我，和我一起把地种好。"刘佳说。刘佳真把自己当成了壮小伙，每天和两个工人一起下地干活，翻地、种苗、打药，样样不落工人下风。由于是荒地，耕种过程中要比熟地付出更多的辛劳。刘佳说："第一年种地，不懂得抢墒，等我们把地侍弄好，种上葵花籽后，却遇到干旱无雨的天气，没办法，只能动手浇地。"

"第一年，我们浇地还是用喷灌，粗重的管子，挪起来特别沉，我和两个工人4个小时浇十几亩地，5天基本没睡觉，硬是把500亩地浇完了。"刘佳说完，俏皮地看了一眼妈妈。"我来时候，看到刘佳脸蛋发青，走路都摇摇晃晃，哪里还是我们娇生惯养的漂亮女儿？当时我眼泪就出来了。"妈妈心疼地说。这几年，特别是夏季，刘佳一两个月才能回家一次，回家匆匆洗完澡，就得赶回地里。

汗水和智慧终于让梦想开花

2008年秋季，刘佳的500亩食葵丰收了，除去投入，赚了近10万元。刘佳说，第一年的成功给了她很大的鼓舞，当时心里别提多甜了。听说打瓜市场行情不错，她决定第二年再种几百亩打瓜。刘佳还铺设了膜下滴灌，提高农作物的单产和品质。

几年来，1000亩地的产量年年攀升。今年，刘佳种的打瓜喜获丰收，亩产打瓜子高达160公斤，吸引了附近二牧场等地好几个种植大户前来取经。

成功的道路上总是伴随着泪水和鲜花，创业的艰辛让刘佳身体瘦了、脸蛋黑了，却让这个稚嫩的小女孩成长为种植能手，什么农用机械使用起来都不在话下。随之而来的是越来越多人的认可，以及更多年轻人加入她的团队。许振东，陕西西安人，从刘佳大学同学口中得知刘佳创业的事迹后慕名前来。机械专业出身的小伙子，给这个团队提供了很多帮助，机器出了什么毛病，他很快能修好。

庄亮，新疆农业大学毕业的本科生，还没毕业，就被同乡刘佳的创业事迹所吸引，一毕业就来到了这块创业的热土。"这份事业肯定还有更广阔的发展空间，只要姐姐不让我走，我就在这里一直干下去。"庄亮一脸严肃地说。本月底，刘佳准备和几个年轻人一起去内地考察学习。她说，发展种植业必须瞄准市场，她这次重点考察内地的炒货市场，看有没有有实力的加工企业愿意在这里落地。

回顾4年的创业历程，刘佳说，她很庆幸自己有这么宽容的父母，很感激有这么多热心人帮助她。在刚种地那一年，几个种植能手一有空就到她地里手把手教她；地区农业银行信贷部经理多次到她地里考察，先后给她提供了70万元的资金支持；各级领导更是在政策允许范围内，给予她最大限度的支持和帮助……

017
"焊接"变形金刚玩出大名堂

在繁华的河南郑州的唐人街、红星美凯龙等多处知名的商超大门口，摆上了栩栩如生的"大黄蜂""擎天柱"变形金刚，与科幻电影《变形金刚》中的形象如出一辙，吸引了许多人驻足观看与合影。但令记者想不到的是，这些"变形金刚"并不是某家工厂生产的，而是由三名大学生用废品站的废旧汽车零部件一点点拼接出来的。他们用螺丝、齿轮等废旧汽车配件，制作出造型各异、形象生动的机器人工艺品，让这些废弃的钢铁再次燃起生命的火光。

"大黄蜂""擎天柱"这些耳熟能详的"变形金刚"形象，燃烧了一代人的机械梦。而大学生申刘凯、乔晓磊和林阳三人看完《变形金刚》电影后，在河南新安县的一家废旧仓库内，将自己的梦想付诸实践，打造了一个个霸气威武的"变形金刚"，并让梦想与职业相结合，将这些变形金刚卖给商家，掘出了自己人生中的第一桶金。他们也在共同承受挫折和分享成功的过程中，成为亲密的"中国合伙人"。

记者刚走进工厂大门，就见到了三个高约三米的"汽车人"，制造机器人的地方与其说是工厂，还不如说是一处废旧的仓库。在仓库的后面，有一个空旷的场地，记者见到，成堆的废旧汽车零部件摞了一层又一层，上面糊着黑乎乎的机油，很难与门口矗立的三个威武的"汽车人"联系起来。

"从小玩小玩具，现在玩大玩具"

2013年，申刘凯和乔晓磊毕业了，林阳也辞掉了工作，三个家境普通的年轻人凑了五万多资金，怀揣着梦想，开启了一段并不顺利的创业梦。

首先站出来反对的是他们的家人。"毕业了不找正经工作，从小玩小玩具，现在又玩大玩具。玩玩具能玩出什么名堂？"

好言好语过了家人这一关，但更实际的问题来了。没钱租厂房，他们在洛阳新安县找到了一个废旧仓库；没钱买材料，他们游走在洛阳废旧汽车配料场；没有科班的"金刚钻"，切割、焊接零件等"瓷器活"做不成，只能找别家师傅来指导。为了节约资金，他们奔走于洛阳各个废旧汽车配料站，还曾因为找齿轮被人当作小偷，解释了好久才得以离开。他们也曾因为资金短缺，想过放弃，喝酒抱怨一通后，又东拼西凑，咬牙坚持。

即使把机器人做好了，可喜悦很快被无人问津的烦恼取代。东西卖不出去，日子越来越紧，连电费都支付不起。他们奔走在各个大型超市、卖场、公园，推销机器人，可听到最多的却是"电话留下，你们先回去吧"。

林阳介绍，那时候真是四处碰壁，熬不下去的时候，他们甚至吃起了散伙饭。

"有一天我们坐在一起喝酒，想着我们是不是应该实际点。说着说着电话响了，有个人打电话说他需要定制一台机器人。当时真有一种起死回生的感觉，那是我们建厂之后的第一个业务。"申刘凯说。业务做完后，他们一块去吃了最痛快的一顿饭。

"每一个男生都有一个变形金刚梦，只是我们把这看似缥缈的想法实现了而已。"这个皮肤黝黑的90后男孩申刘凯说，说不定有一天他们也能与变形金刚的导演迈克·贝握手洽谈呢。

"来自家里的阻力很大,说让我找一份正当的工作,自己也犹豫了很久,但最终还是坚持了下来。"回望创业历程,林阳感慨万千。

要让"变形金刚"动起来、亮起来

"心有多大舞台就有多大,下一步,机器人工艺品目前的市场需求量比较大,但更要创新地注入科技含量,向智能化和自动化的机器人迈进……"申刘凯说,他们也在不断学习相关知识,将来要让这些机器人会亮灯、会动。在"大黄蜂"的身体里,有多种弯曲、集合、焊接废车零部件,汽车钢管、避震器、传动轴、螺丝等零件均需运用其中。要把这些不规则的部件很有美感地排布在"变形金刚"周身,还要绘图、计算尺寸……对于三名年轻人而言这又是一个大难题。

他们一遍遍看视频,一点点画比例,就这样画了改、改了画,焊了拆、拆了焊。一个机器人手臂的安装就花费了十几天时间。家长多次劝他们放弃,邻居亲朋好友更认为他们不务正业,但三名年轻人固执地坚持着。

功夫不负有心人,3名年轻人设计打造出的机器人终于引起了商家的注意,他们的机器人被销售到一些楼盘、超市等场所。

"每一个男生都有一个变形金刚梦,只是我们把想法实现了。"申刘凯说。

过程很艰辛,结果很完美。圣诞节的时候,这个变形金刚被一家公司看中,以一万元的价格买走了。"从那时起,我们感觉这个是有商业价值的。一个更大胆的念头诞生了,我们要创业。"合伙人林阳说。

卖出上百个大大小小的机器人之后,厂内的固定资产增加到60余万元,可谓掘得人生第一桶金。

现在申刘凯、林阳与乔晓磊的梦想已经实现了"金刚梦"的一部分,另一个小伙伴尤悦也加入了他们的团队,对未来,他们信心满满。林阳满怀憧憬地说:"向着梦想出发,终会有成功的一天。"

"用废旧零件焊接金刚机器人,并不是我们的终点;未来,我希望我们的金刚机器人能动起来,打造真正意义上的智能机器人。"申刘凯微笑着告诉记者。

018
把小菊花做成大产业

临近10月,云阳观音山种植基地,一簇簇黄白相间的菊花竞相开放。挺着大肚子的杨雪梅,又一次上山查看菊花长势,脸上写满了丰收的喜悦。

对于杨雪梅而言,这一片菊花田如同她的另一个孩子。为了它,她舍弃了让人羡慕的医院工作,在农田中挥洒宝贵青春。"我是山里长大的孩子,我回来为这片土地和土地上的人,做我能做的事情,不悔。"目前,她的菊花产业年产值达到600万元,订单签约农户2000余户。

顶住压力　立志创业

2008年,杨雪梅选择辞职,回老家云阳县堰坪乡中升村创业,很多人表示不能理解,因为大学毕业后的她有一份不错且稳定的工作。

毕业于重庆医科大学的她,本是市中医院的护士培训师,每月工资近4000元。而男朋友也是市三院的医生,今后还要继承家里的中医诊所。

当时,母亲不允:"你果真回来种地,我就死给你看。"父亲愤怒:"我们辛辛苦苦供你读大学,让你走出大山,不是让你回来种地的!"男朋友的家人也质疑:"你们回去了,家里这些产业交给谁?"

重重压力下,杨雪梅没有动摇,她的创业动力十足。

一来,她是想为贫穷的山村做点什么;二来,她找到重庆市药物种植研究所的教授,对中升村的水源、土壤、气候等地质环境和地理环境进行评估,得到"老家适宜药材种植"的答复。

把野生药材改为家种,让荒芜的土地发挥效益!杨雪梅拿出自己和男朋友多年的积蓄,以及亲戚朋友的借款,共计20万元,创办了云阳芸山农业开发有限公司。

失败了再来　坚持就是胜利

杨雪梅种植的第一个中药品种是"旱半夏"。

为了流转土地,她带着样本挨家挨户去做工作。"种这个与种红苕比,哪个赚钱更多?""亏了怎么办?"……杨雪梅一一进行耐心解释。20多家农户,她谈了近两个月,终于流转了30亩地。

在杨雪梅和农户的精心呵护下,旱半夏长势良好,丰收在即,可到了9月份,阴雨连绵,80%都烂在了田里。"一年的心血瞬间化为乌有,感觉好像天都塌了。"杨雪梅大哭了一场。

前期育苗费用打了水漂,为了不打击村民种植的积极性,她还承担了村民的全部损失。20万元的前期投入,亏了一半左右。

这次失败并没有让杨雪梅放弃。好强的她,做不出有始无终、让村民失望的事情。"创业没有回头路,我要继续走下去。"杨雪梅回忆,鉴于旱半夏的抗涝性能差,不适合多雨的云阳,第二次创业,她选择了杭白菊——抗旱抗涝性能都不错。

这一次,比首次创业更为艰苦。杨雪梅卖掉了包括首饰在内的所有值钱东西,买完肥料、付了农民工工资后,身上就只剩吃饭钱了。"有一次,身上只余1.9元,不够回家车费,只能走回家,花了近1个小时。"一年下来,她的体重减了十多斤。

父母看她如此坚持,被感动了,拿出卖老房子的10万元。同时,作为云阳县对口援助的九龙坡区也提供80万元无息贷款。有了资金,她再次向村民征地400亩,并通过不断选育,种上了杭白菊、金银花、川明参等10多个品种。

2009年,公司扭亏为盈。后来,李雪梅一年又一年扩大种植规模,并把目光锁定在科技产品的开发上,建立了中药饮片、中药提取物、保健食品及保健饮料生产线。

今年,她的目标是带领两个乡镇的3000多户农民种植菊花,每亩一年增收3500—5000元,让当地村民腰包鼓起来。

019
"侨乡种子"搭乘"长征"火箭遨游太空

2016年6月25日晚8时,中国最新一代运载火箭"长征七号"在海南文昌发射场成功发射升空。来自侨乡广东省江门市的农作物种子成为"座上客",随同火箭遨游太空。这一次的搭载不仅是侨乡航天育种迈出的重要一步，更是该地区现代种业发展、农业强市建设的重要里程碑。

"现在我们示范种植的航天农作物推广面积两三万亩，但计划在未来的三五年，推广面积将提高到70万亩。"作为广东首家与中国航天科技集团公司签署合作合同的广东蓝海科技农业有限公司负责人，黄海燕对航天育种技术未来的发展充满信心。

加大研发投入 注重未来的综合效益

一颗种子经过"航空旅程"回来，并不是立刻就能成为"太空种子"的，这趟旅程只是第一步。航天育种的全过程大致可分为航天搭载、地面选育、配制组合、试验示范、品种鉴定、产业化6个步骤，从航天搭载回来到产业化，中间的品种培育过程还需要一段时间。根据科技专家介绍，本次在江门收集提供的398克种子，回来后将计划在江门市农业科学研究所和部分直送企业进行首次品种培育工作。

参与此次培育工作的其中一家企业，是本次直送种子178克的广东蓝海农业科技有限公司。该公司自2013年与中国航天科技集团公司签订合作合同后，确立以航天育种为科研方向，并在2015年成为"广东江门航天育种示范基地"，成立广东首个航天育种院士专家工作站。黄海燕表示，"以往我们从航天科技集团直接引入航天育种成果，经过示范试种后便可推广种植，本次回来的种子将首次尝试品种培育。"

"进行品种培育需要大量的时间和技术成本投入，品种培育过程需要3~4代的筛选，时间往往要两年以上，这次我们选派的三种种子，其中菜心和辣椒种子的培育时间计划为两三年，而辣木则需要3~5年的时间。"黄海燕介绍说。除了培育时间长以外，为了更好地进行品种培育工作，黄海燕已提前计划建造一批设置智能化管理的育苗大棚，面积六十多亩，投入资金约两千万元。

面对高投入，黄海燕表示，"未来的社会效益将远远大于投入"。她认为全面掌握航天育种技术，培育更多航天品种种子，能给农户带来高增长的经济效益，群众也能吃到放心菜，这是十分有意义的。以航天花生为例，"一般的花生种子，一棵能结十多粒花生果实，去年其团队在试种航天花生，在同等条件下，最多能结出比普通品种多10倍的花生果实，并能有效抵抗常在花生种植中出现的铁锈病，大幅提高产量，让农民的收入大大提升。"

只要坚持创业梦想就会收获硕果

黄海燕出生在偏远落后的南方山区农村——广东江门市大槐镇大朗村,2002年7月从广东省农业管理干部学院（现为广东科贸职业学院）生物技术系园艺专业毕业。另外，通过兼读，黄海燕还同时获得华南农业大学农业与农业管理本科文凭。她现在"含金量"较高的社会身份有全国人大代表、全国劳动模范、优秀农民企业家、杰出的女大学生创业者、科技兴农带头人。

2005年10月，党的十六届五中全会召开，明确提出建设社会主义新农村的宏伟蓝图。通过市场调研，黄海燕于2006年年初了解到，恩平市因大规模种植香蕉，导致当地的香蕉苗供应不足。她立刻意识到，这是一个很好的机遇，因为他们拥有培育香蕉苗的技术。

由于受传统观念的影响，黄海燕回乡创业的事，遭到家人反对，村民也不理解。"父母有些伤心，我们节衣缩食供你读大学，就是希望你能出人头地、光宗耀祖。你在大城市找到金饭碗，我们有多开心，你知道吗？现在倒好，你要回来耕田，说什么我们也不同意。"村民们也议论纷纷："这孩子究竟怎么了？放着大城市生活不要，却跑回穷山村种地，脑子是不是有毛病？"黄海燕回忆当时创业情景说道。

家人的反对和村民的风言风语没有改变黄海燕的决定，相反更促使黄海燕下定决心当个像样的大学生农民。通过努力，黄海燕说服了男朋友和父母，男朋友辞掉了广州那份较高收入的工作，于2006年下半年随黄海燕回乡创业。

创业之初，苗圃主要培育香蕉苗。黄海燕先把实验室建起来，再把温室大棚搭起来。许多工作都由自己策划、亲自动手，其中的辛苦和精神压力可想而知。最主要的困难还在于资金不足。黄海燕把几年的积蓄都拿了出来。"由于长期干农活，我的脸和手全是黑乎乎的，手上结满了老茧，整个人就是一名农妇。"黄海燕感慨地说。

万事起头难，黄海燕并没有丧失信心，也从不为自己做的事情后悔。一分耕耘一分收获，一年后，黄海燕前期投入的10多万元资金全部收回。积累了经验，苗圃的运作慢慢走上了轨道。

2012年8月，"北冕"和"黑格比"大台风接踵而来，黄海燕13个温室大棚被刮倒了11个，苗圃损失超过10万元。两年来艰苦创业积累的资本，在这两场台风袭击后所剩无几，事业 下了又跌入了低谷。黄海燕虽说也伤心、难过，但路是黄海燕自己选择的，在哪跌倒，还得在哪爬起来。台风过后，黄海燕想尽一切办法全力投入灾后复产工作。在当地政府的支持和家人的帮助下，黄海燕的蓝天苗圃场渐渐恢复生机。

创业过程中，黄海燕团队培育七彩番茄、五彩生菜、四色胡萝卜等特色瓜果蔬菜，在产品的"奇""特"上做文章。同时又推出"公司+基地+合作社+农户"模式。目前，蓝海公司已经带动五百多户农民开展各种蔬菜种植，创造年产值三千多万元。

回顾过去10年来的创业历程，既有享受成功的喜悦，也有遭受挫折的艰辛。无论是成功,还是挫折,黄海燕从来没有放弃过自己的理想,从来没有后悔过自己选择的路。黄海燕始终抱着坚定的信念,朝着自己的创业目标一步一步地迈进,直至目标的实现。

020
"唐园画室"助百名学生上名牌大学

五年时间,说长不长,说短不短。然而,就在五年的时间里,一个大学生带领他的小小团队创造了一个美术培训界的神话,这个人就是西南交通大学环境艺术专业毕业的李治斌。从2006年只招到三个学员到今天从唐园画室走出去的学员遍布全国各地,其中100多学生上名牌大学,真正让他实现了"名利双收"!

从一名在校大学生到一位公司负责人,五年的时间里,李治斌在摸爬滚打中体会着创业的苦与乐,也成就了一个大学生创业的典范。

创业起步资金紧缺　工作室落根交大工业园

就在几天前,在西南交通大学科技工业园里的唐园画室,李治斌和他的团队一直忙着画展的事情,据了解画展还办得很成功。直到今天,用架子夹住的画展路线指示图还在路边没有被撤掉。

按着指示图一直走,绕了好几个弯,在路尽头,一座毫不起眼的房子才出现在记者的面前。很多人都不会相信,就在这座看起来有些陈旧的房子里,诞生了一个美术培训界的神话。

2006年唐园画室刚开张时,由于租金问题,李治斌曾将画室选址在离学校有一个小时公交车程的居民小区。一次,李治斌为推广画室在居民区内办了一个简单的画展,由于有几幅人体素描,结果有居民报警,说他办色情画展。这个事情让李治斌哭笑不得,画室不得不辗转多处,最后在交大老师的帮助下,最后找到了学校后勤处,就在现在这栋楼房里,李治斌租下了一间画室,正式开始了创业历程。

资金是创业成功的最重要的因素之一,对于还没有毕业就创业的大学生来讲,创业资金问题尤其难以解决。虽然条件是艰苦了些，但李治斌还是充满信心。"我是成都双流县的一个农村孩子，父母都是农民，家里没有什么钱。创业之初，一直困扰我的是资金和招生问题。所以，能租到这样的教室，已经很不错了。虽然稍微偏僻隐秘一点，但这几年的成绩大家是有目共睹的，等到各方面条件成熟了再考虑找个好一点的地方。"李治斌告诉记者。

公司艰难注册　唐人画室变身唐园画室

一年前，李治斌的画室还叫"唐人画室"，那时是挂在一所艺术培训学校名下。今天，在李治斌办公室一个书柜的上面，记者看到了一个崭新的私营企业执照，在企业名称这一栏内写着：成都唐园教育咨询中心。

为什么"唐人画室"更名为"唐园教育咨询中心"了呢？李治斌道出了其中的缘由：挂在别的学校名下，画室的发展会受到各方面的限制；登记注册培训学校的话，资金、场地等各个方面又有严格的要求。经过深思熟虑后，李治斌决定暂时注册为一个私营企业，等各方面条件成熟了再成立为培训学校。但当李治斌到工商局注册时却被告知"唐人画室"已经被一家企业注册了。

李治斌想了很多个名字，最后决定用"唐园画室"作为企业名称。经过一年多时间的奔波，李治斌在前些时间才把营业执照拿到。"把'唐人'改成'唐园'，寓意为大家一起聚集在美术的园子里实现自己的美术梦想。"

坚持　五年创造培训神话

"今天很残酷，明天更残酷，后天很美好，但是绝大多数人都死在明天晚上看不到后天的太阳。"阿里巴巴总裁马云曾在一次青年创业大会上说过这样一句话，显然李治斌不属于这类人。

在李治斌看来，要想创业成功，最重要的品质就是两个字——坚持。李治斌说，很多想创业的人都很有想法，但坚持下来的人很少，很多人都坚持不下来最终选择了放弃。

2006年画室刚开张时，只招到三个学生，这一度让李治斌感到很气馁。经过一系列的思想斗争，李治斌还是坚持下来了。就在那一年，这仅有的三位学员没有让李治斌失望。一名学生单科色彩考了140多分（满分150分），还有一名同学速写考了94分（满分100分），另外一名考上了上海交通大学。李治斌自豪地跟记者分享着唐园画室从2006年到2011年来取得的成绩。五年时间，有100多名中学生从这里走向了上海交通大学、西南交通大学、江南大学、四川美术学院等知名学府。仅在2011年的美术高考中，就有20多个学员摘取中央美术学院、四川美术学院、清华大学美术学院等名校的专业资格证，其中蒋欣宇同学更是在今年四川省美术联考中考取全省第二名的好成绩。"虽然创业很艰难，也吃了不少苦头，但每当看到那么多的同学从这里走向全国各地的名校，我觉得很欣慰，这也是对我这些年所做的工作的肯定。"李治斌脸上露出了欣慰的笑容。

在"精"不在"多" 对学生负责严格把关

随着画室的成绩一年更比一年好，唐园画室的学员也越来越多。每年7、8月，唐园画室都会进来一批因慕名远道而来的学员。有的来自眉山，有的来自绵阳，甚至有些来自成都南部的攀枝花。

面对学员的不断增多，如何处理好规模与质量的问题，李治斌有自己的一套："我们实行的是'精品教学'，唐园画室的主要发展方向是'精'而不是'多'，我们要确保每一个学生在这里都能有进步，都能考上理想的美术院校；如果学生太多的话，就目前来讲难以保证教学质量，在管理上也不好管理。所以在报名的时候我们都有一个简单的测试，主要看一下他们有没有这种学美术的潜质。"

团队里必须要有一个做最终决定的人

志同道合是组建团队很关键的因素。"选择团队成员的时候，尽量找与自己关系比较好的同学或者朋友，最好是和你有共同爱好的，可以是很有个性的，但应该和你有共同语言和共同梦想的人，彼此之间要能够互相信任。"关于组建唐园画室团队的标准，李治斌如此说道。

不少大学生在创业之初，自己的团队都是很团结的，但随着创业项目的不断扩大，成员们之间因为经济利益或者意见不合等原因而散伙。

对于这个大学生创业中司空见惯的现象，李治斌表示他目前没有遇到这种情况。"我们制定有严格的规章制度，每一个成员都会很主动地遵守规章制度，很多事情我们都坐下来一起商量。"

"我们遵循的是少数服从多数的原则。确实意见差异太大的话，在尊重大家的前提下，我说了算。"李治斌直言不讳，"团队里必须要有一个做最终决定的人。"

教好学生成功秘诀是真诚

现在社会上的美术培训学校有很多，李治斌有什么秘诀让画室获得成功呢？"秘诀？"李治斌低头思考，不一会儿，他抬起头，眼睛亮了一下，"在学习中感受快乐，然后才能快乐地学习。我想秘诀就是真诚。"

谈到未来，李治斌表示，"尽量控制学生人数，保证把学生教好。"

021
立志在平原建成全球最大的乌骨羊基地

"如果人生能重来的话，我还是会作出这样的选择。"

说这话的人叫吕彦喆，1986年出生，是一个原籍辽宁的小伙儿，现在在安徽省宁国市宁墩镇的一处山坳里养羊。不过，他养的可不是普通的羊。

这座现代化乌骨羊养殖场建在一个不起眼的小山坡上，吕彦喆熟练地越过羊圈的栏杆，一个飞跃骑跨在一只羊背上，掰开羊嘴，检查它的健康情况。难以想象，这个"羊倌"是学经济的，不仅拿到双学位，被保研，还曾经被美国知名大学的商学院录取。如果当初吕彦喆选择了另一条路，他就不会出现在这里，陪伴他的也不会是这些"咩咩"叫的黑山羊。

如今，吕彦喆养羊养出了一个"世界之最"，短短4年时间，他所创办的天行健农业发展有限公司拥有全球最大的乌骨羊种群，纯种数量占世界种群的四分之三。因为稀有性和极高的营养价值，乌骨羊的羊肉深受高端市场的青睐，公司一年的销售额达到5000多万元。1月5日下午，宁国市天行健农业发展有限公司上海股权托管交易中心中小企业股权报价系统（Q版）挂牌仪式在上海股交中心举行。

学工商管理的为何去养羊

如果不是听吕彦喆口述，很难把美国名校、创二代这些字眼儿和眼前这个质朴的青年"羊倌"联系起来。吕彦喆看起来身体有些瘦弱，但骨子里有股不服输的劲儿，提起那些艰辛的过往，他的语气中听不出丝毫的情绪起伏。年少老成的他，看起来比同龄人更加淡定。

2009年7月，拿到工商管理、国际经济与贸易双学位的吕彦喆从广东华南理工大学毕业，不仅获得了保研资格，而且还收到了美国华盛顿大学商学院的录取通知书。

站在人生的十字路口，吕彦喆却作出了一个令人难以置信的"爆冷"的选择。

"此时恰逢全球金融危机，由于考虑到各类成本和材料价格相对于未来为最低点，这个时候非常适合创业。"吕彦喆说服了经商的父母，"延后出国留学的时间，先创业"。

在他看来，这样做并非一时冲动。因受父母的影响，他在大学时就做好了创业的准备。几乎所有的假期，他都在外面打工，从最基础的五星级酒店前台，到广交会的分展区督导、展位解说员、销售代表、翻译、导游、机场外宾接待、文职、建筑公司总经理助理，他都做过，为毕业后创业打下了一点基础。

尽管酝酿多年，可是创业到底该做什么？刚刚迈出校门的吕彦喆感到有些迷茫。

"原本计划开饭店、做代理，可经过市场调查后，这些项目被一一否决，我最终选择了国家扶持力度较大的农业，因为走科技农业与农业机械化深加工道路是未来发展的一个趋势。"

可是，农业种养殖涉及的项目也很多，如何圈定更具体的目标？北京、大连、沈阳、山东、广州……一段时间，吕彦喆穿梭在各大城市的科技项目展会上，却始终未能找到最理想的项目。

一个偶然的机会，他了解到云南有一种乌骨羊，肉与骨头都为黑色，黑色素与乌鸡的一致，具有较高的药用与保健功效。此外，乌骨羊全球保有量只有2000多只，而品种较纯的更是少之又少，其市场前景不可限量。"这不就是一个绝好的项目吗？"他和同伴兴奋不已。

把"天方夜谭"的创意落到实地

由于乌骨羊的产地在云南怒江地区，交通极其不便，而其高端消费市场位于沿海地区，运输成本非常大。面对这个难题，吕彦喆萌发了一个类似"天方夜谭"的创意——不如为羊搬家，把它们从高原搬到平地去。

可搬到哪里合适呢？这是从未有人考虑过的问题，最终，他们选择了与乌骨羊产地纬度相同的安徽宣城地区，这里距离上海、杭州与南京都比较近。"当地政府对农业项目的扶持力度很大，各级团组织也出面帮助协调相关事宜，所以我们选择了宣城市宁国市的宁墩镇。"就这样，在宁墩镇的一个山坳里，一座废弃的建筑被他们租下来，改造成临时的羊舍。

考虑到云南当地政府已经开始筹划对乌骨羊进行保种，即将限制它的买卖出关，吕彦喆和创业伙伴孙成龙决定，马上引种。2010年3月，两个初出茅庐的小伙子直奔人生地不熟的怒江地区。

2010年3月中旬，乌骨羊的选种工作开始，吕彦喆和同伴徒步穿梭于云南当地。"有时在深山密林里一待就是几天，一天三顿往往都是土豆，这顿蒸土豆，下顿炒土豆、烤土豆。"

当年5月，历经5天5夜，第一车种羊被运到了安徽的"新家"。为了防止怀孕的种羊流产，吕彦喆小心翼翼地把上百斤重的母羊从车厢抱到地下，雨天地面泥泞，摔跤在所难免，"虽然倒在泥里，身上糊着羊粪，可心里还是乐呵呵的"。

为了照看好这些新来的"宝贝"，吕彦喆和两名同伴每天早上5点起床，到附近山上给羊割草料，晚上9点左右才能收工。由于操作不当，饲喂了腐败的秸秆，一天早上死掉了20多头羊。这次遭遇，让他们的几十万元化为乌有，欲哭无泪。

让高原的羊适应平原的家

问题接踵而至。这些"祖祖辈辈"在高原上生活的羊群离开家园不久，就出现了水土不服的症状。"从放养到圈养，由于改变过于突然，羊产生应激反应，再加上生活地点和气候的改变、运输过程漫长等因素，因此出现了一系列的问题。"吕彦喆事后总结，在改变羊的饲养方式时，切记要拿小部分做实验后才能推广。

在当地农委、畜牧局的指导下，吕彦喆采取科学的饲养管理方式，对饲料进行改进，对羊群采取分栏管理，按照性别、生长阶段进行分类、分群饲养，乌骨羊逐渐适应了宁国当地的生活环境，数量开始慢慢回升。

攻克了养殖技术难关，吕彦喆又在镇政府与村干部的帮助下，流转了500亩的土地，建起了标准化的养殖乌骨羊小区。

来自安徽农业大学的专家与吕彦喆的公司进行了"产学研"对接，对现有羊群进行风土驯化，并扩群选育，研究出符合生产结构、性能与适应本地气候的高品质食用肉羊。此外，公司与上海交大合作，采用物联网技术构建乌骨羊可追溯管理制度体系，建立智能化羊场。

"农户只需交纳少量保证金，引进种羊、提供场所，便可实现规模化乌骨羊养殖。"在他看来，这种"公司+基地+农户"的模式将逐步形成稳固的养殖网络，增强示范基地的辐射带动功能。

经过努力创业，如今，吕彦喆的天行健农业发展有限公司拥有纯种乌骨羊种羊1300余只，占世界总数的四分之三以上，此外，大量的商品羊正在培育中。公司不断扩大规模，建有良种繁育基地、商品羊繁育基地、观光休闲展销基地，可以为消费者提供稳定、优质的乌骨羊肉制品。

和这些远道而来的乌骨羊一样，吕彦喆已经适应了这里的生活。作为一个外乡人，吕彦喆在这里不仅开拓了自己的事业，还收获了一段爱情，娶了当地的女孩为妻。

"虽然今天在这里养羊，但也许今后还是会出国学习的。"在吕彦喆看来，"其实，养羊和留学一样，只是人生的一段经历。"关键是，"在合适的时间，做合适的事情。"

022
办生态鸡场，圆田园梦想

为了心中的田园梦，80后小伙黄宇主动放弃北京的白领生活，毅然回到家乡湖南湘潭县，独居深山幽林当起了"鸡倌"。经过一年多的勤奋摸索、刻苦研究，他一手开创的400亩纯生态养鸡场，目前已达上万只的规模，收入达100多万元。昨日，黄宇向记者透露，他还有一个梦想，想利用自身所学的知识、技能，带领家乡的村民一起踏上致富路。

不恋京城恋山城的田园

2011年，从北京航空航天大学科技电路专业研究生毕业后，满怀创业梦想的黄宇开始了自己的致富路。因为头脑灵活，加之勤劳肯干，他迅速在机械外贸行业崭露头角。创业第一年，黄宇就掘得了人生中第一桶金，成为圈内小有名气的百万老板。

这位来自湘潭高新区双马街道的农村伢子，长相虽平平，但无论做什么事，他都肯花心思，有自己的想法，愿意付诸实践。过去在北京工作的时候，黄宇一身标准白领装扮，出入高端写字楼，身边围绕的都是各界精英。这样的生活，着实令旁人羡慕。然而，光鲜亮丽的白领生活并没有给黄宇带来精神上太多的欢愉。但凡一个人在家时，他的脑海里就会不断浮现出家乡的山水。黄宇说，那些儿时与伙伴们一起在溪边摸鱼抓蟹的画面，就像剪不断的故事，不时地在他眼前循环往复，"闹"得他心里不安静。

一边是风光体面的都市生活，一边是内心最渴望的田园梦想，每到夜深人静时，这两种声音愈发在黄宇的心底碰撞得强烈。

要养会飞的原生态鸡

最终,梦想战胜了现实。在北京工作一年后,黄宇主动放弃了北京的白领生活,毅然回到家乡,来实现自己的田园梦。

"这小子,放着城里的好日子不过,竟然回来当农民!"身边的人,无不诧异于黄宇的决定。回乡后,黄宇一手操持手中的外贸生意,同时还利用生意所得,开始筹划心中美好的田园梦。通过一系列的市场调研,黄宇最终锁定了养鸡行业。

历经数月的精心筹备、规划,黄宇带上同是白领的妻子刘佩银来到湘潭县杨嘉桥镇,倾注所有积蓄,投入400万元,在附近租下400余亩山场,办起了养鸡场。农场分为7个生态放养基地,以养殖普通蛋鸡、五黑一绿鸡为主。创办才一年多,其养殖规模已达14000多只。里面放养的鸡都以高山林木为栖,以树虫青草为主食,外人若想进入其中,必须通过严格的红外线消毒。

为保证鸡群质量,黄宇还专门开垦约30亩菜地,种植玉米、白菜、萝卜、稻谷、金银花、红薯、南瓜等蔬菜为鸡群提供食物;还配套建立了虫子培养基地、中草药种植基地和水源供应井。黄宇说,他要利用这些天然的条件,养出会飞的原生态鸡。

黄宇还利用所学专业为鸡群建造了一个全自动化的鸡舍,里面的设施设备皆为数控指挥。

023
办校园杂志,激活校园消费市场

"买单!我有10元的代金券!"在靠近成都一所大学门口的一家火锅店,仅仅因为在一份DM杂志上做了几次广告、发布了几次代金券后,几个月时间内竟回收了上万张代金券,餐馆生意更是狠狠地火了一把!而一些来探访的家长也用这本杂志上的酒店、公寓代金券,享受10元、20元不等的住宿优惠。

如今,这本以代金券为特色的DM杂志正在成都各大高校中迅速传播。从发行量

1万份、零利润发展到现在的4万份发行量、每期广告收入10万余元；拿下成都所有高校广播、电台、网络的独家代理权……不可想象，创造这一奇迹的竟是5个初出茅庐的大学生——如今，3人已于去年毕业专职于该杂志，1人读研，1人还在读大四。

虽然是周六，但当记者来到位于科华北路一商务楼的成都高效广告文化传媒有限公司时，十来个年轻人仍在办公室里忙碌。进入总经理办公室，5个年轻人正围在一张大办公桌前热烈讨论着。这就是《校园消费》的5个创办者，也是成都高效广告文化传媒有限公司的5个老板：负责全面事务的刘洪燕，负责发行的王林，负责策划的刘振华，负责编辑的任建，负责公关的龙宏。

"有个减肥产品想在我们杂志上投广告，虽然价钱不错，但我们还是打算做一番调查后再接招。"与创办第一期时求人打广告、被人挑剔不同，现在的《校园消费》已有稳定的广告客户，对于新客户的挑选也更慎重了。

翻出保留至今的第一期《校园消费》——一本黑色、16开的旧杂志，5人都是一脸自豪。当时杂志发行了1万份，主要就在川大里赠阅，耗费了一个暑假，收支刚好平衡，但第二期杂志就开始赚钱了，这一赚就赚了1万多元。到2006年初第三期出来，印量已经增加到1.5万份，覆盖面也推广到其他高校。去年3月，他们就租下了一间月租金1000元的办公室，杂志也变成了定期发行的月刊，刘洪燕他们3人去年毕业后就开起公司，一门心思经营杂志。"现在我们已经有4万份的发行量了，每期广告收入10多万元！从这期开始也从16开改版成了8开的大杂志。"

创业初衷：被生活所迫勤工俭学！

"其实不是我们多优秀，当时选择做《校园消费》也是为生活所迫。"刘洪燕家在农村，上大学负担本来就不轻；刘振华父母都是普通教师，收入不多；其他3人家中经济条件也不怎么样。勤工俭学、增加社会经验促成了5人现在的成就。

"男孩子在大学里，就不能依靠家庭。所以我们进入大学不久就开始勤工俭学，一来减少家庭开支，二来还能赚取社会实践经验。"刘振华说，他们5人大一时每月支出都不过300元左右。

当时，在川大工商管理学院学生会任职的任建找到同学刘洪燕，想在9月份新生报到时，通过向新生免费发放校园地图，推广一下学院记者团的良好形象。可要印上万份的地图得花不少钱。钱从哪里来？刘洪燕想到了拉赞助。

于是，他们在地图的设计图纸上画出了24个广告位，利用暑假时间东奔西跑地招商。"当时没有正规公司作后盾，客户哪敢把600元广告费交给我们这些年轻人，我们就跟客户说，大不了按个手印，自己负责！"最后，跑了80多家商家，好不容易推销出去了广告位。开学了,他们不仅顺利印制了两万张地图,还赚了8000多元。"这张地图基本上算是《校园消费》的前身了!"

当年开学后,经"地图一役"有了"刘总"美誉的刘洪燕就开始张罗《校园消费》了。当时他们向客户承诺发行1万份,但广告收入和成本一比,亏了2000多元。刘洪燕和龙宏就找到一家理发店,一谈就是3小时,"我们给它搞了创意:请我们一个美女同学当模特,做一个理发过程的前后对比。或许是被我们的执着打动了,他们出资2000元做了3个版的广告!"

陡生波折:大学毕业是走还是留?

《校园消费》杂志仅仅是这5个年轻人搭建的一个平台。现在,他们手中握有成都所有高校的广播、电视、网络的独家广告代理权,还开发了学校户外媒体。但就是这份火得"一塌糊涂"的DM杂志,在去年夏天刘洪燕等3人大学毕业时差点夭折。

2006年初,刘洪燕、任建、王林三人都找到了让人羡慕的好工作。当时《校园消费》已经做了5期,发行量稳定在1.5万份。是参加工作,还是继续做这份杂志?三人的父母几乎不约而同地反对他们搞杂志,在他们看来这是不务正业。

"我们都不愿意这样放弃!"随后,他们利用毕业前的几个月时间做了一次成都校园消费的市场调查:在四川大学、电子科大、成都大学、电子高专等不同类型的学校里,他们发放了上千份调查问卷,调查大学生的消费倾向、收入来源等。结果惊人:成都13所主要高校,共有在校大学生41万人,而且人数将呈现总体上涨趋势;大学生生活必需品消费和其他可支配消费的总额超过21亿元!其中,将近一半人每月支出在300—600元。

就这样,3人坚定了放弃好工作的决心,用前几期积攒下来的上万元租下了一间大办公室一年的使用权,正式开始了创业过程。现在,公司已经是有25个专职员工、200多兼职大学生的文化公司了。算上专职会计、出纳这些年龄略大的同事,公司平均年龄不超过24岁。而北京、上海、重庆以及成都本地的一些传媒集团、风险投资机构纷纷表达了合作的意愿。"我们相信校园消费市场还大有可为!"站在办公室窗前,刘洪燕他们看着远处的川大校园说道。

024
帮人修改留学文书三年进账百万

南京大学中美中心2014届硕士毕业生黄宇人，创业3年来，带领的团队为1500多名申请出国留学的客户修改润色留学文书，营业额超过150万元。

电影《中国合伙人》里的成冬青没有出过国，却创办一家"新梦想"英语培训学校。创业之初，与同学王阳一同贴小广告，还拉拢在国外留学的孟晓骏回国共同创业。记者日前获悉，在南京，有一个南大版的"中国合伙人"。牵头人就是南京大学中美中心2014届硕士毕业生黄宇人。

被中介坑过激发创业灵感

黄宇人告诉记者，3年前，当他还是南京大学商学院大四学生时，曾申请出国留学，但找的一家中介公司把期望值降得很低。他当时觉得与其出国上一个非主流学校，还不如被保送到本校中美中心读研。"那时候身边有不少同学跟我抱怨，找中介修改润色留学文书收费贵，还不如自己写。我当时想可以找外国朋友来帮中国学生修改留学文书啊，毕竟他们对自己国家的文化更熟悉。"

黄宇人说，正因为自己被出国中介坑过，才激发他的灵感，走上了创业之路。

靠人格魅力聚拢合伙人

就像《中国合伙人》里的成冬青一样，2011年，黄宇人到处贴小广告。他联系到的第一个合伙人是毕业于牛津大学的Andy，"他是我外籍朋友圈里最棒的，我跟他说了想法，他同意了。"2011年10月，黄宇人通过微博微信发消息，接到第一笔订单。"Andy修改的，结果非常好。"当年他们陆续又接到了51笔单子，营业额有8万元。

"那时还主要通过客户把需要修改润色的文书发到我邮箱，我再发给文书编辑，等他改好再发给我，我再发给客户。"2012年，黄宇人与同伴投资5万元请了一家公司帮忙设计网站。网站上线后，订单就飞跃式增长到500多个。

当年5月，黄宇人得知南京市大学生创业示范园开园，他的创业项目获得二等奖，还免费获得示范园办公室的3年使用权。2012年7月26日，他们正式注册了公司。去年10月，同学徐新加入团队。徐新告诉记者，当时正是很多同学找工作的时候，"很多人起薪就过万，但我选择跟黄宇人一起合伙创业，是看中他为人靠谱，做事坚持，也受到他人格魅力的感召。"

做事业，不断扩大再生产

"我们的大多数客户是申请出国读研的本科生，也有一些申请出国读大学的高中生。"徐新说，"他们申请的有哈佛、斯坦福、牛津等国外很好的学校。"

3年中，黄宇人的公司平均每个客户收费1300元，比市价要低很多，而营业额突破150万元。相比之下，合伙人每人每年却只拿5万元薪水，"确保公司现金流，挣了钱就投进去，我们是想做事业。"

在校创业期间，他们也曾度过一段艰难的日子。徐新说，"研二下学期最紧张，一方面公司开拓市场，要到北大、清华、人大、复旦、交大、南大等高校巡回演讲，一方面还要完成全英文的毕业论文，当时压力大，黄宇人每天熬到夜里两三点才睡觉。"

自我定位"国际合伙人"

对于未来，黄宇人说，他希望"通过互联网思维，从文书入手，逐渐开发一个自助式的留学平台"。他说，留学从开始申请到拿到offer，到后面的学习、职业规划、就业，是一整套过程。"初次申请留学者不知道怎么获得留学信息，不知道哪些学校和专业好，怎么申请，走哪些流程，时间该怎么安排，他们通过我们平台丰富的内容就能获取各种精准的资讯。"

至于合伙人关系，黄宇人说，"国际合伙人"可能更贴切。"我们有国内的也有国外的。"至于未来会不会像电影《中国合伙人》那样，当事业成功后，合伙人各奔东西？他表示，大家现在一心只想把事业做好。"如果有一天，我们中的某个合伙人想要另一种生活，选择离开团队也没关系。事业会继续，友谊也会继续。"

025
不要银行"金饭碗",要"飞龙"的土饭碗

美国鹧鸪,民间称这种鸟为"赛飞龙",是一种营养价值很高的美味禽类。毕业于天津财经大学的80后小伙陈磊,放弃了令人艳羡不已的银行工作,回到西青区专心养起了"飞龙"。经过两年的努力,如今他的养殖基地规模已经跃升到存栏4万只、年出栏10万多只,成为华北地区规模最大的飞龙繁养基地。

偶然接触飞龙嗅出商机

飞龙蛋有很高的营养价值,"根据古代医典记载,飞龙有'补五脏、开脾胃、益心神'等效用。而且飞龙蛋的营养价值也很高,一颗小小的飞龙蛋,蛋白质含量是普通鸡蛋的两倍多。"说起饲养的飞龙,陈磊如数家珍。

飞龙养殖是个新鲜玩意儿,整个华北地区也找不出几家。大学所学的专业完全与飞龙养殖不搭边,为什么选择回家养飞龙?原来陈磊的父母都是农民,父亲一次去东北的时候偶然接触到飞龙,就带回家养了一些,正是这些"养着玩儿"的"小东西",陈磊却敏感地发现了其中的商机。

于是,大学毕业的陈磊,放弃了银行工作,回家着手扩大飞龙繁养规模。他建起了专业饲养楼,引进孵化器,建起了繁殖、加工、销售的"一条龙"产业链。为了照顾好这些"小家伙",陈磊还发明出不少有意思的"招数":比如在饲养室里放置收音机放广播,让胆小的飞龙适应嘈杂的环境;再比如为了对付偷飞龙的黄鼠狼,陈磊专门养了一批大鹅,一旦发现黄鼠狼就会大声鸣叫吓退这些侵略者。

去年过年期间,附近有人放炮,突然的声响吓得小家伙们好几天进食、进水量明显下降。因此,为了让它们能适应嘈杂的环境和人谈话声,陈磊专门在每个饲养室内放置了一台收音机,24小时给它们放广播。"主要是让它们习惯各种声音,试了一年多,效果很好。"陈磊对记者说。

人们不识飞龙价值

飞龙肉美鲜嫩营养价值特别高，可是知道的人很少。消费者"不识货"的问题让陈磊很头疼，"我原来在梅江地区开了家直营店，开了一年多，附近好多居民都不知道。"后来，陈磊开始"包装"飞龙，从定制礼盒到注册商标，同时开始尝试用网络渠道拓宽销路，开网店，搞团购……"以前，我们根本没有营销的概念，就是在家里'守株待兔'，等着客户找上门来，我觉得这样不行，就开始试着用网络找效益。"陈磊告诉记者。

在整个创业的过程中，每遇到困难，陈磊就回到母校的就业创业中心向老师请教，老师们从"消费者"心态和经济专业角度给陈磊建议，之后，陈磊又开始"包装"飞龙，将肉蛋制作成精美的礼盒，又申请注册商标。

就这样，陈磊的"飞龙王国"逐渐成长来，许多顾客慕名而来，陈磊又把目光瞄准了生态农业，养殖飞龙之余还种植了绿色蔬菜等。据介绍，目前陈磊的生态农场占地60亩，整个规模已经跃升到存栏4万只、年出栏10万多只。

如今，他的身份是天津市华野生态养殖有限公司的总经理，爱折腾的陈磊在家琢磨起垂钓园和生态旅游，"现在天津人周末特别想到郊县放松游玩，吃绿色健康食品，我觉得生态农业有奔头、有前景。"陈磊满怀信心地说。

026
残疾大学生用创业回报社会

他叫王福如，福建人，因为残疾，曾一点都感觉不到"幸福"，一个满脸疤痕、左眼失明、耳朵缺失、五官畸形的残疾人，从苦难到希望，他经历了最残酷的生死竞速；用坚强战胜挫折，他体验了人生的酸甜苦辣；在奋斗中寻找机遇，他点燃了青春的创业激情，这才体验到另外一种"幸福"！

2012年，王福如在继续攻读福建农林大学园艺学院硕士研究生的同时，回到家乡上杭县才溪镇，领头创办残疾人大学生（青年）创业园。他利用果园、山地、池塘、田园和客家农耕文化等资源优势，推出了脐橙采摘、珍禽观赏等休闲项目。他创办的福如农庄也相继实施了蝴蝶生态园、兰花园、新奇特果蔬园、农耕文化展示等项目，成为休闲农业与乡村旅游示范点。

近日，记者在上杭才溪残疾人大学生（青年）创业园采访了王福如，这位传奇的"中国大学生自强之星"。

童年：挫折与顽强

1988年，王福如出生在上杭县才溪镇岭和村的一个贫困家庭，全家八口人，住两间残破的土坯房，仅靠父亲王新泉在外做泥瓦工挣点钱维持生活。1990年12月，一场横祸降临到这个一贫如洗的家庭。邻居家办喜事，王新泉、张招招夫妇带着王福如前去帮忙。那户人家刚煮好豆腐浆，一大桶热气腾腾地摆在院子里。七八个孩子闻到香气跑了过去，两岁大的王福如被其他孩子一挤，小脑袋浸到豆腐浆里，被严重烫伤！

紧急送往医院后，医生告知：小生命危在旦夕，需要一大笔治疗费。但借遍乡邻、亲戚也筹不到几个钱，万般无奈，父母含泪把他接回家。小福如不能说话，不能坐，不能站，每天躺在床上，靠人喂饭，人们都以为他活不了多久。家人不愿意放弃他，奶奶每天风雨无阻地背他走10多里的山路去镇卫生院打针。1992年下半年，奇迹出现了——王福如渐渐会说话了，能坐稳了……

1994年，6岁的王福如上学了。刚开始，他因长相怪异遭到同学讥笑。但他从不把受到的委屈告诉父母。2003年4月，正值初三毕业，王福如眼睛突发严重的炎症，并导致左眼失明。但坚强的他，硬是完成了因住院治疗而耽误的学习，顺利升入才溪中学高中部。

在高中阶段，王福如开始对身边的经济社会问题产生浓厚兴趣。当他看到才溪镇发展脐橙种植遇到了品牌、销售和农户分散、合作机制尚不成熟等一系列难题时，一方面建议父亲注册一家自己的果业公司，实行标准化种植，做大做强才溪脐橙品牌；另一方面结合平时的观察和分析，撰写了一篇题为"关注才溪脐橙销售问题，构建才溪脐橙基地蓝图"的论文。此文在龙岩市高中生论文比赛中获得一等奖，并引起市、县农业部门的重视。

大学：创业与机遇

对于王福如而言，大学无疑是实现梦想的所在。他考入福建农林大学金山学院后，便把创业作为人生的动力和方向，一头扎进图书馆，学习各种农业知识和管理知识，拜访专家学者，请教学长学姐，早早做好了职业生涯规划。

2008年，大学的第一个学期，他丰富了自己的"三色旅游"内涵，在学校有关专家、当地旅游部门和农业部门的帮助下，顺利地编制完成当地的旅游规划文本。并且根据实际情况，在学校的帮助下注册成立了公司，为创业活动提供更好的发展空间，也由此将学习与创业完整地结合起来。

与此同时，他萌生一个想法：能不能把有机农业的生产模式引入才溪的脐橙产业之中？

2009年，他依托老家的才溪脐橙基地，注册一家专门发展有机农业的企业，进行创业尝试。刚开始，他推销脐橙，常常因为容貌而被人冷落。但他不放弃。终于，人们被他的真诚所感动，陆续有单位下了订单。脐橙品质好，很多客户追加了订单。2010年至今，他的创业基地共为才溪镇的乡亲们卖出近5000吨水果。2011年，他以"公司+合作社+农户+市场"的经营模式申请了农民合作社，目前与他合作的农户有50多户。通过整合营销，才溪的脐橙产值达到500多万元，当地农民收入翻了一番。而创业3年来，王福如的企业也实现100多万元利润。

千淘万漉虽辛苦，吹尽黄沙始到金。2009年，王福如被共青团中央、全国学联授予"中国大学生自强之星提名奖"。2010年，王福如获得"中国大学生自强之星"、福建省第六届"挑战杯"创业计划大赛铜奖。2012年，王福如获得福建省第七届"挑战杯"创业计划大赛银奖。

行动：助残与惠农

2012年，王福如本科毕业。他深深地知道残疾大学生就业难，创业更难，便联合8名大学生（其中5名残疾大学生）共同设立了中国第一个残疾人大学生（青年）创业园，探索一条适合残疾人就业创业的新模式。

令人高兴的是，上杭县及才溪镇领导在政策、资金方面给予王福如他们很大支持。

"我们通过'大学生创业园+兰亭农业开发专业合作社+农户'的模式，在县残联的支持下，培训了650名上杭残疾人提高种植、养殖技术，扶持帮助带动63户上杭残疾人创业。"王福如说，"接下来，还要整合兰花种植、蝴蝶养殖等创业资源，发展生态休闲观光旅游业。我们正在放手兴建蝴蝶生态养殖基地、蝴蝶文化创意工作室，致力于蝴蝶文化推广。"

明确了项目和发展思路后，还要找投资，找赞助。王福如白天在基地忙实践操作，有时候跑出去向政府部门寻求帮助，落实支持项目，晚上利用网络了解产品市场，制定生产计划和发展规划。此外，他还要看各专业的书籍，以此指导团队和工人开展工作，每天忙到凌晨两三点才入睡。

经过近一年努力，目前，创业园共吸收残疾人26名，加入合作社的残疾人63人，农户32户，辐射带动残疾人及家庭200多人（户），免费举办残疾人种养殖技术培训班、蝴蝶工艺品培训班8次，培训学员500多人，举办农村青年培训班两次，培训农村青年100多人。

身有残疾虽然不幸，但王福如又是幸运的，因为社会方方面面的关心和鼓励，一直激励他努力实现自己的梦想。他想用事实告诉人们：创业人生不残缺，残疾人也能成功！

未来：理想与价值

在许多同学都到大城市去闯荡时，王福如却带领创业团队回到了自己的家乡，别人不解，问他为什么读完大学还要返乡创业时，他说："作为残疾人，在外面打工也是艰苦奋斗，返乡创业也是艰苦奋斗，但返乡艰苦奋斗是做自己想做的事情，是做对家乡人民有意义的事，两相比较下，当然选择返乡创业了，选择生我养我的地方，也为家乡建设添一把力。"王福如始终认为，一个人的价值是体现在他为人民做什么，而不是他取得了什么。作为一名共产党员，他更是身体力行，他一直都提倡，创业园是大家的，是社会的，社会对残疾人关心与支持，当我们有所成就的时候也应尽自己所能回报社会。王福如觉得他肩负着家乡建设的重任，所以一定要尽力把残疾大学生创业园发展好，向国人展示残疾大学生也是社会发展的有用之材，为了家乡的繁荣昌盛贡献一分力量。

027
草原大学生和他的"乐器梦工厂"

大学毕业后，马旺盛很想在精彩的大城市里闯一闯，风风光光地混出个样子来。但他最后却选择回了老家，创办属于自己的"梦工厂"——内蒙古乌兰浩特市蒙帝乐器厂。

马旺盛从小生活在农村，他以优异成绩考上了内蒙古农业大学，学习经济管理。

姐姐在呼和浩特市开了一家乐器厂，爱好音乐的他就去打工。2005年，马旺盛大学毕业，他除了专心做技术工人外，还帮助姐姐打理乐器厂。

聪明细心的马旺盛不但很快掌握了马头琴制作技术，而且学会了工厂的企业管理。几年下来，马旺盛已经是姐姐的得力助手了，工资丰厚。

"我不能永远做一个打工者，姐姐的工厂就是我梦想开始的地方，我的梦想就是做自己的老板！"马旺盛并不满足于现状。他一边工作，一边考察马头琴销售市场和前景。

从喜欢到拥抱事业

当马旺盛听说家乡正在大力打造蒙元文化时，他感觉自己的理想与现实接近了。马头琴是蒙元文化中不可或缺的部分，作为蒙元文化的发源地，美丽的乌兰浩特怎能缺少马头琴元素呢？

2008年，马旺盛踏上了回乡的列车。此时，乌兰浩特马头琴文化产业基本是空白。马旺盛在铁西街租赁了一间简易民房，开起了马头琴制作小作坊。

"开始客户非常少，纯手工制作生产量也上不来。有一位本地客户急需50把马头琴，手工小作坊却不能胜任，只能眼睁睁地看着订单从眼前溜走。"马旺盛回忆道。

"能否把模具技术引进到马头琴制作工艺当中？"这时候，马旺盛想到了在沈阳模具加工厂做过技工的好友白玉昆。经他们一番琢磨后，觉得这个办法可行。

创业的主意是拿定了，但是引进数控机床需要一笔不少的资金。两个人打定主意，借钱也要把事情做起来。经过多方筹措资金，他们通过朋友的帮助，终于用半价买到了一台半新的机床。

看到日思夜想的机床终于摆在了眼前，两个人马上投入到了实验当中。在木屑漫天的房间里，每天除了枯燥的模具声外，更多的是俩人的互相鼓励和不断地钻研。为了梦想能够早日实现，哥俩不知经历了多少个不眠之夜，吃掉了多少盒方便面，废掉了多少原材料，经历了多少次试验的失败。他们反复琢磨，反复操作，巧妙地把马头琴与小提琴的制作原理相结合，进一步完善马头琴的音色及外观。一转眼，半年时间很快就过去了。功夫不负有心人，实验获得成功：他们的第一部马头琴终于发出了优美的音色！

从小作坊到大厂房

2009年春天，马旺盛注册成立了属于自己的企业——乌兰浩特市蒙帝乐器厂。他租用了一个大厂房，并获得了兴安盟就业局的大学生创业小额贷款5万元，马上缓解了生产资金压力。

2010年产量达到1000把，2011年起就自建厂房进一步扩大规模，至今工厂年生产能力到5000把，并开发其他有民族特色的工艺品，同时还承揽了其他马头琴厂的外加工制作，充分利用了数控机械的作用。

走上国际化市场

面对现代化的销售市场，目光敏锐的马旺盛还建立了自己的销售网站。如今，厂子迅速成长起来，雇佣员工20人，生产高、中、低档的马头琴，产品不仅畅销国内，还远销至美国、加拿大、日本以及东南亚地区。因为选用了优质材料，经过科学加工，拥有独特的工艺、典雅的造型、优美的音色，他们的产品深受专家的肯定与赞赏，得到了中国音乐家协会理事、中国马头琴学会会长、马头琴演奏家齐·宝力高的高度评价。

在项目扩建上，马旺盛开始与呼和浩特、赤峰、吉林等地的民族乐器厂签订合同，开展外加工业务，不断扩大企业的影响力和知名度。在马旺盛的带动下，现在乌兰浩特周边旗县的乐器店也开始销售马头琴。马旺盛还联系齐·宝力高老师的得意门生栋梁到乌兰浩特开办了马头琴培训班。马头琴培训班由原来的十来个人发展到现在的二三十人，为马头琴爱好者提供了学习机会。

创业路上的马旺盛是艰难的，但是艰难并没有影响他的创业激情。毕业于内蒙古大学的爱人也义无反顾地放弃了自己的工作，帮助他进一步发展壮大。

"政府的支持和社会的关心、客户的认可，让我找到了创业的价值。我不仅要把自己的事业做大、做强，还要为把家乡打造成'马头琴文化之都'出一把力，借此回报父老乡亲，促进民族文化的繁荣发展。"对于未来，马旺盛充满了信心。

028
创办自行车4S连锁店，月销售收入50万

"无论如何，就是砸锅卖铁也要在今年年底让我的三亚分店顺利开张。"2013年4月13日上午，在海口市国兴大道的一条小巷里，80后大学生李瑞在宣布自己创办

的"56自行车运动俱乐部"启动后,又迫不及待地对记者说出了他的下一个创业致富计划。

而未来,这个年轻人最大的梦想是在海南18个市县均设有自己的自创品牌4S店。这样的创业计划,在很多人看来可能有些过于激进和不切实际,但在李瑞看来,大学生创业就是要敢于梦想。

来自陕西韩城的李瑞出生于1988年8月,碰巧是海南建省的"同龄人"。2007年,19岁的李瑞来到海口市,就读于海口经济技术职业学院物流管理专业。秉承自主创业改变自己人生命运理念的李瑞,长年酷爱阅读《商界》等财经杂志,他一心希望自己成为一个响当当的企业家、实业家,通过自己的努力,能够推动社会发展。

2009年,读大二时在校园内与同学合作创办体育用品租赁俱乐部。此前他还曾利用课余时间推销泡面、摆地摊、兼职房产销售员等,小小年纪就已历经"创业磨难"。

从摆地摊到入室创立公司

2010年,李瑞大学毕业之后,不像其他同学那样急着去找一份"稳定的工作",而是继续走自主创业道路,创办了自己第一家公司——海口世纪龙腾实业公司,主要从事广告业务,包括自行车车载广告。通过真诚的服务,他凝聚了一批忠实客户,先后安排解决了50人就业,纳税十几万元。李瑞的公司现有员工15人,平均月营业额达18万元。

中央给予海南国际旅游岛的优惠政策以及海南"绿色崛起"的后发优势,被具有敏锐商机洞察力的李瑞"捕捉"到,结合自身长期开展自行车运动及有关业务的优势条件,2012年起,李瑞正式确认开展自行车休闲旅游项目。李瑞说,"自行车休闲旅游,集健身养生、旅游休闲为一体,贯穿吃住行购娱各环节,非常吻合海南旅游发展方向以及自然风光优美的特点,也是当前年轻人喜闻乐见的时尚生活方式"。

2011年,他带着自己的"自行车及自行车旅游项目"创业计划参加海南省举办的创业大赛,斩获二等奖。在获奖之后,他就开始琢磨如何将自己的创业计划变为现实。

李瑞介绍说,海南自行车旅游热潮正在兴起,每天都有大量的岛内外旅客找到他,希望租车组团环岛游。按此势头发展,经过努力,他的月平均营业额预计可以达到40万至50万元。"无论如何,砸锅卖铁也要在今年年底,将我的三亚分店开张。"对此,李瑞信心满满。

"你的自行车运动俱乐部未来的目标是什么?"面对记者的提问,李瑞表示,他最大的目标和心愿是在海南18个市、县均设有他的自创品牌4S店,成为国内外自行车运动和自行车休闲旅游爱好者忠实可靠的旅途驿站,服务于一批又一批车友和游客,用自己的积极行动,投身参与海南国际旅游岛建设。

029
创办最大军品网年营收近亿元

铁血网创始人蒋磊——典型的大学生创业者,16岁保送清华,创办铁血军事网,20岁保送硕博连读,中途退学创业。如今,铁血网稳居中国十大独立军事类网站榜首,铁血军品行也成为中国最大的军品类电子商务网站,年营收破亿,利润破千万。

进入大学后,相对宽松的校园生活给了他更多接触军事网站的机会,随着接触的日渐加深,他看到了商机。"那时,论坛里有很多连载的军事小说,但由于论坛是按照回复量来排序,很多时候看了第一集就找不着第二集,很难将一部小说看完。"为了提供一个可以看完完整小说的军事网站,2001年,17岁的蒋磊创办了虚拟战争——铁血网前生。网站成立初并没有想过宣传和营销,但随着网站的不断发展壮大,很多网友反映网站名字不好记,建议改一个比较有特色、具有识别性的名字。"当时很多网友很喜欢铁血宰相俾斯曼,于是建议用铁血这个名字,我觉得不错就用了。"几个月后,"铁血网"正式诞生。

第一桶金 美国网站的600元广告费

没有资金支援怎么办?在2001年5月之前,铁血网站都是用别的网站提供的免费空间,直到他收获了人生的"第一桶金"。"当时美国有个网站,他们在我们的网站上打了一个小广告。"最终,这个小广告共带给他600多元的收入,拿着这笔资金,蒋磊立即买了铁血网的域名,又租了一个服务器。靠着这600多元,蒋磊的铁血网开始大规模扩张。2004年4月,北京铁血科技有限责任公司正式成立。

寻找盈利模式　初尝电商失败告终

如何盈利一直是蒋磊思考的问题。起初，他想过用付费电子杂志的模式，但网上有太多免费的杂志，这一探索以失败告终。后来，他又想通过广告收入来盈利，但由于很长一段时间网站没有任何广告收入，探索再次失败。再后来又用了2年时间做游戏，但仍然没有成功。"2004年，我们开始尝试销售国内一些军品服饰。"由于那时电子商务在中国刚刚起步，"网购"的人很少，虽然也有第三方支付平台，但需要支付高达15%的费用。在坚持了一段时间后，最终也以失败告终。

2006年，蒋磊决定先暂时停学2年，等公司走上正轨了再回来完成研究生学业，但他没想到这一离开，直到现在也没有再回去。

再次进军电商尝试代理国外军品

"2007年底，国内的电子商务已经初具规模。"电子商务大环境的成熟让蒋磊看到了机会。吸取上次的失败教训，蒋磊决定这次代理质量更为有保证的国外军品。

选用哪种品牌的军品？一次偶然的机会，蒋磊发现论坛里有一个叫N65的小组，非常关注美国的一款军用风衣，那个风衣是1965年美国在越战时采用的一款风衣，后来很多电影里都出现过这款衣服。于是，蒋磊给包括该品牌在内的20多家美国军品品牌发去了邮件，希望成为其在中国的代理。但几十封邮件发出去了，仅有一两家回复，其他都石沉大海。

展望　预计今年销售额将达1亿

经过无数电话、传真、邮件……蒋磊团队找到了美国品牌Alpha，"Alpha当时在日本和德国都做得不错，但中国市场还没有打开，他们正好也想进入这个市场，和我们不谋而合。"第一年与Alpha的合作便取得了开门红，400多万元的销售让Alpha看到了中国市场潜力，也让国外其他品牌的供应商看到了铁血网的实力。

以此作为敲门砖，蒋磊采取各个击破的战略。通过努力，目前与铁血网合作的国外知名军品品牌已达30多家。"代理国外军品品牌后，网站的销售额从2008年400多万元、2009年2000多万元、2010年5000多万元直到今年预估1亿元，每年都在翻着跟头地增长。"目前电子商务已经占到铁血网营业额的80%，剩下20%来自广告收入。随着铁血网的不断发展、壮大，为了更好地为客户提供销售体验，去年12月，铁血网在成都拥有了一家体验店。至此，铁血网共拥有北京、上海、深圳、南京、哈尔滨共6家实体店，此外蒋磊透露年底还将在西安、青岛开2家实体店。

030
获得总理接见的创业牛人

2015年1月27日晚,中央电视台《新闻联播》报道了李克强总理主持召开科教文卫体界人士和基层群众代表座谈会,与复旦大学校长许宁生、著名作家王蒙、体育明星姚明等"大咖"一起出现的一个年轻面孔引起了全国观众的关注,他就是广州中医药大学2014届毕业生王锐旭,创业历史只有3年,从大二创立的从事校园商业推广的"魔灯团队"到大三创立的"九尾科技有限公司",他的创业路还算比较顺利,在本月初刚签订的新一轮融资协议中,他公司的估值已经过亿元。

母亲一巴掌打醒了我的网瘾

很难想象,眼前这位神情自信、坚定,言谈中比同龄人更加成熟与笃定的大学生创业者在12—15岁这几年竟然是个网瘾少年。"那时候,我和弟弟每天都几乎逃课在网吧度过,最疯狂的是有一次五一假期,我和弟弟俩人包了台电脑,连续几天24小时轮流上网。"

沉溺于网瘾不能自拔的王锐旭中考惨遭滑铁卢,中考分数连任何一所普通高中都上不了,再加上同一时间家里开的羊毛衫厂遭遇破产,双重打击下,王锐旭突然感觉到肩上压力山大。"虽然我们家在农村,但父母还是很重视教育,我中考成绩这么差,妈妈特别痛恨我不争气,当时还给了我一巴掌,正是这一巴掌打醒了我,我要有壮士断腕的决心,把网瘾戒掉。"

中考复读这一年,王锐旭果然没碰过电脑,发奋苦读,成绩很快就一跃成为班上第一名,中考时以优异成绩考上了当地的重点高中。"也许是自己的付出有回报,我突然爱上了读书和学习。"王锐旭高中三年学习一直很努力,成绩也越来越好,高三时曾考过汕头市前100名,"不过高考却发挥失常,没考上自己心仪的大学。"

大学做过很多兼职进步很大

刚进大学,王锐旭对大学的氛围特别失望,"身边的同学几乎都沉溺于网游,仿佛看到过去那个痛恨的自己。"与身边每天打游戏机的同学不同，王锐旭的大学生活过得特别充实，他从不逃课，课余时间参加了很多学校的社团活动。

为了挣学费和生活费，他做过多份兼职：摆过地摊、卖过电脑、当过保安。回首往事，他觉得虽然兼职很辛苦，但每一份兼职都让他收获颇丰，除了能自己挣钱减轻家里负担外，过早地接触社会也是他创业路上一笔重要的财富。他曾花250元在某中介公司办了会员卡，"说是负责在未来4年介绍兼职，可是交了钱就没了下文。后来才知道这是诈骗公司"。不少人上当受骗后可能会自怨自艾，而王锐旭却看到了其中的商机，他公司的主要产品"兼职猫"APP就是为大学生们介绍真实可靠的兼职。王锐旭认为，现在的大学生创业能否成功，最关键的地方在于对社会和市场的了解，"校园和社会是两个完全不一样的世界，我的每一份兼职都让我接触了各种不同的人，学会了如何与人沟通和交流，也就是我们常说的'见人说人话，见鬼说鬼话'。"

成功产品"兼职猫"已成大学生的"密友"

从曾经的网瘾少年到现在的大学生创业楷模，从曾经的同行嘲笑对象到未及一年下载量便突破百万的"兼职猫"创始人；在"卖药的跑来搞互联网"的戏谑声中，他的公司团队坚定前行，研发出的"兼职猫"APP已成为大学生不可或缺的找兼职和交友工具。

2012年5月，还在读大三的王锐旭凭借自己对校园媒体的认识，和几位好友交流创业想法，一拍即合，成立了"魔灯团队"。创业初期条件艰苦，他们借助路灯席地而坐，会议常常开到凌晨三四点，有时还会因讨论热烈遭到保安的驱逐。

一开始，他们把自己定位为校园推广团队，通过积极的联系，承接了中国移动、启德教育、新东方等企业的校园推广业务。通过几个月来的奔波努力，他们取得了不错的业绩，一年营业额过百万元，团队也从一开始的2个人发展至81名成员。"魔灯团队"为后来王锐旭创业积累了原始资本。

王锐旭后来意识到，广告业务只能帮其他企业做嫁衣，模式不能得到有效复制，团队的未来十分渺茫。2013年6月，出于对互联网的热忱与顺应移动创业的大趋势，他决定转移注意力，考虑投入手机应用开发。"作为大学生，我考虑的创业方向结合了这个群体最实际的需求，就是找兼职、找工作。"王锐旭说，找准市场的真实需求是创业的关键。经过慎重考虑，他把自己创办的公司"九尾科技"的服务理念定为：带动毕业生就业，引领大学生创业，坚定公益性事业。

2013年9月，"九尾科技"推出了自己的第一款产品——"兼职猫"APP。"我们最初的出发点就是实实在在能为大学生找工作带来便利。"王锐旭说，这是一款基于数据挖掘的个性化兼职信息推荐引擎，在产品推出的几天内下载量就4000多，产品一炮走红。到目前为止，用户量破100万，其中创建个人简历的有20多万。

"兼职猫"上的兼职除了有常见的家教、企业兼职外，最大的亮点莫过于其大力推广的旅游兼职。用户可通过其"兼职旅行"栏目，找到意向旅游城市的兼职岗位并通过应聘该岗位获得薪资、食宿等回报，真正实现免费出游。让王锐旭很自豪的是，原本兼职旅游只有很小的一部分人会这么做，但自从"兼职猫"上提供了这样的机会后，旅游兼职目前在大学生中非常流行。目前兼职猫开通的城市有近30个城市，已在广州、上海、武汉、长沙、深圳等地设立分部，而随着时间的推移，这一软件的覆盖面将继续扩大，受益人群也将更多。

031
兼职创业获得人生第一桶金

全县理科状元

"高考复读那年，我整个人都释放了，凭什么一个学习成绩一直不错的人会落到复读的地步？"回忆起"2007年贵州省雷山县理科状元"的荣誉光环，潘文伟丝毫不掩饰自己曾经的落魄。

再次上阵高考考场后，19岁的苗族小伙子潘文伟终于再度证明了自己，以647分的高分成为了当地的县理科状元。不过，或许是出于家庭不富裕的原因，高考过后没几天，潘文伟立即与同级几位尖子生组织了暑期补习班，赚得了数千元补习收入，以尽量减轻给父母带来的经济负担，毕竟一家五口人的生活几乎都是靠在供电局上班的父亲来承担。

"刚来到大学的时候，我还不敢穿短裤短袖在校园里闲逛，深怕被人笑'太土'；看到别人穿NIKE球鞋，自己也暗自羡慕不已。"潘文伟坦言，在刚进大学的时候，手中仅有1000元左右的生活费，赚钱的念头在他心中开始迅速萌芽成长。

"虽然当时1000元对我来说已经很多，但事实上却维持不了多久。"开学的第一个月，潘文伟就直接上门找到学工办辅导老师，申请勤工俭学，在学工办辅导老师的帮助下，潘文伟进入了学校勤工助学中介机构——雁行社。

紧接着，潘文伟开始接触校园里的信用卡代理、文化衫制作等业务，通过代理两个院系的院服订做，在短短几个月内，潘文伟赚了1万多元。自此之后，潘文伟开始奔走于珠三角地区各个城市，并曾在服装厂里当过临时工。

兼职：靠聪明勤奋获得人生第一桶金

同年12月，潘文伟开始接触建材与智能安全监控设备行业，2008年上半年，通过与朋友合作接手山西的一个大型智能安全监控设备项目以及为山西一家地产公司提供一个小区外墙贴砖项目，潘文伟赚得了企业草创时期的第一桶金，逾50万元。此时，潘文伟还只是一个大一的学生。

"赚到第一桶金的时候，确实非常兴奋，从羡慕别人的NIKE球鞋，到自己一口气买了9双NIKE球鞋；从跟家里要生活费，到能够一下子给家里汇10万元。"说起草创期的经历，潘文伟无意间流露出当时成功的喜悦。

然而，事情还没有结束，与朋友投资"聚点"酒吧、投资成立广州艾若企业管理咨询有限公司，通过一连串的组合投资，2008年年底，潘文伟的身家已经超过了100万元，"事实上，有时不是我们想停在某个位置就停在某个位置，环境的变化也会推动你一步步往前走。"

在2008年尝到投资的甜头之后，2009年，潘文伟在生意场上开始一发不可收，投资茶叶、加入广州中祁凯业投资有限公司等，同样是一个在读大二的学生，当时的潘文伟却是兼任几家公司的中高管理层职务。

"不过，回过头来看，2009年自己的精力实在太分散了。"潘文伟坦言，今年5月受邀加入半坡网络科技有限公司，他开始重点运作5151团，而此时，他的身家已经逼近500万元，相比入学时的1000元，飙涨了近5000倍。

融资：主要用于仓储建设

去年4月，他们的网站上线。6月，团购网站进入高速发展期。在刚刚创业的那会儿，他们的网站避开市场大竞争，着力开发区域化竞争，开创了以女性市场为主的团购商城。"那时候我们的注册用户已经比较多，但总结起来，我们认为我们的资金量有限，不能铺太开，经过分析调研，我们认为女性用品市场空间广阔，就开始给网站一个很精准的定位。"潘文伟说。

由于定位清晰，这个网站从去年起就开始受到VC的关注。潘文伟告诉记者：

"去年第一笔是2000万投资，今年3月是1000万，目前仍有一些投资机构在和我们接触。"

潘文伟说，由于网站走的是专门领域精品路线，和一般的女性商城相比，产品的种类可能没有商城多，但更新得很快，这也决定了需要一定的仓储。

据潘文伟介绍，他们这个网站去年的销售是500多万元，预计今年应该会在3000万元左右甚至更高。"我们现在已经在广州建立了自己的仓库，开始自己采购、验货、仓储与发货，用户可以更低的价格体验更好的质量与服务。"潘文伟说。

目前，该网站注册用户已经超过60万人，每天活跃用户超过1万人，已经成为华南地区最大的团购网站。

创新：不走广告烧钱模式

在刚刚过去的一年里中国诞生了5000多家团购网站，运营中的团购网站数量也超过了4000多家，说是"千团大战"一点也不为过。

眼下团购网最主流的经营模式是依靠广告砸钱占领市场，正因为如此，楼宇广告、电视广告等各种团购网的宣传广告铺天盖地。

美国《福布斯》杂志专栏作家盖迪·爱泼斯坦日前撰文分析称，中国团购网站与视频网站类似，都在消耗着大量的真金白银。

"快速烧钱貌似是一个缺点，但在中国这是一种商业模式。克隆网站之间的竞争是一种过时的资本竞争，在这一领域，你必须花费金钱来博得关注、获取市场份额，而最为重要的则是借此来打垮竞争对手。比如说，拉手、高朋、点评、美团等团购网站在中国十多个城市快速扩张的同时，都在广告、人员及折扣上投入了数千万美元的资金。"盖迪·爱泼斯坦分析说，一旦投资者向一家公司投放了超过1亿美元的资金，他们就不会轻易放弃，只要公司不断获得市场份额，他们就会继续投入资金，直到这家公司上市。

潘文伟并不特别看好这个模式。"广告砸钱反映了目前行业比较浮躁的风气，我们认为，团购同样也需要沉下去，我们要扎扎实实做服务，从提高服务与产品质量入手。"

032
大学毕业创业，当汽修学校校长

车门、引擎盖、发动机、底盘、制动系统、悬挂系统……一辆全新汽车，被"咔咔咔"地一块块拆解下来，分散在各个教室里，这是上海博世汽修学校里经常发生的"汽车解剖"事件。

专买新车靓车给学员做"解剖"

1983年出生的刘勇，外型很时尚，一眼看过去，很难将他和脏、苦、累的汽修行业连在一起。

刘勇是汽车修理培训学校的校长，他的培训理念也有点"潮"。在他的学校里，学生实习的不是常见的汽车装备模型，而是从一辆辆全新的汽车上"解剖"下来的汽车零件。去年，刘勇的学校一口气购买了十几辆全新的汽车，其中，不仅包括十几万的普通车型，也不乏奔驰、宝马等高档汽车。尽管档次不同，但是这些车进了学校只有一个共同的命运——被解剖。

"解剖"流程是这样的：一辆车开到学校后，研发人员拿起工具开始拆卸四扇车门，然后走到车头，拆引擎盖，接着拆解其中的发动机等部件，再后来就轮到底盘、制动系统、悬架系统……汽车就这样被"大卸八块"了，拆下来的各个零部件，被送到教室里。等学员学好基础的理论知识后，就开始认识这些"真家伙"了，亲眼见识它们的操作过程，修理原理，学好武艺后，再到整车上去实习。

学员从40人到2000多人

事实上，汽车修理并不是刘勇的专业，他在中科大学的是自动化，2004年本科毕业后，成绩优异的刘勇并不愁找工作，但因为"就喜欢有挑战性的工作，天生就不适合朝九晚五上班"，他选择了创业。

刘勇的老家在安徽肥西，当地人就有开办职业类培训学校的创业传统，从小耳濡目染，对培训学校的模式有一定的了解。"我们老乡一般都是开办烹饪、电脑技能等培训学校",刘勇的目光却投向了汽车维修市场,"汽车就像人,各个部分使用久了总归会生病。"刘勇说,随着中国的汽车使用量不断增加,汽车维修市场也在不断扩大,"汽车医生"的需求量越来越大。

认准了这一点,在这个创业大学生极少选择的方向上,刘勇一头扎了进去。毕业后,刘勇在上海普陀区创办了第一家汽修培训学校。9月学校刚开张时,报名者只有40多人,8年过去了,一年在校学生已达2000多人。

有业内人士估计,作为一个国际大城市,上海每年的汽修人才缺口可达10万以上。抓住这个巨大的市场,目前刘勇在上海开了三家汽修培训学校,并在江西南昌也开了一家。

下一步是"解剖"新能源汽车

因为其创新能力等各方面的突出表现,刘勇被评为"2012年嘉定区青年领军人才"。嘉定团区委副书记董爱华介绍,该项目设立了每年200万的专项资金,获评者可按照每年2万元的标准申请项目资助,同时有一条特殊的要求:每位入选者联系2到3名相关领域、相关行业的青年,引导后者成长,推荐合适的人选参评未来的领军人才。对此,刘勇欣然接受,他说,过完这个春节,将正式启动"传帮带"任务,打算带着学习者到学校里的实训基地看看,慷慨地把自己的创业"秘诀"传授给对方。

总是在创业上"快半步"的他,下一步计划"解剖"的是新能源汽车,学校已计划购买两辆新能源汽车作教学之用,总价在50多万。

今年,刘勇还打算和同济大学汽车学院洽谈合作,从研发前沿了解新能源汽车对于技术维修人才的新要求,制定新的教学培养计划,为我国培养更多现代化的"汽车医生"。

033
科技部部长都去捧场的车库咖啡馆

很多草根的创业者,将成为推动中国经济转型的重要力量,而苏菂和他的车库咖啡就是支持草根创业者前行的力量之一。在北京甚至全国的创业圈里,车库咖啡馆都很有名气。

大学就开始创业捞金

2000年，北京联合大学电子信息专业大学生苏菂和几个发小儿一起凑了4万元钱，在北京西单华威商场开了一家店，代理八亿时空电脑的销售，开到第四个月就开始赚钱。"当时我一天卖15台电脑，给客户报价的时候像表演似的，噼里啪啦就卖出去了。""由于外力，店开的时间不很长，但还算做得不错。这是我第一次创业。"

毕业后的苏菂加入了富士康富本主板，担任华北地区渠道经理，"其实渠道经理就是业务员，最低的职位，每月基本工资2000元。"再后来他去了当时小有名气的互联网公司8848，从普通的渠道销售做起，做到负责江苏的代理商，从无到有地建立了南京分公司。

2006年苏菂加入Chinacache蓝汛，刚开始是做销售。这个个头不高的北京大男孩总是精力无限。凌晨5点多就自己醒来，打篮球，发微博，骑车二十多公里上班，一周加班七天。第三个月，凭借自己在互联网行业积累的人脉和多年的经验，苏菂签下了光芒国际的大单，随后又签下了几百万的合同。很快，他就成为蓝汛的销售主管。而在销售主管的位置上他创造了一个更大的奇迹：一个人的销售业绩是公司全部收入的1/7。

2010年10月，蓝汛在美国纳斯达克上市。刚过而立之年，苏菂就完成了自己的阶段性目标：作为公司高管，帮助公司成功上市。"没什么挑战性了。继续下去，不就是重复自己了么？我需要重新开始了。"

一间咖啡馆，怎么和创业扯上了关系？

做投资多年，他发现想找个好项目并不容易，"许多小微企业或者说早期创业者虽然有好的创意，但是因为缺钱缺人很快就坚持不下去了。"

作为投资总监，苏菂每天奔波于城市大大小小的餐桌和会议室之间，在这个以交通拥堵闻名的超级大都市里，从早到晚至多只能接触四五个团队。"投资人寻找项目很艰辛，与此同时，大量的创业者又找不到可以与投资者对话的平台。针对投资人和创业者的服务配套措施太少了。或许，我可以建立一个致力于孵化创业者的平台？这个平台完全开放，欢迎任何创业者和投资者来到这里洽谈，寻找投资，寻找项目！"

"将创业者和投资方聚在一起会是一个很有意义的事业。可能因为我在创业公司待得时间久，有一种创业的心态。"

于是，一间以创业和投资为主题的咖啡馆应运而生。

他想到了两个关键词：车库，咖啡馆

此"车库"不是彼"车库"。比尔·休利特和戴维·帕卡德在加州的一间车库里创立了惠普，乔布斯在车库里创建了苹果，比尔·盖茨在车库里创建了微软，Google也诞生于一间车库。"美国的车库多且价格低廉，这让苹果、惠普、Google等企业在初创时能以极低的成本创业。反观中国，缺少一些适合早期创业的场所。我的'车库'，是不是能够孕育出中国的微软、谷歌？"

美国淘金时代，大批的淘金者来到旧金山，绝大多数空手而归。最后真正赚了大钱的不是淘金者，而是卖锄头的和卖牛仔裤和摆渡船的。

苏菂要当那个摆渡船的人

"无论最后成功与否，追逐梦想的过程感觉是最棒的！"

还好，他的梦想背后，有大佬愿意做推手。联众创始人鲍岳桥、海虹控股副总裁上官永强、艾瑞创始人杨伟庆等10位投资人，都成了他的股东。

苏菂瞄准了中关村西区，这是中国的硅谷。最初的计划是找一个200—300平方米左右的空间。看到图书城步行街这个800平方米的二楼空间，苏菂决定把设想中的咖啡馆弄得更大点儿。租金加上水电、人工成本，车库咖啡一个月保底收入要在5万元左右。苏菂和房东签下了5年的合同，交了十几万元的房租，加上装修及各项设备一共投入了二十几万元。

2011年4月，车库咖啡开业了

这里只欢迎来"上班"的创业者，而非寻找情调的小情侣们。天花板是刷黑的裸露管线，地面是红色的普通瓷砖，有一间玻璃隔断的书房，这里的书来自于互联网行业里的创业成功人士的捐赠，创业客们都可以翻阅，寻找灵感。4个独立的会议室却与大开间的务实风格大相径庭：苏菂找艺术圈的朋友全给做了星空之类的墙绘，"工作起来脚踏实地，交流思想的时候要让人敢于做梦"。

大门的左边是招聘墙，上面是自由发布的各种英雄帖，有手写的，有打印的，有的信息甚至来自上海和深圳——招聘者表示会每周飞到北京坐镇车库，直到找到惺惺相惜的英雄。大门的右边是公告栏，有苏菂和投资界大佬、政府高官的合影，也有车库咖啡组织周末郊区游的召集令。

一个三个人的团队在中关村租用办公室，每月至少要4000元以上。而在车库，买一杯美式咖啡就能工作一天，只需22元乘30天，660元。车库提供打印、复印、扫

描、名牌制作服务，以每小时5元的价格提供移动测试机，有投影仪、桌面触屏等设备，甚至还有按摩椅给大家放松。每周一到周五下午1点半到2点是创业午间半小时，给创业客们分享交流、寻求资源、结交朋友的专属时间。

从平台转向孵化器

苏菂每天都泡在车库咖啡，和每一个来这里的创业者聊天，然后根据他们的优势和特点介绍给投资人，同时也向其他团队推荐他们的业务。最忙的时候一天聊到晚，店里的每一个人他都知根知底。

开业最初的半个月酬宾，柠檬水免费供应，有个客人就真的只喝柠檬水，连喝了15天。他叫莫小翼，80后，刚从国外打工归来，组建了一支4个人的创业团队，从事移动客户端的开发。小翼没有钱租办公室，每天坐两趟公交再换乘地铁，从东五环外赶到车库办公。如果3个月之内拿不到投资，这个团队很可能要散伙。"我以为他们需要的投资一定不是小数目，结果一问，他们只需要20万元。"

苏菂给莫小翼引荐了鼎鼎大名的投资人林欣禾。林欣禾和鲍岳桥、安盟一起，给莫小翼一笔天使投资。"现在小翼状况不错，每天有一两万元的营收，偶尔还会回车库来帮助一下共同奋斗过的其他创业者。"

"每周二去车库咖啡值班，欢迎创业者前来沟通。"险峰华兴的投资经理王京发出微博，成了第一个常驻车库的投资人。后来不知哪位投资人把"值班"戏称为"坐台"。徐小平、雷军、王京、戈壁投资董事总经理童玮亮、高礼天使基金副总裁简江、清科创投投资经理刘一昂、上地天使投资经理商克伟等等，200余家知名机构前来寻找投资项目，孕育出数十个成功的创业项目。

车库咖啡创业以来，国家科技部部长万钢、证监会主席郭树清、副主席桂敏杰、副主席刘新华和创业板部主任张思宁、北京市市长郭金龙等十余位部委领导先后到访车库咖啡。有人认为，这是一个重要的经济信号，起码可以确认一点：车库咖啡业已成为当下最知名的草根创业者聚集地。在《华盛顿邮报》中刊登的《美国人应该真正害怕中国什么》特别提到了车库咖啡，认为在当下的中国社会，很多草根的创业者，将成为推动中国经济转型的重要力量，而苏菂和他的车库咖啡就是支持草根创业者前行的力量之一。

"没有翻台率的咖啡厅是不可能赚钱的，所以我们在淡化咖啡而向深度创业服务俱乐部发展。"由创业团队报名，经过车库咖啡遴选的有前景的项目，加入深度创业服务俱乐部，企业无需实际搬到车库办公，只需交纳每年1200元的服务费就可以获得由车库咖啡提供的一套包含从印名片、开户到服务器带宽的一系列价值20万元的服务。车库咖啡正经历着从"创业汇聚平台"向"创业者孵化器"的转型。

在"车库",坚持创业的故事比比皆是

一位50多岁的阿姨曾是油田女工人,为教孩子学写字,在毫无编程基础的情况下自学,历时近20年自创基于"成字部首"的罗氏快速识字法。

一位古稀之年的退休大学教授,自学编程,开发出"汉字工具箱"软件,获得国际软件大奖赛金奖,被称为"国内年纪最大的软件程序创业者"。

一个经常来车库的创业者,17年前赚得第一桶金200万,然后创业做了国内第一个在线机票网站,全赔了后开始自学技术,现在还在进行一次技术型创业……

创始人之一黄光明说,"其实成功的概率不算小,只是你得坚持,让自己活下去,等到成功打中你。"

034
创作"鱼皮画"年销售百万元

年末,正当同学们都在忙着准备回家时,哈尔滨工程大学的大三学生郭九强却忙着年底结算。去年,郭九强和几名大学生一起成立创业实训虚拟公司,销售同学们制作的鱼皮画。目前北大荒集团和"关东古巷"专门收购他们的鱼皮画成品。这几天,他初步算了一下账,一年下来,公司销售了2000余幅作品,销售额超百万元,郭九强露出欣慰的笑容。

一堂讲座激发创业理想

说起创业,郭九强说,在大一时,他就加入了学校的创业团队,但是一直没有找到合适的创业项目。2010年9月,郭九强和几名同学在学校里听了一场黑龙江省非物质文化遗产传承人张琳老师关于鱼皮文化的讲座,了解到现在专门从事这种古老手艺的人越来越少,如果再不加入现代的创新理念很可能不久后就会失传。

经过几个人的深入讨论研究和专业咨询,同学们一致认为鱼皮画这个项目很适合创业。于是，他们利用课余时间走访了哈尔滨松花江边和中央大街的旅游纪念品商店，结果发现，卖得最多的是俄罗斯商品和来自我国南方的小商品。具有黑龙江特色的旅游纪念品，除了原字号的木耳等山特产品外，产于本地的艺术产品少之又少。经过调研走访他们还发现，省内很少有人涉及鱼皮画这个领域，鱼皮画完全可以作为具有地方特色和民族特色的纪念品出售。

"把鱼皮画打造成黑龙江特色旅游产品，既传承了民间艺术又有非常大的盈利空间。"嗅到了商机的郭九强，在2010年10月成立了"鱼福满满"项目组，传承黑龙江省非物质文化遗产，同时帮助在校大学生创业，还请了专业的张琳老师作为项目的指导老师。同学们为了深刻体会赫哲族的传统鱼皮文化，先后两次前往赫哲族的聚居地——佳木斯市，与赫哲族居民一起生活，向国家级非物质文化传承人学习技艺，参观赫哲族的纪念馆，深入了解赫哲族的历史文化，走访当地的鱼皮画制造厂商和经销商，向他们了解鱼皮画制品的市场行情。

一幅"虎头"卖了500元

2012年1月，郭九强在张琳老师的推荐下，和同学们进行有目的地拜访，他们自己"圈定"了几个可发展的客户，打算整体打包销售鱼皮画。

"现在证明我们眼力还不错，之前张老师建议我们锁定的北大荒集团，现在已经成了我们最大的买家。"郭九强说，同学们最初拜访黑龙江省北大荒文化创意产业集团股份有限公司的时候，公司负责人对这几个毫无从业经验的毛头小伙有些怀疑，一口回绝了他们。同学们并没有放弃，随后郭九强有针对性地做了精心的策划和一些成品去公司商谈，最终公司负责人被同学们的专业性和这种坚持不懈的精神所打动，同意与他们合作，共同进行这个项目。仅该公司去年就订购近两千幅作品。

"北大荒"的成功经验让郭九强他们深信，只要有毅力和过硬的技术肯定能打开市场销路，是当初一幅卖了500元的'虎头'鱼皮画，让我们有了进军零售市场的念头，更激发了我们的'小宇宙'。"说起团队的销售业绩，让郭九强念念不忘的是第一幅画卖给个人买家的成功销售案例。

2012年6月，鱼皮画选修课结束时，学校特意为他们举办了一场鱼皮画作品展。当时他们只是想让更多的人了解鱼皮画，并没有卖画打算。结果展会结束后，几位买家主动与创业的同学们取得了联系，希望买下名为"虎头"的作品。同学们面对突如其来的客户一时拿不定主意。经过与老师沟通，最终将那幅极具特色的"虎头"作品以500元价格销售，结果一次就卖出去5幅作品。第一次零售成功，大大增加了他们的信心。从那以后，同学们便开始探索鱼皮画的零售市场。

年销售额有一百多万

为了更好地将鱼皮画打入市场,2012年10月,在学校的支持下,他们成立了由10余名在校大学生组成的虚拟公司——福鱼文化创意公司,这些学生分别来自学校的工商管理、金融、法律、电子商务和艺术设计等5个专业,由专业团队负责销售鱼皮画。

听说哈尔滨要将关东古巷打造成旅游区,同学们看到了商机,便与指导老师张琳一同去了关东古巷,不出同学们所料,在关东古巷有一家名为"鱼皮部落传奇"的店在经营鱼皮画生意,但是经营的品种比较单一。与店老板沟通后,同学们说出了自己的想法,将他们的作品在鱼皮部落传奇中销售,这样既能增加店里产品的多样性,同时也增加了销售出路。最终,老板同意与他们合作。

就这样,同学们走遍了哈市每一个可能合作的商家,挨家上门拜访,为鱼皮画打开零售市场。同时他们还不放过任何一个能展示鱼皮画的平台,参加了第二十三届哈洽会,第七届中国龙江国际文化艺术产业博览会等大型活动,在会上均受到了很多领导和企业的关注。团队的同学还结合自身优势在淘宝网上开设了网店,进行鱼皮画的网上销售。

郭九强说,一年来,他们的鱼皮画销售额达到100多万元。目前,他们已先后联系了黑龙江省残联、妇联和哈尔滨市残联、妇联,积极寻求合作,希望给残疾人和待业妇女们提供工作机会,帮他们提高生活水平,为他们找到新的创业商机。

学校鼓励学生创业

据哈尔滨工程大学校团委副书记郭峰介绍,哈尔滨工程大学鼓励学生在校期间进行创业实训,福鱼文化创意公司是哈尔滨工程大学40余家创业实训虚拟公司的一家。其团队找准了发扬黑龙江非物质文化遗产的优势,通过制作赫哲族的鱼皮画礼品和创意品,不仅在校园内培养了学生热爱非物质文化遗产和黑龙江特色文化,而且引导学生动手制作工艺品,发挥学生的创意创造能力,同时还创造了价值,可以说把握住了创业的精髓,在社会上也产生了相当有影响力的成果。

035
辍学办网络教育，7年收入达10亿

邢帅1984年出生于山东，这个80后小伙是一位网络掘金"牛人"，他是一个热爱计算机技术的年轻人，将自己的爱好发展成了一家网络教育公司。目前邢帅的网络电脑培训学院拥有百人培训精英团队，3万名收费学员，7年收入达10亿元。

邢帅网络学院是国内最早期的线上教育机构之一。其创始人邢帅，大二就辍学投身电脑软件技术的网络教育，专注于职业技能培训，学员以草根群体为主。

六年时间过去，邢帅学院的付费学员从百人增长到20万人，营业额从两三万元狂飙至上亿元。值得一提的是，他所收取的五百至数千元不等的课程学费并不算低，但这似乎并不妨碍他的公司高速发展。

在中国当下的在线教育市场，邢帅教育是一个让人无法忽视的在线教育公司成长样本。

一个人的"独立团队"起家

邢帅上大学时就读于云南一所专科院校的计算机专业。深感"专业课程少，学不到东西"的他在大二这一年辍学了。邢帅出身农村，父母观念传统，辍学的举动一度令亲人感到愤怒。此后的几年时间里，邢帅依靠自学的平面设计技术，接一些零散的设计工作谋生。

逐渐地，邢帅发现跟自己类似的草根群体非常庞大。许多大学毕业的农村学子来到城市却难以找到好工作立足。出于帮助这个群体的目的，加上看好在线教育市场，2008年，邢帅萌发了网上教学的想法，"我能看到在线教育的未来市场，我认为这是我能做出改变的领域。"当时的软件技术在线教学市场还是一片空白。

一间出租屋、一台电脑，邢帅开始了他的在线教育大事业。

邢帅建立起QQ群将学员聚合到一起，在群里教授Photoshop，他每天录制好教学视频发给学员，并在群里进行交流答疑。

这在当时是具有创新性的举动，因为2008年许多公司还停留在录制视频，再将视频出售的盈利框架中。邢帅先走一步，把学员带到QQ群里，尽管还是录播的形式，但实时的交流答疑比起其他教育机构更具备优势。

因为教学质量良好，学员渐渐多了起来。当时邢帅的学员有一百来人，主要用户群体是工作了一两年、有提高技术水平需求的年轻人以及刚来大城市的农村大学生群体。维持了一年多时间，问题出现了：一个QQ群只能同时容纳200人在线，这制约了学员规模的扩大，并且多人同时在线语音的音质也不稳定。每天依靠不停打字跟学员交流，教学效率非常低。

如何找到一个合适的远程教育载体，成了摆在邢帅面前最大的问题。

改变模式：从QQ群到YY语音的另类入驻

2009年，一次偶然的机会，有学员向邢帅推荐了YY语音。YY语音工具能容纳1万人同时在线，具备优良的稳定性。邢帅尝试后觉得可行，便把教学阵地转移到了YY语音频道。

这让邢帅顺利实现了一个频道多科教学，也形成了沿用至今的YY+QQ群相结合的运营模式。当时YY语音的用户数量达到相当高的水平，但是主要使用群体还是游戏玩家和娱乐玩家。邢帅以教育为内容的入驻显得很"另类"。

这一年，邢帅有了自己的第一个合伙人，并组建了14人的团队，成立了以他自己名字命名的邢帅网络学院。

尽管找到一个好的平台，但问题也接踵而至。除了阵地的更换令学员流失的问题以外，之前从未直接面对过学生讲课的邢帅由于带有浓重的山东口音，加上表达能力不佳，一开始在网上直播教学就收到一片谩骂。这令邢帅印象深刻且倍感挫折，他开始每天发奋锻炼口才。"好老师都是被骂出来的，被上千万名学生骂过才能变成好的互联网讲师。"邢帅事后回忆。

组织上变革快速"钱进"

2010年，邢帅团队决定以一个QQ群为单位建立班级，这个班级的最高管理者就是班主任。班主任会将免费视频教程传到网上，供网友学习。而在视频中会显示邢帅学院的某个QQ群号，网友加入QQ群后就相当于来到学院中的一个班级。班级内分为试学学员和正式学员。试学学员可以在每天的固定时间进入网络课室学习，但是教程一般只有3节左右。而正式学员需要缴费报名，报名后就可以享受终身学习服务，学习的课程会永久更新并可下载。班主任负责管理和帮助学员，同时将QQ群里有意愿进行更深入学习的用户带到YY平台进行付费学习。如今，邢帅学院拥有三千多个QQ群。

邢帅学院的讲师团队与营销团队分开运作。除了外部招聘以外，邢帅教育也从内部渠道培养讲师——将达到技能要求的学员或辅导员转为讲师。讲师负责把课讲好，以教学质量决定报酬高低。

如今，邢帅教育拥有上千名员工，包括800名网络辅导员（即班主任）、200名老师、150人的技术团队。学院发展至今一共解决了约6000人的就业：网络就业4000人，现实就业2000人。

学院的营收也保持着快速增长——2010年是100万元，2011年猛增至3000万，2012年翻一番为6000万，2013年突破一亿元。邢帅曾公开透露过，估计2015年前的营收或近10亿元。

目前，邢帅网络学院的科目扩展出几个品类，增加了商学院、Office等课程，不再是只有设计软件培训。2012年，邢帅网络教育学院正式注册，摆脱以往讲师各自在家对着电脑授课的小作坊模式，开始实体办公运作。2013年7月，邢帅教育获得多玩YY的A轮1500万融资，将总部从云南大理搬迁至广州，并成立广州邢帅教育科技有限公司。2014年8月，邢帅教育成功完成B轮融资3000万美元。

重点打造精品录播课和移动客户端

2014年4月，邢帅教育推出精品公开课，包括平面设计、三维建筑和动画、电子商务、摄影等技术技能型课程。

录播和直播两种方式孰好孰坏？网上一片争议声。一般而言，更多在线教育从业者认为，相比录播课程，直播课程更具有互动性和现场感，也更能唤醒学生的热情。

但邢帅团队认为录播课也大有可为。眼下的精品公开课虽然是录播的形式，但也力求互动感和代入感。

"互联网上不缺乏内容，但缺乏优质内容。"邢帅说。精品公开课采用高分辨率，加入字幕、弹幕功能，前期工作包括课程内容准备、编剧、化妆、拍摄、录音、剪接等，后期有四十人的团队，每一个环节都精心思量。

如今的邢帅教育兼做录播和直播，分成两条产品线进行。直播偏向互动性强的课堂，录播用来做复习使用。除了精品公开课，邢帅教育在2013年开始酝酿做移动客户端，今年年底会推出。不同于市面上的产品，邢帅称该客户端会更简洁，更移动互联网化。

邢帅教育现今有十多个科目，如平面设计、网页制作、影视后期、三维建筑、三维动画、电子商务等课程，学院还拥有自己的网络电台。最受欢迎的是英语、音乐、工业设计、程序开发等课程，占学院收入的50%左右。未来，邢帅教育打算继续在职业领域拓展品类：以职业教育为核心，挑取需求量最大的科目去做，增加美食、化妆等大众需求的科目，让更多的人参与到在线教育中。

"解决用户的信任危机是我们一开始面临的最大问题，开始有学员以为我们是网络骗子，当他们亲身体验之后，明白了网络教育是个好东西。"邢帅通过用质量打造品牌和口碑，学员数量开始慢慢增长，在这段过程中，他称自己也穷困潦倒过。

对于网络教育的现状，邢帅有这样的看法："很多投资者看不到网络教育的巨大前景，所以少有人投资。尤其是我们的草根教育者，缺乏教育部门的认可和支持，更加难以树立品牌和公信力。"

036
艺术设计生养殖火鸡，制作高价值羽毛画

廖正军出身农村，上大学时穷得连学费都交不起。2008年大学毕业工作一段时间后，他带着仅有的4000多元钱回到老家养殖火鸡。6年的时间，他带领的火鸡合作社一年销售额达到了3500多万元，这样具有励志色彩的创业经历，鼓励了一批年轻人返乡创业。

2007年廖正军正在扬州大学艺术设计专业读大三。这一年奶奶生病，他回去看奶奶的时候，发现家里多了几只模样奇怪的火鸡。一问才知道是父母的朋友从国外带回了几只火鸡蛋，赋闲在家的父母就开始养殖火鸡，本来是养着玩玩，但很快他们发现火鸡很好养，繁殖还快。廖正军就对火鸡上了心，他利用在上海打工的机会考察市场，才知上海的火鸡大多是从国外进口的，批发价上百元一只，廖正军一对比自己的养殖成本，吓了一跳。

廖正军估算了一下：火鸡批发价格在100块钱左右，一只纯利润算下来在30到50块钱之间，相比家鸡，起码有三倍到四倍的利润。

美好的火鸡"钱景"让廖正军很兴奋，但此时家里被火鸡弄得快揭不开锅了。父

母没有收入，还要给奶奶治病，火鸡的饲料钱就成了问题。为了养活这百十只火鸡，廖正军不得不接受女友鲁曼拿出来的学费，不料学费被挪用做饲料款这事，让女友家人知道了。很快廖正军就经受了生活的艰辛、感情的磨难。

放弃10万年薪　创业一波三折

2008年6月廖正军大学毕业，在上海一家软件公司找到了工作，年薪十多万元，这让父母很骄傲。2008年12月，刚工作半年廖正军辞职了，带着身上仅有的4000元钱，回到了老家建湖县陈甲村，非说要养火鸡。廖正军的这一举动让他的父母感觉抬不起头，连亲戚都嫌弃他丢人现眼。当时廖正军的舅舅说，你说我们这些做舅舅的，脸也不好处，好像走出去没有光彩。甚至有一次他爸爸到办公室来，把办公桌子用斧头砸了一个洞，当时他怕死了。

本来大学读的是艺术设计专业，毕业后竟然回来养火鸡，村民们指指点点。可是，不管别人怎么说，廖正军都坚持自己的判断。乡亲们对这个市场不了解，对传统的农业项目来说很致命，但是对我来说，可以从他们身上吸取教训，可以把我这个项目做得跟他们不一样。

他找来了从小一起长大关系最铁的高中同学张海东，可是当他拿着未来发展的设计图唾沫横飞地说了半天，同学却一口拒绝了。张海东说，包括当时他给我看的一些设计图，我都给他否决了。因为这个东西对于他来讲不大现实，他就是光杆司令，我不可能被他拖下水，那是不可能的。

但廖正军主意已定，他租下了一个废弃的学校，用4000元钱从广东买了300只火鸡苗，开始养殖火鸡。亲人不理解，朋友不帮忙，周围的冷嘲热讽让他陷入矛盾和挣扎中，廖正军感觉自己一无所有，就是一个光杆司令在孤军奋战，很脆弱也很无助。那段时间，没有钱买饲料，他零散卖些父亲原先的那些火鸡以贴补费用，火鸡经常是吃了这顿没有下顿。他白天拼命干活，一到夜里就觉得日子特别难熬，几次在睡梦中哭醒，不知道明天还能不能扛过去。三四个月后，廖正军发现一个致命的问题，按理说公火鸡的个头应该比母火鸡大一倍才对，但是他养殖的公火鸡却总是长不大，跟母火鸡的个头差不多，只有七八斤重的样子。

在电视上看到美国火鸡　让他信心大增

廖正军养殖厂里的火鸡分为白色"尼古拉火鸡"、花色"青铜火鸡"、黑色"贝蒂娜火鸡"三种，按照资料上说，这三个品种的公火鸡都应该达到20多斤重，廖正军纳闷了，自己养殖的公火鸡怎么这么小呢？如果照这样养下去，非要亏本不可。不但商品火鸡每只少卖一半的钱，用这些公火鸡去配种，下一代的火鸡个头会更小，还容易生病。廖正军告诉记者，当时有一天他无意中看电视，看到电视中美国农场里的火鸡，他惊呆了。农场里的火鸡个头都很大，状态都非常好，很有精神，和他养的火鸡差别很大。

廖正军意识到，之前从国内购买的火鸡苗，大都是近亲繁殖的后代，所以品质变差，长不大，要想未来持续发展，就必须从国外引入种蛋。2009年6月，廖正军养殖的第一批火鸡出栏了，虽然品相不好，但也卖了两万多元钱。与家人想的再多养一点不同，廖正军决定把这赚来的两万元钱，全部用来从国外引入种蛋。想法挺好，实施起来挺复杂，他找到上海一家有资质的贸易公司，不惜成本，以比普通种蛋高20倍、每只200元的高价，从美国进口了100枚火鸡种蛋。

采访时廖正军说国内和国外的火鸡种蛋肉眼就能分辨。国内的火鸡种蛋，上面斑点比较多，因为火鸡是鸟类，它在野生状态下，有飞行的高度，有一点滑翔能力。而购买的国外蛋退化得比较严重，它们的品质差别太大了。别看这批火鸡种蛋数量只有100枚，但是繁殖能力强，和廖正军的火鸡杂交后，一年的存栏量就达到了2000多只。2009年12月，新品种的火鸡养殖了5个月，个头果然很大，体重达到了20多斤，野性也更足了。

好产品　好营销　好收入

到了销售季，因为火鸡多了，廖正军认为用以前扫街的方式，挨家到酒店推销显然不行了，时间成本高，市场又局限在江苏、上海等地，他需要寻找新的销售渠道。廖正军凑了1万元钱，孤注一掷地砸到了百度、阿里巴巴等网站，进行宣传推广，果然这次不仅是江苏，全国各地都有不少客户主动联系，看货后对新品种的火鸡都很满意。

新品种的火鸡，不仅收购商喜欢，不少农户也开始向廖正军购买火鸡种苗养殖。廖正军想方设法扩大火鸡的销路，比如利用西方节日有吃烤火鸡的习俗，通过网络或现场活动推销烤火鸡，很受年轻人的欢迎。为了向酒店推销，廖正军还开发出了爆炒火鸡肉、红烧火鸡等菜品。两年时间，廖正军火鸡的销售额就超过了100万元，自己也赚到了几十万元钱，廖正军很开心。

以前火鸡在国内还是比较新的品种，很多农户看到有利润就开始小规模地养殖了，但销售就成了难题。散户养殖量少，给酒店送货的大客户不敢贸然下单。因为贸然下单却不能有大量火鸡保证，平时在市场上买火鸡的人也不多，农户挣不到大钱，不愿大规模养。这个困境也困扰着廖正军，正是这看似不可能完成的订单，让他找到了事业的转机。

一年之内，廖正军不仅联系了周围的农户，还组织到了包括贵州、河南等地养殖户的火鸡，顺利完成了3万只火鸡的大订单。很快，火鸡行业里的人都知道在江苏盐城有个小伙儿能回收火鸡，廖正军一下子就出了名，越来越多的农户和收购商与他合作，2013年，廖正军火鸡的年销售额超过了3500万元。除此之外，廖正军利用自己的艺术设计专长，研究制作出了很有特色的羽毛画，成为他新的赢利点。廖正军还整合了附近的农产品资源，建立网上销售平台销售农产品。

037
从大学贫困生到新型黏胶王

胡云睿来自安徽一个农村，家庭经济条件不好，5岁时就要采鱼腥草卖钱帮补家用。进入大学的第二天他就开始勤工俭学，读本科时，他组织家庭贫困的同学做牛奶订购工作，鼎盛时期团队成员达到四五十人，一天订单金额甚至能达到6万元的水平。而时间到了2013年，他创办的公司营业收入为1600万元，主营业务利润为220万元，净资产收益率达到23%。如今的胡云睿已是年产值近300万的广州劲诺新型材料科技有限公司总经理。通过创业，胡云睿实现了儿时的致富梦。

创业嗅觉　悟出特殊商机

2007年毕业之前，胡云睿找人做了一个网站，努力尝试寻找各种产品。在一次与朋友的聚会中，胡云睿了解到一个较好的黏合剂产品，这种黏合剂产品可广泛使用在一种建筑辅料的生产过程中，市场价值相当可观，而国内基本靠进口。他一下子就发现了其中的商机。"难道我不能做出价廉物美的替代产品吗？"胡云睿的专业方向是化学工程专业，他想要做的黏合材料正好可以用到所学的知识。

"创业初期，常常搞到身无分文，有几次连吃快餐的钱都没有。为了解决资金的压力，那段时间，傍晚下班后就去摆地摊，一做就是两个多月。"胡云睿坦诚地说道。

创业初期，为了产品检测数据的准确性，胡云睿几乎跑遍了广州所有的检测所。经过几百次的实验做样品，反复检测，产品的黏合度、固化时间、环保等指标终于达到了要求。

依托母校科研资源跳跃发展

经过几百次的实验做样品，反复检测，胡云睿的黏合剂终于达到了客户的要求。虽然公司接到的第一个订单只有3000元，仍使其团队成员信心大增。紧接着，他们成功开发了钉胶、环保万能胶、UV胶等产品。经过1年多的技术攻关，他们生产的黏合材料系列产品替代了国外的同类产品，在辐射固化技术的应用领域达到国内领先水平。

2009年5月份，北京一家铝合金供应商找到胡云睿，想要一种新型环保的铝合金黏剂，问胡云睿能否生产出来。目前铝合金行业由于生产造成的全球污染，单VOC（污染物）排放就达数千万吨甚至上亿吨，能不能使用一种新型黏合材料对铝合金进行表面处理，实现零排放呢？思路明确后，胡云睿立马率领团队日夜攻关，母校平台一直是他的科研后盾：材料不对，找材料学院的专家；试剂不对，找化学与化工学院的导师。

最终，胡云睿研发的铝合金与PVC薄膜黏结的黏合产品，因其性能良好、在国际上率先实现同类产品VOC零排放，实现了国际首创，并成功获得广东省科技型中小企业技术创新大学生创业基金的最高奖金。

这项新产品能够使隔热薄膜与铝合金很好地黏合，从而生产出一种新型的铝材。这种新的铝材有很好的隔热作用，这样一来，冬天的室内暖气不容易损失，夏天室内的冷气也不会轻易地溜走。

另外，采用这种黏合剂生产铝材，替代现有的铝合金生产过程中涉及的喷涂生产工艺或者电镀生产工艺，将不会有污染气体和液体等排放，大大降低铝合金生产过程中的污染，具有强大的节能减排作用，是一个划时代的科技环保新产品，目前该项目进展情况良好。

让人感慨的人生创业

"我是白手创业的青年人中比较幸运的一个，得到了很多人的帮助，真实的创业比报纸上的文字难得多，目前还不是我的理想状态。"胡云睿微笑地说道。

胡云睿说："假如我现在是文盲或一无所有的流浪者，我该怎么办？首先我会考虑自己的生存问题，因此需要找一个地方去做工，解决了生存以后，我就立即要寻求发展了。如果在农村，我会考虑特种养殖业，比如种植蘑菇，或者高附加值的木耳，通过网络把产品销售到中心城市;如果在城市,我也会选择适合自己的事情,实在找不到好的事情,就选择捡破烂吧,慢慢地建立起自己的废品收购中心和资源回收再利用公司。"

现在,胡云睿成立了4家全资或控股的司,正向着"绿色环保黏合材料制作专家"和"黏合材料综合解决方案最佳提供者"的目标继续努力。

038
从推销雨伞到卖钻石的女合伙人

2009年,刚大学毕业的22岁女孩陈兰岚向家里借了3万元准备创业时,没想到一颗小小的钻石,曾吸引只晓得在宿舍推销衣服和雨伞的自己背水一战,一度让她负债十多万,随即又拉着她从事业的低谷一路走出来,在成都创立了自己的珠宝品牌,年销售额近千万元。

"最难过时,想想一颗钻石能有58个切面闪烁光彩,我们的可能性为什么不能比这还多?"2014年12月15日,当陈兰岚回望自己的创业生涯时,她认为和创业伙伴崔宁没有走错路,"我们也能成为中国式女合伙人!"

大学时卖衣服、雨伞尝甜头的女生要创业

2009年,四川应届大学毕业生27.63万名,约80%在毕业时顺利找到工作,其中不包括22岁的成都理工大学广告系毕业生陈兰岚。

"父母本来想找关系,让我进一家事业单位,但是我不愿意。"陈兰岚大学时代就和室友崔宁练过摊,去荷花池进衣服和雨伞到学校摆摊卖,一把雨伞赚3块5毛钱。"卖剩下的我们就装进编织袋,到宿舍挨家挨户敲门推销,不卖完不罢休。"

说服了父母,她从家里借了3万元,和一个同学开了个私人电影视频拍摄的公司。就在这一年,成都市出台《关于促进普通高等学校毕业生创业就业的意见》,"千名高校毕业生创业扶持计划"同步启动,鼓励大学毕业生自主创业。"这一年,可以说是成都鼓励大学生创业的元年。"成都市团委一位工作人员这样评价。

不卖烤肉、肉夹馍　第二次创业卖钻石

在2009年，拍摄私人电影还是个新玩意儿。陈兰岚的项目顺利通过了成华区大学生创业基地的审核，成为首批进驻成都市大学生创业基地的大学毕业生。她获得免费办公场地，以及数万元的免息小额担保贷款。

但由于和合伙人产生意见分歧，几个月后陈兰岚揣着3万元本金退出了已开始盈利的公司，她的第一次创业就此结束。

"我还想创业。"陈兰岚给老搭档崔宁打了个电话，接下来的故事略显奇幻：已毕业回河北的崔宁带着借父母的3万元重回成都，准备同陈兰岚开始第二次创业。她只有一个要求："不卖烤肉、肉夹馍，要做就做有前途的创业项目！"

两个女生白天去驾校学车，晚上就泡在网上找项目。"那时候网上卖钻石的模式刚出来，我们算了下成本，负担得起。考虑了几天，决定干。"陈兰岚说。

700元租半个店面　曾负债10多万元

两个女孩一人凑了3万元当创业基金。因为不知道新的高校毕业生创业扶持计划具体申请流程，陈兰岚这一次没寻求政府支持。2010年1月，春熙路一栋写字楼的半个实体店面里，月租金700元的珠宝店开张了。

从2010年到2012年，两人的工作室不断升级，搬了3次家。《华西都市报》记者将两人作为创业观察样本后，多次前往她们的工作室。15日，陈兰岚翻出一张她当时穿着粉红色衣服骑在木椅上粉刷墙面的照片，"舍不得花钱装修啊……"她指着照片上的自己，对记者说。

"一次搬家过程中，我弄丢了一条价值5000多元的钻石项链，当时哭惨了，那可是我和崔宁10%的启动资金啊。"陈兰岚说。

而更严峻的事情还在后头：从2012年起，陈兰岚陆续负债10多万元，而在采访中，她对此一笔带过。记者随后向她丈夫夏先生佐证，则听到另外一个版本，"她坦承当时生意不是很好，债务压力也很大，让我想清楚。"夏先生说，虽然陈兰岚当时的语气很镇定，"但我看到她眼睛里闪着泪花。"

客户从1人到5000人年营业额近千万元

"在我最难的时候，就看看自己卖的钻石，每颗都有58个切面，我未来的可能性难道还没有这些切面多吗？"从2012到2014年，凭借标新立异的网络营销模式和踏实负责的服务态度，陈兰岚和崔宁的事业开始走上坡路：客户从当时的1人变成了现在

的5000人，工作室也将第4次搬家，由10平方米的小空间搬到300平方米的工作室，营业额每年近千万元。很多客户成了陈兰岚的"粉丝"和朋友，在她结婚时，收到了许多曾经的客户寄来的礼物。"有个客人送了我一床被子，说是祝我幸福一辈子。"

039
打造国内最大的手机应用广告平台

年仅26岁的85后华南理工大学毕业生陈第，近日入选福布斯"中国30位30岁以下创业者"榜单。这是《福布斯》中文版第二次推出此榜单。3年前，还未跨出大学校门的华工毕业生陈第在宿舍里敲出关键程序走上创业之路，预备打造国内最大的手机应用广告平台。

10个大学同窗好友　1间30平方米办公室

2006年陈第考上华南理工大学计算机系。陈第说，大学期间他是从做斗地主游戏软件、省电桌面工具等软件起步的。大一的寒假，一心想锻炼自己创业能力的陈第独自跑到深圳，花几千块钱买下一家公司在番禺区的代理，不过最后经营失败，赔掉几千块的投入。在陈第眼中这是他在大学里的"疯狂举动"。但陈第还是有一颗不安分的心。

2009年8月，共青团、中国移动发起"型动创造未来Mobile Market百万青年创业计划"。冲着奖金，陈第上传了自己以前制作的一款游戏，他的游戏每天达到2000余次的下载量，得到了很好的推广。随后他开发了蓝牙三国杀、蓝牙斗地主等手机游戏，这些游戏玩家挺多，但没人愿意付费下载。

在这种窘境下，陈第产生了应用中嵌入广告来盈利的想法。2010年4月1日，距陈第大学毕业还有3个月，他说服大学好友等10个大学生，一同筹资组建了一家公司，在大学城租了一间30平方米的办公室开始创业，创办了国内首家移动广告平台——有米广告。

关键程序在宿舍敲出　成员贴钱渡过资金难关

回忆创业之初，陈第团队的第一个工作场所是宿舍。2010年上半年，即将毕业的陈第就带领学生团队日夜窝在宿舍里敲出一串串对日后公司发展相当关键的程序。经过3个月的技术开发，在4月1日成立了"有米广告"，这是国内第一家移动广告平台。4月下旬，优蜜科技公司正式成立，陈第成为公司CEO。

创业之初唯一的问题是资金短缺。陈第说，有米广告初创的前4个月，月均亏损1至2万，每月支付30名员工工资、厂房租金等经营管理成本达6万元，全靠4个核心成员拿钱养公司。一直熬到5个月后，有米广告才实现盈利。

"最早的时候主动去拉广告，反而拉不到。你做得好了，别人就会来主动找到你。"陈第说，随着业务被认可，政府和不少风投公司帮助公司解决了资金难题。随后，有米先后与淘宝、诺基亚等成为合作伙伴，还获得一笔约1000万元的天使投资。

陈第说当时对创业很有信心，也不怕失败，"即使失败，团队也可依靠为其他企业做外包项目养活自己"。因为公司是手机广告平台第一家，团队人员也源源不断汇聚。"因为大家都看到了这个市场空白。做这个是可以改变中国产业，写入互联网历史的。"陈第说。

拿出3000万开展"共赢计划"

作为一名曾经的软件开发者，此次融资完成后，陈第首先想到的便是感恩，有米将拿出30%的融资资金，也就是3000万元开展"三千万开发者共赢计划"，提升开发者分成比例，提升广告单价，奖励有突出贡献的开发者。此外，有米还将参与共建大学生校外就业实训基地，与学生组织举办多样化交流活动，培养对移动互联网感兴趣的学生投入到行业中来。

谈及自己的创业经历，陈第特别提醒师弟师妹们，"无论毕业后从事哪一行，在校期间都应该努力提升自己的能力，尤其是学习能力。不要把所有时间都用去拍拖、玩游戏，要多拿出一点时间考虑一下未来。目前在移动互联网行业仍大有可为"。

陈第表示，目前广东的移动互联网发展还相对落后，据统计，有米超过一半的合作伙伴集中在北京，而上海则占了30%，然后才是广州和深圳，他希望政府能够出台移动互联网相关的支持政策，促进本地企业更好更快发展。

三年来累计创收过亿

截至目前，有米公司累计创收突破一个亿，成为广州大学城的纳税大户。公司总部及研发运营中心设在广州大学城，合作广告主超过1000家，合作开发者超过50000

名，广告覆盖超过2亿。此前还曾传出消息，有商家愿出3亿美元收购有米。

该创业团队的前身是一个APP开发团队，但是辛辛苦苦开发出来的软件，用户却不肯付费下载，于是陈第团队便想着把广告这一成熟的互联网模式引进移动网络，这样广告主获得了推广，开发者获得广告费，用户也可以免费玩软件、游戏，三方共赢，大家共同有饭吃，这也是他们做广告的初衷。

040
传播蒙古音乐，让世界聆听草原

2015年第一个工作日，创建于草原包头、在蒙古音乐界拥有较大影响力的哈木格传媒（蒙古音乐网）发布了2014年度草原音乐"白皮书"，与大家一同回顾过去的精彩，并承诺与音乐人继续并肩前行，让世界聆听草原。

"蒙古音乐网"是一群大学生创业团队在校期间开展的创业项目，是以推广我国蒙古族优秀音乐作品、传播自然草原文化、提供蒙古族音乐分享交流、在线音乐试听服务及高品质音乐下载为一体的电子商务平台。而在线上，哈木格受关注的程度更是令人叹服——旗下运营的蒙古音乐网早已声名鹊起，拥有注册会员20余万人，日访问量达到十余万，是国内最具影响力的草原音乐网站。哈木格公司以线上音乐下载销售、电信增值业务拓展、线下演出活动、音乐人包装推广、音乐订制等联合输出业务为主，通过草原音乐走向全世界的社会传播，实现市场转化。

让世界聆听"哈木格"草原

蒙语"哈木格"意为"顶级的"。而这个"顶级的"梦想，则缘于总裁常慧渊几年前的一项个人爱好。

"没承想几年过去，这个网站已发展成为一个日访问量十余万独立IP，拥有广泛的音乐及音乐人资源，并形成以'网络+广播电视+平面媒体'为形式的立体传播圈。

当爱好成为值得追求的事业时，常慧渊的心中充满憧憬。

从2013年3月公司起步时的3个人，到如今拥有包头、呼和浩特、上海、北京4个办事机构，短短一年半的时间，内蒙古哈木格文化传媒公司犹如一匹黑马，正演绎着现实版的"中国梦想秀"。哈木格的目标是：让草原文化插上飞翔的翅膀，让世界聆听草原，让文化彰显价值。

年轻的梦想一旦起航便无法阻挡

2013年9月，常慧渊和他的团队一起登上"内蒙古首届大学生创业大赛"的舞台，与内蒙古自治区1477个大学生团队奋勇闯关、一决高下。经过初评、复赛等环节，最终，2014年1月8日，哈木格"草原音乐市场转化项目"斩获总决赛二等奖。

民族的就是世界的。在这次创业项目比拼中，"草原音乐市场转化项目"以独特的民族性拥有了其他项目无法企及的优势。

正如常慧渊所说："草原音乐是中华民族文化中最靓丽的瑰宝，整合民族音乐力量，实现市场转化，让世界聆听草原是我们的梦想，希望所有热爱草原的人们共同支持蒙古音乐。"

如今，哈木格已经与德德玛、腾格尔、额尔古纳乐队等200多个知名草原音乐人签署了战略合作协议，其2万多首草原音乐曲库中，20%的乐曲通过蒙古音乐网进行了网络首发。而像格日乐、天音组合、成格尔等包头本土明星，也成为蒙古音乐网的签约歌手。

依托蒙古音乐网平台，哈木格发挥丰富的曲库和音乐人资源等优势，把线上音乐传播与线下演出活动充分结合，实现草原音乐的市场化，打出了自己的品牌。

2013年8月，哈木格成功举办黑骏马组合成立十周年大型演唱会。

2014年1月，哈木格与正北方网联合承办首届内蒙古自治区网络春晚。

2014年7月，哈木格独立承办第二届中国游牧文化旅游节暨达茂联合旗第二十五届那达慕开幕式和开幕式当晚的文艺晚会。

2014年7月，杭盖乐队全球巡回演唱会的首站——"回到你身旁"走进包头，哈木格承办杭盖乐队包头歌友见面会。

近期，哈木格又与呼和浩特蒙元素文化艺术中心联合打造"蒙乐汇"剧场演出品牌，每周五、六举行演出，200多人的场馆，场场座无虚席。

常慧渊说，举办这些活动的目的，就是为优秀的蒙古音乐歌手们搭建演出的舞台，不仅要让草原音乐广泛传播出去，更要让蒙古音乐的坚守者能够得到市场的滋养，寻找到成长的力量。

从参加大学生创业大赛到承办大型文化活动，哈木格在短短一年半的时间内，出色完成了自己的精彩"首秀"。2014年5月，哈木格更名为内蒙古哈木格文化传媒有限公司,并在呼和浩特、上海、北京三地增设了品牌运营机构。

041
大四学生创办跆拳道馆

记者了解到,目前在济南市区,有规模的跆拳道馆有15到20家,在竞争如此激烈的市场环境中,有一家跆拳道馆仅用一年多的时间就拥有了150名学员,而这家道馆的老板竟是一名还没有走出校门的大学生,真让行业人士竖起大拇指。

初次开馆摔"跟头"

2007年,杨阳在山东大学体育学院学习社会体育专业。他的不少同学,业余时间去健身俱乐部当兼职教练。而杨阳却执意要开一家跆拳道馆,这让父母和附近的老师、同学都非常惊奇和不解。杨阳告诉记者:"当时自己的做法确实受到了周围亲朋好友的反对,在他们看来我没有任何经验,盲目开馆可能会失败,但是我以为假如想成功,就要做更有挑战性的事情。"

2007年年底,杨阳的跆拳道馆在经六纬六的一个写字楼三层开业了。因为选择在冬天开业,生意非常冷清,后来固然有不少热心同学来帮忙,但生意一直不景气,终于在2008年关门大吉。

这次的失败对杨阳的打击很大,在总结失败的原因时,他告诉记者:"缺乏经验,准备资金预备得太少,把所有的事情都往好处考虑,没有做最坏的打算。"当时,很多人以为杨阳会就此收手,但是杨阳却买好了去朝鲜的机票,决定见识真正的跆拳道,择机再度起航。

奉献公益再次获创业机遇

朝鲜之旅结束后,杨阳了解了国外跆拳道的教授模式和跆拳道精神的精髓,他以为可以把韩国与朝鲜的跆拳道风格相结合,既有纯竞技的东西,又保存了跆拳道的艺术美感,而这样的教授模式在济南很少有。

2008年5月,一次偶然的机会,甸柳一区第一居委会工作职员找到了杨阳,希望他能匡助社区的孩子学习跆拳道,杨阳绝不犹豫地允许下来。虽然是公益的,但是杨阳教得非常当真,凭着过硬的基本功和对跆拳道的独特理解,杨阳教的学生提高很快,学习的效果非常好。随着学生越来越多,露天广场的教授场地已经不能满足70多名学员的练习要求。

于是居委会的负责人免费给杨阳提供了练习场地。在此基础上,杨阳再次建立了自己的跆拳道馆。谈到第二次开设跆拳道馆,杨阳充满了感激之情:"我觉得自己是幸运的,有好心人的搀扶,我才能再次拥有自己的道馆。"也恰是因为之前打下了良好的群众基础,杨阳的跆拳道馆开业后十分火爆,但是杨阳没有抛却社区义务服务,仍会在周末去甸柳一区社区免费为孩子们上课,他说:"公益就是为公而不是为己,大家帮了我这么多,我做这点小事是应该的。我是从这里走出去的,我不会'忘本'。"

将跆拳道精神融入教授模式中

杨阳的教授跆拳道方式不仅得到了学生们的认可,也得到了家长的好评。一位家长告诉记者:"平时孩子在家都是饭来张口,衣来伸手的,但是有一天我回家,孩子竟然给我打洗脚水让我洗脚,着实让我感动,这都是孩子们在杨教练这里学会的。"

谈到对学员的教授,杨阳有自己的见解,他以为跆拳道除了可以让孩子们强身健体,其中更关键的应该是让孩子从中领悟到跆拳道精神。杨阳说:"跆拳道讲求'礼节、廉耻、忍耐、克己、百折不屈',这对于现在的孩子来说非常有教育意义。"

如今的杨阳虽然仍是个未出校门的学生,但已经能够自食其力。为了能更好地开展跆拳道事业,他现在已经报考了山东大学儿童体育学专业的研究生。谈及未来的打算,杨阳表示,现在的道馆治理方面还存在明显不足,他打算明年再开一家分店,并尽快突破治理上的瓶颈。

看到面前的杨阳,记者很难把他与一个还没毕业的大学生联系在一起,创业的艰辛,让他变得成熟而自信,而之前反对他创业的同学依然在给别人"打工"。面对创业,很多年轻人不能勇敢地迈出第一步,其实,就是要有一股不怕输的劲头,毕竟,年轻人有着别人艳羡的资本:跌倒了还可以再爬起来。

042
大学生"鹅老板"不怕被成功复制

不久前教育部出台允许大学生"休学创业"的新政,为90后"创业潮"再开一道闸门。在"互联网创业""跨界转型"渐为主流的今天,有个年轻人却另辟蹊径,回乡养鹅,干起了看似老土的养殖。北京农学院90后大学生谢云浩,"跳出农门"后再返"农门",将自己的专业特长与乡邻致富联系起来。

大三学生谢云浩在就学期间当起了"鹅老板",对于创业,他自有一番独特的理解。

从20万亩新增林地嗅到循环经济"钱途"

谢云浩,北京农学院动物医学专业大三学生,大兴区北章客村的"土著"。全村共170多户人家,只有谢云浩一家不住村里,而把家安在田间。用谢妈妈的话说,"西边挨永定河,屋前屋后有树,像在世外桃源。"地铁天宫院站往西南,沿着小道经10分钟车程,三间红砖平房赫然在目,这里便是谢云浩家。没等记者走近,散养在林带里的白鹅"嘎嘎嘎"的叫声此起彼伏。

"今年养了2000只做试验,10月出的栏,这几十只重量没达标,所以继续养着。"拿着竹竿吆喝鹅群的谢云浩说。上个月,他和他的团队捧回了"北京市大学生创业设计大赛"一等奖的奖杯。创业首年实现可观的盈利,也是当时打动评委的理由之一。

90后在校生为啥回家养鹅?还得从今年北京新增的20万亩林地说起。据北京园林局的数据,2014年新增的20多万亩林地,主要位于北京市现存的拆迁腾退地、沙荒地、废弃坑塘、城镇边角地、南水北调等重点水源保护区周边。谢家所在的村子地处南六环,恰在第二道绿化隔离带附近,一年里,他家屋后也多了400多亩林地。

2014年春夏之交,还在上大二的谢云浩周末路过林区,看到忙碌的养林工人,"这么大片全靠人工除草,效率不高而且林草浪费,有没有法子再利用一把?"联想到刚写完的"林下养殖"可行性论文报告,机灵的小伙子把"可行"变成"行动"。

10万元小公司入驻科技园　学习创业两不误

林地可以养鸡、养鸭，为什么单盯上了鹅呢？小谢所学的动物医学知识就派上用场了：鹅的生长期短，体壮肥大；林下食草，成本较低；青草滋养，鹅不易生病，鹅粪还能促进树苗生长。如果利用林间空地养鹅，既提高了土地利用率，加上家远离村庄，还有利于防疫。这样一来，养鹅更具得天独厚的优势。

上半年恰逢北京农学院推出"创业六条"等一系列政策，鼓励在校学生运用所学知识创业，并将其与实践教学挂钩，与学分挂钩。谢云浩就拉着同宿舍的6个朋友凑了10万元，注册了公司，成为全校17个创业团队中的一员。短短一个月，他们的"林下养鹅"项目便顺利拿到了企业营业执照，并入驻学校科技园内的北农学生创业中心。

"学校共为学生企业提供57万多元的资金支持，我们项目拿到了5万元的创业基金，而且免费使用两年的办公用房。"谢云浩聊起"万事开头难"的生意经，坦言校方解决了后顾之忧。

聊起创业，尤其是大学生创业，会耗费巨大人力和时间成本，谢云浩讲起了随季而动的项目优势，"我们养殖期从6月到10月，买回雏鹅时刚好暑假，我也有时间，坐在林子里放鹅，觉得自己这个农学院大学生终于派上了用场，很开心。"

当林间杂草没过小雏鹅的高度，轮牧放养更需耐心和细致。加料、喂水，一天数十次重复，小谢拿着一根长竹竿"监督"小鹅觅食，"当时还不到一斤，每天吃草的时候都把小鹅从鹅棚里赶出来。"

待2000只鹅苗长大一些，返校上学的谢云浩和家人商量，雇村里的农民照看，他们中有身兼护林工作的，拿着公家和谢家的两份工钱，村民们也愿意干些零工，挣这100块的日薪。

不怕被复制　打算创新"改良农业"

儿子从农门跳出，利用学业间隙回乡"养鹅"，身为父母会怎么想？出乎谢云浩的意料，双亲都赞同儿子的点子。常年在村里有机蔬菜生产基地干活的谢父对鹅的品种颇有心得，他张罗为儿子选鹅苗。而一直照料40亩蔬菜大棚的谢妈妈，承担了部分散养照看的任务。

"儿子创业，我不帮忙谁帮呢？靠劳动赚钱，干本行也顺手，我和他爸当然支持！"谢妈妈笑嘻嘻地回答。

到10月出栏时，这群纯天然散养的鹅不愁销路，以每公斤16元的价格顺利出手，项目首年核算毛利过万。懂事的儿子给妈妈买了一条金项链和一台Ipad平板电脑，

"他知道我晚上在家无聊,买个Ipad让我上网玩玩,当作几个月辛苦的报答吧。"

据说开春后,村里护林队也打算林下养鹅了。像这样没门槛的养殖,谢云浩自然明白它容易被模仿,"我不怕被复制,先做再推广,带动大家致富,本来就是我的预期。有机农业或生态农业的市场很大,一时也不会饱和。"

作为村里林下养鹅的第一人,小伙子更大的野心是想创新"改良农业",积累四五年的养殖经验,为村民们提供设备、咨询等专业服务。如果可能,还会发展生态旅游,继续摸索新农业的路子。"二维码标识,这是未来发展的方向。每个二维码像家禽的身份证,从出生到卖场,每一步都可查询,吃起来放心。"

043
独腿90后撑起一个海洋俱乐部

这名年仅22岁的安徽小伙,如果不是记者亲眼所见,很难相信只有一条右腿的90后大学生蒋海洋,能和正常人一样稳稳站立、行动自如,甚至能骑自行车;更不会相信,他从小学六年级就开始借钱"创业",如今一个人在学校里撑起了一个面积1000平方米的大学生创业基地。

9月16日,以蒋海洋的名字命名的大学生大型创业扶持项目——"海科海洋俱乐部"在海南科技职业学院启动。蒋海洋说,他有明确的奋斗目标——通过努力成为一名成功的企业家。他说,用独腿同样可以撑起一片梦想天空。这个俱乐部将办成学生社团性质的组织,既是大学生之家,又是创业实践、走向社会的"练手舞台"。

懵懂的少年因"贪吃冰棍"痛失左腿

往事不堪回首。而此时的蒋海洋年轻朝气,谈起往事,像诉说别人的故事一样淡定。

10多年前的一个夏天,5岁的蒋海洋为了躲着大人"偷吃"一根冰棍,靠在马路边的沙堆旁。那时的蒋海洋年幼、调皮、简单,简单到一根冰棍就足以让他忘掉整个世界。随着一声紧急刹车,一场车祸突然而至。

车祸发生后，蒋海洋被家人紧急送往医院抢救了，终于把他从死神手里拉了回来，但从此永远失去了一条左腿。

"小时候我没觉得自己和平常人有什么不一样，慢慢长大后才意识到自己是一名残疾人。"蒋海洋腼腆地笑着，没有一丝悲伤。多动又喜欢琢磨的蒋海洋六年级的时候，向父亲借了200元钱，推着三轮车沿街叫卖日用品和食品，没想到还赚到了一点零花钱。

"因为学习成绩不好，又是残疾人，很多人觉得我像个'废人'。"但蒋海洋心底却想着，一定要活得与别人不一样，坚定了自己的梦想——成为一名企业家。从读初二起，他一边上学读书，一边"寻找商机"，"我不但要有生存本领，还要给社会创造价值。"蒋海洋说话时总是一脸笑容。

读高一时，蒋海洋在安徽亳州市高中校园内创办了一个"起点青年商业交流会"。在组织"商会"期间，蒋海洋和他的伙伴们创办校园小报，并操办不少营销活动，比如母亲节到每个高中学校卖康乃馨，圣诞节卖苹果橙子等。最高峰时，"商会"会员遍及全市的高中学校，会员数量达到300多人，每个学校都有"商会"网点。

"创业的经历给了我荣誉，也给了我活下去的自信与希望。它让我明白，我是可以成功的。"就这样，小小年纪的蒋海洋已经开始涉猎股票基金、数码科技产品，为的就是不当"废人"。

独腿孤身闯南国　不甘"小打小闹"

2011年，蒋海洋参加了高考，并选择了一所离家很远的学校——海南科技职业学院，就读动漫设计与制作专业。他说，走远一些，既是想锻炼自己，也想看看外面的世界。

由于在高中阶段有了组织"商会"的经验沉淀，蒋海洋刚入大学，很快就找到了锻炼自己的平台。大一下学期，经过竞选，他当上了学生会副主席，大二开始担任学生会主席。一条腿一步一跳，组织学生活动、拉赞助、丰富校园生活，样样都拿手，让老师和同学刮目相看。

"在学校偶尔听到同学抱怨说，想去海边玩但路很远，有辆自行车就好了。"蒋海洋说，抱怨就是商机。他很快萌生了一个想法——在学校里面开设自行车租赁点，解决同学"出行难"问题。

当时有两个志同道合的同学支持蒋海洋的想法并加盟合作。不久，自行车租赁行在学校里办了起来。期间，蒋海洋和他的伙伴们到广州找货源，历经淋雨、熬夜，购回了自行车，加班加点动手组装，渐渐地运营起来了。

不过，这些想法和行动在蒋海洋心里都是"小打小闹"而已，不是完全意义的创业。他想寻找一个能真正走向创业之路的起点。转眼三年过去了，今年读大三的蒋海洋进入了实习阶段，面临就业"何去何从"的人生抉择。

筹资15万成立大学生校内创业基地

想创业，但没资金、没人脉、没平台。此时，蒋海洋硬着头皮向学校领导求助。"没想到学校领导很支持我，还鼓励我坚持下去。"学校的态度令蒋海洋惊喜。

在学校的支持下，不久，一个以蒋海洋的名字命名的1000平方米的大学生校内创业基地成立了。"海科海洋俱乐部"，名字很贴切、很响亮。

蒋海洋成为这个基地的"掌门人"。他说，海科海洋俱乐部主要服务对象为全校师生，经营项目主要为休闲娱乐、休闲小吃、餐厅餐饮、野炊出游用品、精品店、格子铺等，以铺面形式面向已进入实习阶段的大三学生群体进行招租经营，其中，40%的面积由蒋海洋自营。

为了这个创业项目，蒋海洋筹资15万投入启动，同时为支持学生创业实践，学校还特别安排支持价值20万元的物资。

"现在俱乐部就是一张试卷，能不能考得过，能不能突破，就看我后面怎么努力做了。"这名90后独腿男生，面向现实考题，信心满满，但又保持着难得的清醒。"不过我相信，没有什么可以打倒我，必须努力实现自己的梦想。"海南科技职业学院副院长阮忠说，蒋海洋作为一名身残志坚的大学生创业者，是一个精彩的创业样本，对学生创业有积极的带动和示范意义。他让学生明白，毕业后不能一味被动就业，通过不畏艰难地创业，也可以走出一条精彩的人生路。

044
发明无烟烧烤工具，获国家发明专利

王宇，河北廊坊人，出身贫困，北漂一族。由一个小小的烧烤摊，到发明创造无烟烧烤工具，从烧烤小老板成为名副其实的大富翁，两年间竟然卖出了两亿元的利润。目前已经在全国开了近3万家烧烤店，无烟烧烤成为中华名小吃；先后获得"中国十大最佳创业项目奖"等荣誉称号。

5000元起步烧烤人生路

大学的兼职打工生活，是一本有益的书，王宇在里面学到了知识，也尝到了乐趣。每每晚上睡不着觉时，王宇就静静地思考，与其给别人打工，何不为自己打工？这种想法慢慢地深入骨髓，在无数个寂静的夜晚一点点地汇成了力量。

毕业后，当身边的同学都争先恐后地落实工作单位，抢着去找"铁饭碗"的时候，这位一直靠打工维持生活的穷学生却借了5000块钱，在廊坊开了一个做烧烤生意的小饭店。这是他人生中的第一份职业。可连他自己都没想到，这辈子干的第一件事，好像命中注定似的打开了自己的"烧烤人生"。

5000块钱放到现在或许只是一顿饭钱，对于当时的王宇来说，这可是个"舍命"的数字。为什么这么讲？细想便知，一个穷学生浑身上下能有几根钉？这是一场小小的赌博，如果挣了钱算是老天开眼，万一赔了，干脆就把自己卖给人家，当牛做马连本带利来偿还。

王宇很幸运。因为有学校打工的经验，善于经营的王宇把烧烤店的炉火烧得很旺，在这堆炭火里烧出的钱让这个穷学生发蒙了，一个月赚1万！这位毛头小伙子的内心深处只有一个感觉，就是"没事偷着乐"。当时的烧烤店那叫一个红火，而这个烧烤店的小老板更是春风得意，所谓"人满堂，炉火旺"，这位从大学里走出来的烧烤老板，已成为当地最有名的烧烤师傅。于是"烟熏火燎的日子"成为家常便饭，平日里烤肉烤得流油，烧烤的铁钎天天在手里翻云覆雨，烧烤店里每天的钱也如流水不断。夜深人静睡不着的时候，王宇也会想起当初上大学时乡亲们对自己的期望，那个"城里的漂亮媳妇"距离自己该不远了吧！

北漂时在首都"要饭吃"

然而好景不长。后来这个小店在廊坊市政规划中被列为广场建设用地，"拆迁"两个大字写在了自己烧烤店牌子的旁边，从此烧烤台的炉火再也没有点燃过。之后两三个月的时间里，一直没找到继续开店的地点，王宇人生中的第一次"烧烤"也就此终结。

烧烤店的终结，对王宇来说是个不小的打击，突然之间自己找不到家了，再去干什么？只要一闭上眼睛，王宇就感觉自己还在滚烫的炭火中徘徊，这段记忆太深刻了，难以释怀。梦醒之后，王宇内心的炭火却烧得更旺，他像一只苍蝇四处乱撞，跑遍了廊坊的大街小巷，找工作，到处面试。

不久,一家广告公司把这位曾经名噪一时的烧烤老板留了下来。这家广告公司主要负责户外广告的销售。王宇在这家公司做了一年多,业绩虽然不错,但因为廊坊消费水平有限,即使业绩不错,收入也不是很高。

这位来自农村的孩子,内心中却时刻承载着大梦想。廊坊距离首都北京开车只需几个小时,工作中的王宇经常会收到来自北京的信息,于是慢慢地对那个城市产生了一种向往。想去,毕竟不熟悉,内心尚存一丝恐惧,难道自己真的去做"北漂一族"?几经思考终于决定:去干!干好了,咱找个"京城的媳妇"!一个简单的想法,成就了一个人生的抉择,就为这,王宇拿着手头仅剩的8000块钱,一路向北,闯京城!

因为做过广告业务,王宇在北京同样找了一家广告公司留下来。京城的生活很不适应,工作节奏快,消费水平高,他在廊坊攒下的那点钱在这个精彩的大城市里,就像几个芝麻粒,没几个月就花得一干二净。钱花完了,工作并没有起色,最后居然沦落到了到处找朋友借钱过日子的地步。最困难的时候是张三100,李四100……最后连自己都不知道借了多少人,借了多少钱,等别人要的时候才知道原来还欠着别人的钱。回首这段日子,王宇说:"我在首都要饭吃。"

京城"要饭"的日子持续了半年多,情况稍微有些好转,慢慢地可以填饱肚子了。而那股子烧炭的热情又开始死灰复燃,他又有了创业的想法。这个想法相当大胆,在京城人事不懂的毛头小伙想自己做生意,当时很多人只送他一句话:"干这事,相当于自杀,这种不理性的行为相当于吃老鼠药。"但老鼠药的毒性在炭火激情面前不值一提,王宇和朋友最终决定,共同出资成立一家广告公司,自己做老板。

但这次迎接王宇的又是一次打击,而这种打击不是因为生意不好,而是因为生意太好。公司当月投资,当月赢利,用了不到5个月,净赚40多万。突然有一天,王宇的合伙人竟然拿着公司的文件、钱和各种公章消失了!

再次燃起烧烤的激情

经历了这次事件以后,王宇内心对过去那段烧烤人生的怀念越来越浓了。一次去广州出差,他与"烧烤"真正地续下了缘分。广州的夜晚热闹非凡,晚上和朋友一起吃饭,精明的王宇对所吃的食物没有兴趣,而对旁边一家烧烤店中的烧烤炉产生了兴趣。他发现这种燃气烧烤炉子虽然笨重,但是烧烤时居然没有一点油烟,这和他过去在廊坊的烧烤店那种烟熏火燎真是天壤之别。恍惚间这位曾经的烧烤老板看到了一个前所未有的商机。无烟烧烤明显优良于传统烧烤,如果能把这个产品拿来重新设计,使之变成轻巧、灵便的烧烤工具,再打造新概念推广上市的话,那市场大得连自己都不敢想。到那个时候,全国到处都是无烟烧烤的设备,不但挣钱,对环境也是一大贡献。于是在广州的那家无烟烧烤店，王宇狠狠吃了一顿，那种味道至今还能在记忆中找到。

回到北京后，王宇开始琢磨烧烤的炉子，整天叮叮当当，打造着自己的烧烤梦想，模型做了不知多少个，图纸不知画了多少张，终于，一个既轻便又实用的无烟烧烤小车诞生了。

从那一年开始，这个烧烤小产品成就了王宇的烧烤梦想。为产品投放广告，一开始去谈的时候开的是破得不能再破的羚羊车，开到目的地第一件事情，不是谈业务而是去修车。两年后，羚羊换成了上百万的奥迪，而这个烧烤小吃车，两年间竟然卖出了两亿的利润。

王宇说自己"仿佛和烧烤有缘"，而他对"烧烤"两个字也有独到的解释：有形的烧烤，是一种职业，而人生也要经历无形的烧烤，只有在无形的烧烤中磨炼、坚持才会脱胎换骨，就像烤肉，炉火越旺，味道才会越香……

梦想成就了自己的"烧烤"人生

如今，王宇的烧烤已经在2007年获得"中华名小吃"称号，同时他还是中国烧烤行业协会的会员。他的无烟烧烤设备集烧烤、麻辣烫、铁板烧为一身，已获得国家发明专利；他自己发明的中药烧烤，夏天吃了不上火，还具有保健、凝神、静气的神奇功效；他还发明了啤酒烧烤，完全中和了羊肉的膻味，这两项发明创新目前已经获得国家专利受理证书。

045
大学毕业勇敢创业，刷马桶"刷出"财富路

10年前，20岁出头的北京男孩张松江从大学毕业，他的同学有的进了外企，有的进了机关，可是他却令人不解地干起了刷马桶这份工作。10年后，已是而立之年的他凭着经营"管家服务大王"，在家政行业闯出一片广阔天地，在全国拥有近百家连锁店，成为名副其实的靠"刷马桶"起家的千万富豪。

创业伊始先栽跟头

谈起创业之初的经历,张松江感慨当时可称狼狈万状,从家政服务起步的创业之路竟然开始于一次受骗上当的经历。当时刚从大学毕业的张松江发觉自己的一纸大专文凭根本找不到对口的工作,他与其他三个朋友商量,决定一起创业。他们在报纸上看到一个美国品牌保洁公司招加盟商的广告,在对方"专业"的讲解后,他们相信了"保洁市场利润空间无与伦比"。于是,四个人立即凑了3.9万元加盟金,交给了那家公司,随后接受了为期两天的保洁清洗培训。

几个小伙子创业热情高涨,租了一间10多平方米的破旧办公室,招聘了7名员工准备大干一场。可是,等他们跑去谈生意时,却到处吃闭门羹,整整两个月没有做成一笔生意。碰壁次数多了,张松江渐渐明白了保洁行业到底是怎么一回事。在做培训的时候,那家"美国品牌"公司告诉他们,做保洁清洗,市场的价格绝不低于每平方米10元钱。但在现实中,市场行情是每平方米1元钱。不仅如此,如果没有人脉关系,就算是1元钱的价格你也休想拿下一个仅有微薄利润的保洁工程。感觉上当受骗的几名学生想找加盟的公司讨个说法,谁知道那根本就是一个皮包公司,早已经人去楼空。

艰难的处境让张松江的几位合伙人打了退堂鼓,但是张松江坚持看好保洁行业的前景,他不停地思考,怎样才能独辟蹊径把生意做活,他想到了北京有很多高档小区,需要更高标准的室内保洁服务,这方面的市场似乎还无人占领,但这时是他们已经没钱了,同伴决定退出。当时,张松江郁闷到极点,最后,还是父亲拿出10万元钱支持他继续把事业做下去。

当众敢喝自己刷过的马桶里的水

当时北京的家庭内保洁也有人做,但是服务没有特点,更无规范标准。张松江认为,像SOHO现代城这样的高档社区,肯定需要一种更高档次的服务。麦当劳、肯德基遍布全球,凭的不就是一个严格的操作规程与标准嘛!对于保洁来说,这个标准应该是对卧室、卫生间、厨房等不同性质房屋(区域)进行分类,然后确定不同的服务标准。他用了十多天的时间完善自己的方案,写好计划书,然后鼓起勇气去找SOHO现代城物业公司的经理,物业经理最终被眼前的年轻人打动了,把小区的保洁工作包给了他,张松江在SOHO现代城的地下室租了一间屋子开始了二次创业。

回忆那段日子,张松江称"非常艰苦",没有椅子办公就坐在地上,每天吃2.8元一份的盒饭,更糟糕的是他那一套精心设计的关于保洁的标准化服务竟然得不到员工的认可，因为他太年轻了，他手下的很多员工孩子都比他大，根本不拿他的理论当回事，还是按照原来的习惯做。最后，张松江决定以身作则，他按照自己制定的刷马桶的标准一丝不苟完成后，对大家说，他敢喝自己刷过的马桶里的水，大家一看果然非常干净，对这位年轻的老板才心服口服。

张松江非常自豪他第一个创立家政服务业标准化的品牌运作模式。这一模式首先表现在服务的标准化上，他要求员工整理卧室必须在半个小时内完成;清洁卫生间必须在45分钟之内完成，其中马桶12分钟、手盆10分钟、浴盆10分钟等，这些都是以每平方厘米为标准来检查的。张松江要求员工进入客户家中，自带全套清洁剂、便携式吸尘器、消毒后塑封的防止掉毛木浆毛巾，这些设备的费用，全部包含在每小时15元的收费里。这些标准最终使他和传统的家政服务方式区别开来。

为小区客户做好"管家"

建立起标准化的家政服务模式之后，张松江的家政公司很快在SOHO现代城树立了口碑，第一个月就赚到了3万元钱，创业有了一个良好的开局，但是张松江并不满足，他脑海中构想的新型家政服务应该有更广阔的内容。一位在酒店做高级主管的客户提醒他，在国外社区，有一种"管家服务"非常流行，可以为小区内顾客提供各种需求，这让张松江茅塞顿开。

张松江经过详细地了解和调查后发现，传统家政公司所提供的单一保姆服务存在着不可克服的巨大缺陷，住家保姆工作效率低下，请来的保姆通常要花半年左右的时间才会使用各种家用电器等，不方便的同时，危险性与损坏物品的几率也很高，还会与主人产生矛盾。而且，一般的家政公司仅仅相当于中介，挣的是中介费，怎么可能把服务做到符合客户需求呢？

张松江发现，经常会有小区住户打来电话，除了要求保洁服务，还有请人做饭、看护、购物等要求，张松江当即抽调擅长这些工作的员工上门进行服务，并对他们进行专门培训，强化他们的技能，那些传统住家保姆忙碌一天的工作，他的员工在2至3个小时内即可完成。

根据客户的要求，张松江的家政公司还不断添加新项目，例如干洗衣物、皮革保养、换桶装水和插花，甚至预定机票等等，远远超出了传统家政服务的范畴，不但令客户满意，还成为新的利润增长点。"举一个简单的例子，我们现在给客户提供了干洗服务，员工从客户家里拿几件需要干洗的衣服，我们交给签约的干洗厂干洗，按照合约，我们分得收益的55%，刨去每件衣服分给员工的1块钱，10块钱干洗费可以赚到将近5块钱，这几乎是没有成本的。"张松江介绍到，在客户拿着衣物走出家门，选择干洗店之前，生意实际上已经被他们提前拿走了。

这种以前无人尝试的新型家政服务取得了惊人的成效，在SOHO现代城这个1000多户的社区，不到一年的时间，570人先后办理了服务卡，成为忠实客户，服务收入超过170万元。张松江正式把自己的家政公司注册了"小管家"的品牌商标。

"小管家"胸怀大理想

在SOHO现代城创立成功样本之后，张松江不再满足仅仅服务于这一个小区，他以加盟连锁的方式把这种成功模式不断复制，很快"小管家"就在北京遍地开花，开了近百家门店，甚至开到了山东、江苏等地。

"根据国家统计局公布的数据，中国年收入10万以上的家庭已达到8000万个以上，如果这些家庭中20%需要家政服务，而其中又有20%的客户选择小管家，那么小管家的客户将达到320万个家庭，如果每个家庭平均年消费500元计算，将会有16亿人民币的年收入。"张松江这样分析中国家政市场的前景，他希望能够吃到这块大蛋糕。

如今，在家政行业打拼10多年的张松江已经不满足于不断扩张门店，占领新的小区，他心中有更大的理想，"家政的服务场所并不在店面，而是在客户的家里，在做好物流配送的情况下，门店其实并不是必须的。"他创新提出了"家政工厂"的概念，这意味着小管家可以将直营店从市区搬到郊区，在五环以外设立基地，将所有的人、物的配送集中在基地里，小管家的服务单位也从直营店变为流动车。这样可以让资源的配置更加合理，成本也相对更好控制，按照张松江的话说，就是更适合做"整个城市的生意"，而不是局限在某个小区。

张松江说，他的目标是成为第一家上市的家政公司，要做就做行业中最好的那一个。

046
哈佛女生把青海牦牛卖到全世界

2006年，乔婉姗即将从哈佛毕业，跟她的很多同学选择留在华尔街不同，她选择到青海开发牦牛产业，这遭到了家中所有人的强烈反对和同学的不解。

乔婉姗说:"如果我毕业留在华尔街,为有钱人赚更多的钱,有什么意义呢?现在我是去落后的地区帮助人们摆脱贫穷,这才更有意义啊!"

因为受家庭环境的熏陶,乔婉姗很小的时候,就立下志愿:长大后也要成为像外公和父母一样成功的创业家。

2003年,正在沃顿商学院读书的乔婉珊到秘鲁实习,看到那里的不少人衣不蔽体、食不果腹,住的地方甚至不能挡风遮雨,乔婉姗被深深震撼了,她不禁产生疑问:"为什么我有这么好的机会,而这些人完全没有,为什么他们不能选择自己的生活方式呢?"如果我能用我的所学创造机会,让没有机会的人有机会,让没有选择的人有选择,这一定是非常有意义的事情!从那时起,乔婉珊就下定决心,以后自己创业,专门办"社会企业",以此改变一些落后地区的面貌,为一些贫穷的人提供更多的机会。

创办带动百姓致富的"社会企业"

2006年初,在哈佛毕业前夕,乔婉珊与来自香港的同学苏芷君一起来到中国的西南考察,两个人平常关系就很密切,都有创办"社会企业"的想法,这次来到中国内地,她们就是带着这样的目的。

她们先来到云南,在那里,她们第一次见到了牦牛,起初她们对这种动物并没怎么在意。就在她们到处寻找项目时,遇到了香港著名的探险家黄效文。黄效文对两个哈佛女孩要创办"社会企业"的想法赞赏有加。

黄效文告诉她们,牦牛几乎可以说是中国特有的动物,它们生长在海拔超过3000米的高原地区,全世界1400多万头牦牛中,中国西部就占了1300万头。"牦牛身上都是宝,其粗毛可以做帐篷和绳子,细毛可以做衣服和毯子,牛奶可以做酥油和奶茶,甚至粪便也是很重要的资源。"黄效文的话让乔婉姗和苏芷君来了兴趣,接下来她们对牦牛进行了重点考察。她们发现,牦牛的主人基本上都是藏民,因为藏民住在偏远的山区,跟市场没有接轨,所以牦牛身上的宝没有被发掘出来。牦牛是藏民的主要资产和主要收入来源,但牦牛奶酪很少有人问津,而牦牛绒更是鲜为人知,一些贫困的牧民每户年收入不到两千元,不少人家甚至没有钱通电。

她们突然灵感迸发,如果成立一个公司,把牦牛身上的宝贝全部开发出来,这样不就可以帮助贫困的牧民吗?

很快乔婉珊与苏芷君就决定,做牦牛产品,毕业之后办一个"社会企业"。回到美国后她们很快就写出了关于牦牛的创业计划,并且赢得了2006年哈佛大学的商业计划奖金1.5万美金。有了创业资金,2006年9月,从哈佛毕业的苏乔婉二人联合成立了

Shokay公司，正式开始了她们的牦牛事业。

两个哈佛女孩在中国的西部山区开始了创业，虽然这里没水没电，交通极为不便，但她们却在这里收获了最纯真的感动。牧民们都很贫穷，然而即便是到了穷到一无所有的牧民家，他们也会像迎接贵客一样欢迎她们，并拿出上好的酥油茶款待她们。这让她们感动的同时也增加了一份力量，一定要尽自己的所能让这些牧民的生活发生变化。

虽然已经做好了吃苦受累的准备，可她们还是碰到了许多意想不到的麻烦。在云南，她们看到藏民部落交通不便，周围欠缺奶酪市场，就想以牦牛奶做干酪。她们请来国外的专家，为牧民讲解做奶酪的技术，但很快发现，这类产品在市场上很难做大。因为牧民们住在偏远的山区，冷冻车无法开进，而没有冷冻车，奶酪很容易变质，所以只能在奶酪厂的周围收购，范围很小。

既然做奶酪之路行不通，两人把重点放在开发牦牛绒上。第一次收购牦牛绒时，她们开出了很高的价格，以前最好的牦牛绒顶多卖20多元钱一斤，而她们开出的价格是200元钱一斤！

他们本以为牧民们会争相卖牦牛绒，但没想到，如此大的悬殊反而让牧民们怀疑起她们的居心来。第一天，没有人出售，第二天，依然没有。第三天，才有一个人试探性地拿了一袋牦牛绒过来。看过后，乔婉姗说："这些毛太粗糙了，请分梳好了再拿回来。"之后，这位藏民又拿着分梳好了的细牛绒过来，双方当即成交！

看到上好的牦牛绒真的卖到了200元钱一斤，牧民们的怀疑渐渐被打消。收购的生意慢慢做起来了。信任，也在一点点累积。

很快她们又发现，要想从牧民那里找到想要的牦牛绒，还是很困难。因为以前牧民们只是随便从牦牛身上剪下来牦牛毛，而乔婉姗需要的则是用手抓的牦牛绒。牦牛的毛比较粗，而细软的牦牛绒就隐藏在这些粗毛当中，分梳就是要将所有的粗毛和杂质处理掉，处理完后几乎只剩10%—20%的毛绒。

发现牧民们抓绒的方式不科学，又不懂牦牛绒的分类和用途，乔婉姗和苏芷君二人决定先对牧民进行培训，让他们都懂得如何提高牦牛绒的品质。

费了很大的劲，两个哈佛女生算是用较高的价格收购了一些牦牛绒，但是怎样将这些牦牛绒变成产品呢？

为了将牦牛绒成功地染色、纺纱、编织，乔婉姗四处去找合作厂家，可跟厂家一打交道，娃娃脸的乔婉姗屡遭轻视，经常一下车就被问："您是谁的翻译？"或"您是谁的秘书？您的老板呢？"每当这时，乔婉姗都镇定自若地说："您好！我就是老板！"接着，就直接进入正题谈起合作来。然而，几番下来，却没有厂家愿意跟她合作。一方面觉得她提供的牦牛绒量小；另一方面厂家对牦牛绒产品不感兴趣，因为牦牛绒比较短，达不到对纺织技术的要求。

要做就做MADE IN CHINA

牦牛绒很珍贵，因为一头牛一年只能有100克左右的好牛绒。而一件成人衣服，需要好几头牦牛的绒才可以织成，这也就决定了牦牛绒产品必须走奢侈品路线。有朋友建议她，既然要做奢侈品牌，就要把最后一个制造步骤放在意大利，这样，就可以打上MADE IN ITALY的标志，提升产品的奢侈度。而乔婉姗却说："我们的理想是开发中国的牦牛绒，要做就做MADE IN CHINA的东西。无论如何，我们不会违背自己的理想。"

先后找了四十多个生产厂家，折腾了一年多，乔婉姗终于找到了合作者，纺出了理想的牦牛绒纱线。接下来她们将产品的加工点选在了上海，请来一些会编织的下岗女工或农村妇女帮着做。

产品出来了，就要找销路，在网上查到美国即将有个展会，乔婉姗决定到美国摆一个展会摊子，去试卖产品。然而，要参加展会，产品品种就要丰富，仅靠目前的十几个品种根本不行。现在请设计师来设计，一是时间来不及，而且也没有这么多的资金。乔婉姗决定自己设计！不知道熬了多少个通宵，她终于设计出了120多款产品。

别的厂家到国外参展，都是派多少多少人的团队，而乔婉姗为了省钱，就一个人扛着纸箱去参展。身体上的劳累打不倒乔婉姗，但在向顾客介绍产品时，她差一点儿就坚持不住了。在展会现场，她反复给人讲解，讲了近半小时，人家还问："你的羊绒很软吗？"她顿时觉得特别有挫败感，讲了半天，竟然还没让人家明白这个世界上除了羊绒还有牦牛绒。她喝了一口水，又继续讲下去。

那段时间，乔婉姗忙于参加世界各地的展会，以展会为突破口，她拿到了越来越多的订单。

在创业过程中，乔婉姗感觉自己总是碰到难题，每当遇到问题，乔婉姗都不会掉泪，也不会放弃，就是一股脑地找办法。她说："因为眼泪不能解决任何问题，我只能想出更好的方法，或是再试一次。"

凭着执着的努力，公司渐渐步入正轨，生意越来越好，2008年她们相继在上海开了两家直营店，两个人也有了新分工。乔婉姗主要负责国内生产和经营，苏芷君负责开拓海外市场。

如今遍及全球的120多个店铺都在销售她们的产品，每种产品的卖价也都不低。一双小小的编织童鞋，就要人民币200多元。随着市场销量的加大，越来越多的藏区群众得到了实惠。

现在,牧民卖牦牛绒的价格比以前提高了几倍,随着产品销量的增加,跟她合作的牧民从去年底3000多人扩大到今年的1万多人。照这样发展下去,乔婉姗觉得她们可以在中国办一个真正的"社会企业"。

2009年,乔婉姗入围亚洲区"卡地亚灵思涌动"女性创业家决赛,作为亚洲区的三名决赛者之一,乔婉姗说:"用你的创意、用你的行为去改变世界,哪怕改变的只是一点点,也会为整个世界和整个社会带来巨大的变革。"

047
黄河岸边创业造福更多老百姓

当记者见到大学生创业者渠振营时,他正与同伴在坑塘中查看黄河鲤鱼的长势。只见他步伐灵活地在竹竿支撑起来的网箱上来回移动,让人胆战心惊,可他却从容不迫地说道:"刚开始的时候,我经常会掉进水中,现在已经适应了,动作灵敏多了。"

当记者被小船载到鱼箱旁边的时候,恰逢渠振营跟同伴拉起网箱,大大小小的鲤鱼在水面上活蹦乱跳,煞是喜人。

大学开办创业社,初尝创业甜头

1991年出生的这个大男孩,看起来似乎还有点腼腆,有着稚气未脱的神情——他便是这个养殖基地的负责人渠振营,刚刚毕业5个月。

渠振营出生在东明县陆圈镇五霸岗行政村的一个普通农民家庭,2010年9月考入淄博师范高等专科学校语文教育专业。毕业后,他之所以放弃大学所学的专业,搞起养殖,还要从大学的经历说起。

2011年上半年,渠振营进入大一下学期,一直很有想法的他开始了自己的第一次"创业"。他发现,大学生很喜欢图"省劲",怎么方便怎么办,便创建了"一线文体学生服务社",专门经营学习用品、体育用品和日常生活用品,从中小赚了一笔,初尝创业甜头。然而，他并没有把钱装进口袋，而是赞助给了学校优秀社团"人文讲坛"。

随着渠振营在学校的影响力越来越大，团委老师帮助他成立了"一线精英创业社"，并任命他为首任社长。此后，渠振营便奔波于诸多公司和同学之间，为大家寻找兼职工作的机会。或许是他原本就有经营头脑，创业社前前后后为400多人介绍了工作，一时间，他在校内名声大噪，先后获得"优秀团干部""优秀社团社长"等荣誉称号。校内特殊的创业经历，更坚定了他毕业后独自创业的决心和信心。

相信黄河岸边有"黄金"，决定养鱼和羊

2012年国庆假期，渠振营跟同学去东营黄河口生态风景区旅游，那里的美景、美食让渠振营很受触动。他想，为什么不利用家乡的滩区环境改变家乡面貌呢？这个问题一直萦绕在他心头。

2013年劳动节，他与朋友回到家乡的黄河滩区。几天的时间，他们走遍了滩区的荒滩、坑塘，访问了无数个农户和渔民。经过深入了解，他终于捕捉到这样一条信息：黄河滩区非常适合运用网箱进行集约化养殖。于是，他连夜奔赴威海市学习考察。在威海一家养殖场，他有幸认识了老实敦厚的渔民尚秀旺，经过彻夜长谈，他下定决心回家乡东明黄河滩区创业。

一回到家，他就一次又一次地走访河务局和当地乡政府，并多次到市、县人力资源和社会保障局向创业指导师咨询政策和创业办法，人社部门对其进行了系统化的创业培训和指导，并帮助他办理了小额贷款。

今年5月，渠振营怀揣在大学创业时挣的5万元，抱着干一番大事业的梦想，回到黄河滩区，承包了400余亩荒滩和闲置十几年的水坑。他的东明县清源水产养殖有限公司终于在黄河滩区上成立了，主要经营当地黄河鲤鱼、草鱼和名优淡水鱼——赤眼鳟、翘嘴红鲌等。

今年7月，他又利用公司周边30余亩荒滩和当地二级水淹地，创办了振营山羊养殖场，主养青山羊和波尔山羊。现已建成一期羊舍一座，存栏量450余只，计划3年内规模达到1200只以上。渠振营告诉记者，前段时间，刚刚出售成品羊235只，营业额26万元，纯利润5万多元。

淘到"第一桶金"后，渠振营显得很兴奋，便与朋友一起到外地学习考察最新标准化养殖场。他决定，要对现有养殖场进行升级改造，同时另建二期标准化养殖场一座，争取实现厂区存栏规模800只的目标。同时，准备再建设一批网箱，达到年产成品鱼60万至100万斤的目标。

因缺乏经验，导致400公斤鱼死亡

然而，在起步阶段，渠振营却经受了意想不到的挫折。初到这里时，水、电、路、网一片空白。只得临时寄宿在乡村旅店内，每天往返数次，阴雨天气一不留意就会车陷泥滩，寸步难行。

后来，他带领自己的伙伴在养殖场建起了两间临时住房，酷夏时气温在38度以上，且用水困难，只得用坑塘水洗脸刷牙。随着养殖空间的扩大和鱼塘供氧的迫切需要，用电成了当务之急。在乡政府和供电部门的协调下，他筹措5万余元资金，安上了自己的变压器，解决了生活用水用电问题。又花费1万多元，修了一条小路，基本解决了出行问题。

对于渠振营而言，来自各方面的困难很多，不仅仅有资金方面的担忧，当地群众对这件事情也不理解，处处与他为难。但他没有气馁，多次找村支书杨留更请求帮助。他的真诚和创业决心，得到了杨留更的大力支持，陪着他挨家挨户做工作，慢慢得到了不少群众的理解和支持，现在很多村民都已成为他创业过程中不可或缺的好帮手。

渠振营对记者说，在搞养殖之前，自己对这方面了解得很少，自从决定做养殖以后，才知道里面的学问大着呢。养殖这行业，一要技术有保障，二要了解市场行情，哪一点不懂，都不行。

9月初的一天晚上，渠振营忘记打开供氧机，导致鱼塘缺氧，即将长成的草鱼几乎全部死亡，草鱼造成直接经济损失两万余元。

负责销售的李星宇指着水面告诉记者："当时死的鱼都是半斤以上的，我们含着眼泪把死鱼一桶一桶埋掉，这对整个团队而言是当头一棒。但我们咬牙坚持，把教训当学费，认真制定了详细的巡塘计划。"

说起这件事情，渠振营说："随着规模的扩大，我感觉到，越来越需要一个懂技术的专家长期在场里进行指导，这对我们来说，特别重要。"

现在，这家东明县清源水产养殖有限公司，已经是东明第一家渔业集约化养殖场，拥有育苗池3个，年生产各种鱼苗50万尾，另建成集约化养殖网箱50个，在养鱼10万尾，利用大水体持续投苗20余万尾。短短半年的时间，就形成了一个基本的雏形，这连渠振营自己都很难想象得到。

打造"千里黄河绿色经济带"

经过渠振营和其团队的努力，东明县清源水产养殖有限公司和振营山羊养殖场得以迅速发展，现已持续投资80余万元，公司建设场地1300平方米，年内吸纳就业55

人,其中有大学毕业生8人,从日本回国的管理人员2人。在近几个月的厂区基础建设和管理中,持续用工400多人次,让当地村民直接增加收入32156元。年承包土地流转付费40000余元,直接惠及当地3000余名群众。在他的带动下,周边群众和社会各界踊跃投资荒滩区发展。

渠振营的创业精神和引领作用感动着很多热血青年,产生了良好的经济效益和社会效益,更得到了各级领导与社会各界的一致认可与好评。经过他和创业团队的努力,东明县清源水产养殖有限公司和振营山羊养殖场得以迅速发展。2013年底,渠振营荣获"山东省大学生十大创业之星"称号,2014年2月在全省创业创新工作会议期间,得到山东省常务副省长孙伟亲切接见。2014年3月被市委市政府授予"菏泽市十佳创业之星",被市委宣传部、市文明办授予"2013感动菏泽年度人物"。日前,渠振营被推荐成为菏泽市第二届青年联合会委员,他希望通过自己的努力成就更多人的梦想。

048
建筑系学生摇身变为"芋头大王"

2012年,江苏省如皋市的大学毕业生陈新颖回乡当起了职业农民;去年,因为种的一百亩芋头大获丰收,他成了远近闻名的芋头大王;今年,他开始筹建自己的农场,打算把游戏里的开心农场搬进现实。

现在已经进入农村传统的三夏大忙时节,在如皋市搬经镇鲍庄村的百亩芋头地里,陈新颖正忙着带领工人给刚发芽不久的芋头追肥。

创新品种获桂冠

"这里是150公斤香堂芋,请您收下货!"凌晨3点,如皋市东皋市场里一片热闹景象,此时正忙着卸货的是搬经镇远近闻名的"芋头大王"——百亩芋田的当家人陈新颖,在刚刚落下帷幕的首届如皋地方特色农产品如皋香堂芋评比推介会上,他的新颖牌如皋香堂芋成功摘得了一等奖的桂冠。

陈新颖2011年毕业于宿迁学院建筑工程专业,这样的学历似乎很难让人把眼前这个高大黝黑的小伙子和芋头种植联系起来。谈及创业初衷，陈新颖有着自己的见解："回家乡自主创业是我大学四年的梦想，寒暑假里常跟着父亲去泰州、常熟等地学习别人种芋头的先进技术，积累经验。我热爱种植，就一定会努力把这项事业做好。"

尽管看上去仍是个稚气未脱的阳光男孩，但打理起种植基地的事务来，陈新颖却驾轻就熟："一般打除草剂、喷农药这些农活儿我都自己干，剂量的多少直接关系到农产品质量安全，马虎不得。"当记者感慨于他的娴熟与老练时，他略有害羞地笑道："种了两年的芋头，各方面都开始渐入佳境了，毕业刚回来的时候连药水桶都背不动，现在一个上午能打40桶20公斤重的农药。"

"前不久，首批1.5万公斤的香堂芋都被抢光了。今年芋头亩产1150至1200公斤，亩产值1万元左右，纯利润可达6000至7000元每亩。"说起芋头的产销两旺，陈新颖乐得合不拢嘴。然而，成功的背后不是一两句辛苦所能描述的，从娇生惯养的家中独子到吃住都在田间的农民，伴随着这些芋头的丰收，陈新颖也正一步步走向成熟。

对产品进行深加工

芋头的大卖并未使陈新颖沉醉于创业成功的喜悦中，头脑灵活的他又萌生了"转型升级"的想法。"接下来，我会自制芋头酒、芋头饼、芋头粉，形成'一条龙'加工，还可以开发礼盒包装原芋、剥皮芋仔、冷冻芋仔、即食芋仔以及罐装芋头菜肴等产品。"现在除了每天给各个市场供应芋头，销售芋头饼、芋头丸等成了陈新颖的主攻方向，他告诉记者，这样既解决了销路问题，也能有不菲的收入。按照自己的设想，陈新颖承包了芋头地旁边的鱼塘，同时流转了几十亩地，分成十几块种起了各种蔬果。品种全，什么都有，这是陈新颖心中开心农场的概念。最近，一批小龙虾也将被引进到这里。

与农民兄弟抱团发展

作为该市地方特色农产品，如皋香堂芋一直以其品质优良、香酥无比、口感细腻、滑而不烂、实而不硬的特点备受人们的青睐。据统计，如皋市共有香堂芋种植面积3.5万亩，亩产1000公斤左右。目前，如皋农委正筹划组建相关行业协会，为芋头等产业的发展提供"产供销"一条龙服务，实行统一供种、统一技术、统一收购、统一包装、统一品牌、统一销售，解决农户后顾之忧；组建农机服务队，引导农户规模化、机械化种植；对困难户采取"党员一对一结对帮扶"，通过采取帮机耕、送化肥、送技术、包销售等方式，全力扶持群众扩大芋头等地方特色农产品种植面积。

049
凉皮连锁店带动1700人就业

新疆库车县老城的米克拉依·西热甫是一位80后女大学生，像其他大学生一样经历过彷徨、迷茫之后，凭借着自己不懈的努力，在亲朋好友的鼓励下，于2008年3月开起了凉皮店，并向国家工商总局注册了"乌孜古"凉皮商标。随着名气和影响力的扩大，目前全国加盟店连锁店已达到了350余家。西热甫自主创业，从一个小小的凉皮店做起，把小凉皮做成了大产业，带动1700多人实现了再就业。下一步，她想把自己的"乌孜古"凉皮推向全国，让更多的人品尝到这一美味，增加更多的就业岗位。

拿不到大学毕业证被逼创业

米克热阿依·西热甫是新疆库车县乌恰镇皮浪一村人，2004年，她从新疆塔里木大学植物系学成毕业，由于家里生活困难，历年欠学校学费7000元没有还上，当年连毕业证都没有拿到。

米克拉依·西热甫告诉记者："毕业时同学们都拿到毕业证了，就我一个人拿不到毕业证，别提多难过了。我的学习很好，就是因为家庭困难，欠学校学费，拿不到毕业证。"没有毕业证，就找不到工作。西热甫只拿到一份本科毕业证明，而不是毕业证书，因为她欠着学校7000多元的学费。她那时就暗暗发誓，一定要好好工作，早日挣钱，换回大学毕业证书，供养日渐年迈的母亲，资助正在上学的弟弟妹妹。

困难没有压倒米克拉依·西热甫，她发誓，要通过自己努力，改变生活状况。她先后当过超市售货员、产品推销员，开过小饭馆，不是收入低就是经营不好，经济状况一直没有大的改观。

有一次，米克拉依·西热甫在网上浏览一些白手起家、自主创业者的经历时，看到一位下岗女工开了一个卖鸡蛋的店，然后越做越大，扩大经营，用连锁店卖鸡蛋，让她思路大开。米克拉依·西热甫用了三个月看书、上网查资料、逛巴扎、走市场、搞调查，最终选择了投资少、见效快、人见人爱的民间小吃"凉皮"这个项目。

小店旗开得胜

半年后，米克拉依·西热甫不顾亲人的劝阻辞掉了超市工作，用自家房产证抵押贷款3万元，决定自己做生意，开了一家25平方米的小饭馆。饭馆开张不久，客人非常多。

可因为饭馆太小，一拨又一拨的顾客来了以后，没有座位，只好失望而去。几次失望后，很多顾客都不愿意再来。于是，米克拉依·西热甫关掉了小饭馆，另外租了一个80平方米的门面，扩大了饭馆的规模。然而，由于聘请的厨师不理想，饭馆每日入不敷出。如此维持了1年，米克拉依·西热甫只好忍痛把饭馆转让出去。

目标确定后，怀着餐饮创业的梦想，米克拉依·西热甫在朋友的推荐下，做起了推销。曾经做过两年的推销工作的她，让她积累了丰富的社会经验，懂得了创业过程中如何克服困难、战胜困难。

通过网络、报纸、广播，查阅了大量有关凉皮的资料，全方位了解如何配料、如何调色、如何加工等环节，自己在厨房实际操作。一次，她听一个朋友说阿克苏有家凉皮店做的凉皮非常好吃，她立即赶到阿克苏，找到了这家凉皮店，拜师学艺。

为了宣传推广，开业第一天，她的凉皮全部免费，大受欢迎。第二天，她希望能达到150元营业额，但是到了晚上一算账，营业额达到500元。开业第一个月，就盈利7000多元。做的第一件事就是交完学费，领回"迟到"4年的大学毕业证书。

"新疆名小吃"从此又多了一个品牌

米克拉依·西热甫深深知道，对于创业者来说，品牌最能提升产品的价值。因此她为自己的凉皮申请注册了"乌孜古凉皮"商标，意思是女人爱吃凉皮，女人是花。今年5月，"乌孜古凉皮"和油香（一种食品）还被新疆维吾尔自治区烹饪协会评为新疆名小吃。

米克拉依·西垫甫把不起眼的凉皮店做成了大产业。目前，"乌孜古凉皮"在全新疆的加盟店已达到350家，吸纳就业人员已超过1700多人，其中40%是大中专毕业生。

在库车县绿州商业街"乌孜古凉皮"总店，记者见到了正在实习的喀什疏附县木西乡维吾尔族姑娘阿依孜木古丽，她说她是慕名而来，她想学好技术后回喀什市开个加盟店。

下岗职工阿里木江·阿西木靠米克拉依·西垫甫帮忙，去年在喀什开了一个加盟店，现在已经开了三个店。这次专门从喀什开车到库车感谢米克拉依·西热甫的阿里木江告诉记者：去年4月7日加盟"乌孜古"，现在生意非常好，我已经买了车、买了房子。

在前不久揭晓的由共青团中央、人力资源和社会保障部联合举办的第六届"中国青年创业奖"评选中，米克拉依·西热甫榜上有名，并荣获了第六届"中国青年创业奖"。这更增加了她的信心，米克拉依·西热甫说：我真的没想到能获得"中国青年创业获"，内心非常高兴！现在我们国家对大中专毕业生就业、创业优惠政策越来越好，对我们创业更有帮助。我希望更多的大学生像我一样白手起家、自主创业。

050
开发校园食堂广告代理权

不久前，由株洲市教育局、劳动和社会保障局主办的大学生SYB（全称"Start Your Business"，意为"创办你的企业"）创业培训活动结业，来自湖南工业大学包装与材料学院的大三学生韦慧文，凭借《校园广告代理》的创业计划书获得SYB创业计划书评比一等奖，从参加培训的创业人员中脱颖而出。作为一名在校大学生，韦慧文成功拿下株洲4所高校8家食堂的广告代理权，由于他的创意实践，开创了株洲高校食堂广告代理新时代。记者在湖南工业大学的校园里采访了韦慧文，听他讲述充满激情而又曲折的创业故事。

让商业和公益有机结合

今年24岁的韦慧文来自广西钦州，现在是湖南工业大学包装与材料学院印刷工程专业的大三学生。黝黑的皮肤，中等个儿，架着眼镜，一口粤式口音的普通话，身上的衬衣被自己特意去掉了两只衣袖。

他带记者走进学校食堂，一进门，就可看见食堂的餐桌与众不同。这些桌子不再是单调的清一色，而是贴满了各式各样的桌贴画，有"香飘万粽、端阳传情"的食品广告，还有"有秩序才能高效率，请排队""节约用水"等公益广告。"这些桌贴画幽默风趣，不但给食堂增加了美感，还对一些不文明的行为给了善意的提醒，"一位正在食堂就餐的学生说，"即便是商业广告也能接受，因为与公益广告进行了很好的结合,不至于让校园商业氛围太浓。"

"现在我们拿下了湖南工业大学所有校区、湖南铁路科技职业技术学院、湖南化工职业技术学院和株洲职业技术学院等高校8家食堂广告代理权,包括食堂的桌贴、柱体、展板的广告位,特别是桌贴广告在株洲高校食堂还是首创。"韦慧文介绍,"由于与人近距离接触,广告效果不错,现在株洲联通、长沙仁仔下饭菜食品有限公司和株洲人尔食品等上十家大公司都是我的客户。"

将食堂广告代理引入株洲

韦慧文出生在一个普通的农民家庭。上大学后,为了减轻家里的负担,韦慧文萌生了创业的念头。某天一则新闻让他深受启发:华东理工大学商学院学生孙绍瑞,花500万元买断上海43所高校63个校区100多个餐厅的5年广告位经营权,而株洲当时高校食堂的广告代理几乎还是一片空白,于是韦慧文开始思量如何将食堂广告代理模式引入株洲。

为了解市场,韦慧文考察了广西的高校食堂广告代理模式。深受启发的他,决定将学校的食堂做"试验田",去年6月,韦慧文赶写了一份详细的策划方案。可是,当时学校领导以校园不宜发布商业广告拒绝了他。不甘心的他,一边修改策划方案,一边继续跑校办游说领导,最后获得了首肯。韦慧文签下了食堂5年的广告代理权。

拿到食堂的广告代理权还只是完成了第一步,更重要的是寻找广告客户,韦慧文将目标锁定在株洲某大型通讯公司。经过韦慧文的多次努力,该公司与他签下了一笔3万元的合同,这是他创业以来收获的第一桶金。

下一步是整合全省高校食堂广告资源,目前,韦慧文的广告客户已增加到十来家。为了更好地扩展事业,韦慧文把同校老乡周旺龙以及同学黄观拉入了自己的创业队伍,三个年轻充满朝气的小伙子准备施展拳脚,大干一场。

"我正在准备公司注册的资料,等公司成立了我们就开始拓展株洲以外的市场。"即将步入大四的韦慧文表示,这条创业之路他会继续走下去,他要与湖南各高校合作,将各个高校的食堂资源进行有效整合,把校园广告代理做大做强。

他的这一想法得到了原湖南工业大学包装与材料学院学工组书记李正军的支持。他表示,韦慧文的创业故事对湖南工业大学包装与材料学院的学生具有变革性的示范作用,"韦慧文没有等着学校的就业安排,而是主动出击,积累了宝贵的社会经验,这是最值得肯定的,也是最值得大学生学习和借鉴的"。

051
开免费复印店,一年赚一部跑车

免费复印让一个浙江小伙一年赚了部跑车钱。当然,最适合这个项目的地方是大学学校区域,但投入资金较高,而且需要有较强的广告资源,要找到广告投放者,需要你有一颗充满闯劲的心。

记者坐着顾代茂的宝马跑车去送纸,很多复印店老板对这个小伙子很熟悉,他们说,去年这个时候,他们几个小伙子骑着破自行车来送纸,大热天的挥汗如雨,他们就是被这种吃苦精神打动的,没想到一年后居然变成了跑车,真是不可思议。

他是怎么做到的呢?

"我们要复印学习资料、笔记、学生社团活动材料,原来复印一毛钱一张,后来涨到两毛了,这个开销不小。现在有了免费复印,我们当然选择不要钱的。"大二女生林玲这样告诉记者。但是果真有这等好事?记者昨天走访了下沙多家复印店,一看到免费复印所采用的纸张,一切恍然大悟。

天上真是掉馅饼了 你看广告我出复印钱

免费复印的纸和一般的纸不同,它只有一面是白纸,另一面是广告。复印店老板告诉记者:这是一个小伙子送过来的,其实复印的钱,小伙子已经给了,而且还多给了。

老板所说的小伙子就是顾代茂。他说,你看广告我给你出复印钱,这是他的一个创业项目。免费复印是真的全免费,让学生留电话只是为了方便做回访,对外绝对保密。其实学生免费复印后也不用担心是不是真有"天上掉馅饼"这等好事,只要在复印之后留意复印纸背后的广告,就算是支付费用了。

免费午餐不用白不用 大学老师也挺这点子

一面白纸,一面广告,愿意采用这种纸复印的人多吗?顾代茂连声说"多多多"，他一个月花在送纸上的成本就有10万元，也就是说下沙高校那么多学生每月至少花六七万元在复印上，这个数据连他也很吃惊。

对此，杭州工商大学潘同学的说法也许颇具代表性："反正我只看自己需要的资料，而社团活动的一些宣传单背面带广告更没关系了，能省钱就行。"

顾代茂说，学生复印打印有很大一部分是交作业，最近，不少老师为了工作去复印店复印时，也用了他们的纸。这使免费复印量近期提高了很多，据说老师们觉得这样做环保。本来广告传单也要用纸，现在合在一起等于节约了资源，挺支持的，还说以后他们给学生布置作业也可以采用这种广告纸。

模式逐渐被接受　反而开始担心了

顾代茂和伙伴们刚开始在下沙推广免费复印的时候，没人理他。"我们几个搭档分头去找复印店洽谈。一天下来之后，三个人都空手而归，复印店的老板都觉得这东西会有人愿意用吗，用了会影响他们自己的生意。"

后来，好不容易谈妥了，纸张又出现了问题，"一般的纸背面印了广告，复印出来字就看不清楚了，厚一点的纸呢，有些复印店会卡机。我们找了N家印刷厂，试验了无数次，才找到合适的纸。"

"现在复印店点全铺到位了，大家慢慢都接受这种新型的复印模式了，我反而有点害怕了。现在是最好的时刻也是最关键的时刻。"

越来越多的同学开始接受并使用这种广告复印纸，这让顾代茂压力忽然大了起来，他说他不能断货，不能让人来复印了却说没纸了，但是如果广告客户数量没有跟上，那么每月那么多纸张的成本会压得他喘不过气来。

创业梦想变现金　一年收入一百万

顾代茂不好意思地告诉记者，不是奢侈，因为现在这个项目不仅仅局限于下沙了，包括小和山、滨江、市中心的高校边上的复印店也开始有了合作。最近，他们在上海刚刚设立了创业团队，还打算向南京发展，自行车肯定是跑不过来的。

"免费复印营销的广告效果好，留存时间长，广告易被接受又可以相互传播。最重要的是，复印广告受众群体非常精确，17岁到25岁的年轻消费者，同时也是一个产品最容易形成忠诚度的时期，大学生注定他们是未来的高消费群体。广告绝对不会出现超出客户目标市场的浪费。我们今年已经拉到好几个大单子，合计有100多万的广告费了。"

052
在校开水吧，年创收300万

张建贵，西南大学大四在读学生，一个从贵州深山走出的大学生。凭着闯劲，他从一无所有，到现在拥有水吧、快餐超市、培训学校，年收入300万元，并被共青团重庆市委评为"创业先锋"。

帮人带孩子换来一副近视眼镜

记者在西南大学见到了张建贵。24岁的他就读于该校经济管理学院工商管理专业，今年大四，戴着一副深黑色的框架眼镜，骑着一辆电动助力车。

眼镜玻璃有点厚，900度。说起这副眼镜，张建贵眼中闪过一丝泪花，张建贵的老家在贵州遵义团溪镇一座深山里，他上面还有两个哥哥。小学时，每天他要跟二哥往返好几小时，走上好几十里的山路去上学。

小学二年级时，张建贵突然开始近视，想配眼镜，但家里穷得连饭都吃不起，自己还因交不起学费多次被老师赶出教室，就这样因看不到黑板上的字，成绩开始下滑。初一的暑假，张建贵帮舅舅带了一个星期的表妹。结束时，舅舅问他希望得到一份什么样的礼物，"眼镜"，张建贵几乎是脱口而出，没有丝毫犹豫。舅舅答应了他，张建贵兴奋得几晚上都没睡着。

刚入大学卖棉被赚1270元

从这时起，张建贵立志要走出大山，他将所有的希望都寄托在学习上。有了眼镜，加上努力，成绩直线上升，每期学费都是老师帮忙垫付。4年前，他以优异成绩考上了西南大学。

2009年8月底，带着暑假在老家遵义培训学校兼职赚的4000元学费，张建贵提前几天只身来到重庆。繁华的都市，对于一个土生土长的山里娃来说无比新鲜和好奇，从进入西南大学校园的第一天开始，张建贵便暗暗发誓要在这里留下来。

但对一个连生活费都没有的穷小子来说，谈何容易？谈及自己的创业，他说，二哥张贵发当时建议他卖点生活用品赚钱，就在来重庆的第三天，张建贵去了北碚城区批发市场，他拿出大半学费买了15套棉被。随后做了很多名片大小、写上电话和销售产品的名片。正式开学了，学生陆续报到，只要是新生，张建贵就将自己制作的"名片"送上。3天时间，棉被只剩下两套。除了一套自用外，剩下的一套他给批发商退了回去，就这样赚了1270元，生活费有着落了。

加入创业协会崭露头角

大学生活有很多时间可供自己支配，张建贵加入学校创业协会锻炼自己，继而，他又招募在西南大学就读的遵义老乡，并被推举为老乡会会长。

在创业协会，只有钱一宸是他的好友，两人都是穷苦家庭出身，因在老乡会中建立的自信，张建贵不再畏手畏脚，他邀请钱一宸联手送外卖，月底两人盘账，竟赚了3000多元，后还发展为6人团队。

在大一结束时，创业协会换届，张建贵成功竞聘实践部部长。在新学期部长规划中，实践部想为协会做第一本《新生手册》，可这需要一大笔钱，协会没钱，唯一的办法就是外出拉赞助。前4天一无所获，还遭致不少冷眼。就在第5天下午，天空下着小雨，他们这次的目标是家眼镜店，搭档们陆续离去，但张建贵觉得还有希望。终于，室外一个下午的等待，为他换来了2500元的赞助。在当实践部部长的那一年里，张建贵共为创业协会拉了2万元赞助费，后来，又成功当选西南大学第9届创业协会会长。

办水吧超市年入300万元

大二，张建贵萌发了做实体店的想法。他和同学邹阳商议，在学校南区美食城做一家广告工作室，各出一半资金。当时，他找同学东拼西凑借来6000元，"创艺广告"开门营业了，不过没赚到钱。第一次实体创业，尽管失败，但终究踏出了第一步。

因曾有过在培训学校兼职的经历，大二下期，张建贵找到创业协会同学李明慧，共同创办了培训学校，并组建了80余人的师资团队，很快，张建贵分得了7万元回报。

利用这笔本钱，张建贵不断地拓展领域。现在，不仅西南大学南园美食城有1个水吧，杏园美食街有1个快餐超市，还在四川资阳投资了一个培训学校，累计投入已超百万元。昨天，张建贵的水吧和快餐超市的财务告诉记者，他们的月平均进账分别为10万元和15万元且有进账记录佐证，两两相加，年收入超过300万元。在员工们眼中，张建贵没有架子，买菜、送饭、清洁打扫，几乎所有的事情都亲力亲为。

053
他让媒体机遍布天津写字楼

大学刚毕业便赚到人生中的第一个100万元，如今还不到30岁的他，已经有两家相当红火的公司……很多人以为1985年出生的李贵忠能有今天的成绩，一定有什么"背景"，对此，这个年轻人笑着说，旁人爱怎么看就怎么看吧。对于他自己而言，没有比人更高的山，没有比脚步更长的路，他的梦想是用脚步丈量出来的。

做人务实　是创业最关键的

李贵忠创业的第一笔"资金"是他刚入大学的"新生奖学金"。因为高考成绩好，考入南开大学商学院时，他获得了5000元新生奖学金。这笔钱他没有像其他同学一样存起来或者用来犒劳自己，而是当作"本金"，开始"倒腾"当时校园里最流行的"201电话卡"。倒腾电话卡的同时，他甚至还想过做一个"盒饭网"：将学校食堂较为便宜的饭菜做成盒饭卖给学校周边的上班族，但后来发现这个想法不靠谱，就没有再坚持。

许多大学生如果参加过学生会之类的社团组织，对"拉赞助"这件事应该并不陌生，这是许多同学都不爱干的"苦差"，然而这却是李贵忠最乐意干的事。"大三的时候，顶着个'学生会'主席的名义，我到处拉赞助，甚至拉到了和校园完全没关系的化工厂。"李贵忠说，虽然化工厂的赞助没拉成，但却和化工厂的老板成了朋友。"他觉得我这个'小孩儿'还不错，后来让我帮着'操持'些业务。"李贵忠说，后来正是由于这样的机缘，让他开始进入化工行业。2008年大学毕业那年，恰好赶上金融危机，李贵忠凭借着自己的判断，向一位只有两面之缘的企业家朋友借了60万元，再加上自己大学期间创业的积累，利用化工原料的中间差价，赚到了人生中的第一个100万元。

"我觉得做企业务实是最关键的事，尤其是大学生创业，不要总想着有个完美的创意，然后拿着这些创意去找风投，我们要寻找的是一个安全的创业模式。"在日前南开大学商学院的第十四届企业文化节上，李贵忠和自己的学弟学妹分享了自己的创业体会。

创新思路　让创业路走更远

如今，李贵忠和他的创业团队名下有两家企业：天津滨海中商商贸发展有限公司、天津中商文化传媒有限公司。"看着电子商务的崛起，在大学时代，我就在思考，未来是个什么样子？人们需要什么样的平台。"李贵忠说，通过做化工贸易赚到原始资金后，他就开始关注新媒体。"'70后'创业靠成长环境，'80后'创业靠生活理念，'90后'创业靠消费习惯。"李贵忠脑子里想的是，在现有的传统媒体之外，是否可以找到一种对于本地人来说更有效的传播方式，尤其是智能手机、物联网、私家车已经成为年轻人生活中最常见的元素时。在这样的想法下，李贵忠将一台台集日常缴费、信息获取等多功能为一体的终端"媒体机"放进一家家汽车4S店、高端商场、写字楼等处，如今已经有650台这样的媒体机遍布天津市。"这台机器在不久的将来，或许还可能有打印火车票等更便民的功能。"李贵忠说。与此同时，他又有了新的想法：人们在进入火车站、大型购物中心地下停车场时，一是苦恼找不到车位停车，二是苦恼办完事后找不到车，"我们已经研发了一套'智能寻车'系统，可以帮助人们顺利地在偌大的停车场中找到自己的车，这个系统年内就将在一些大型商场投入使用。当然，我们也还在想，利用手机物联网技术，实现提前预订车位、购买电影票并完成支付等一系列功能。"李贵忠说，"对于现在的年轻人来说，这不正是他们的生活需要吗？"在李贵忠看来，和他一样年龄的年轻人的消费习惯和生活方式，也为他的创业带来了新的机会。

在谈到自己的创业历程时，李贵忠表示，对于大学生而言，创业过程充满挑战，创业道路曲折坎坷。所以作为大学生，不仅要具有敏锐的市场敏感度，同时要懂得诚实守信并学会吃苦耐劳，才能实现自我价值，一步步走向成功。

054
野外露营悟出帐篷"大钱景"

盛夏，正是户外运动好时节。你是否曾在某座山脚下或者海边搭过帐篷，露过营？来自浙江大学的5个学生看到了杭城露营市场背后的商机，做起了租帐篷的生意,并建立了浙大首个帐篷租赁平台——浙大蜗Camp。在平台搭建后的一年里,他们累计接单1031单,服务用户4658人次,公司资产也扩大了10倍。现如今,他们成立了杭州易露营电子商务有限公司,看重亲子游的露营市场,并致力于打造全国首个综合露营服务平台。

郊游萌发创业念头　启动资金仅14000元

"易露营"的创始人兼CEO沈爱翔,是浙江大学理学部化学系的一名大三学生。谈及如何发现露营市场,沈爱翔坦言自己并非资深驴友,萌发这个念头皆因一次与同学的出游。"大一时,几个同学想去露营,结果我们去市场上一看,发现帐篷价格都很高。但帐篷就用这么一次,性价比太低,当时就想,要是有地方可以租赁就好了。"沈爱翔说。于是,他有了创业的念头。

为了调研市场,沈爱翔在浙大校园内发了近600份调查问卷,结果有86%的同学有租赁帐篷的潜在需求。调查结束后,沈爱翔找到了4位社团的小伙伴,一起成立创业团队。"我们五个人当时每人出了几千元,一共凑了14000元,在紫金港的望月社区租下了一个仓库,同时购进了十几套帐篷,有双人用的,也有多人用的。"

2013年3月,浙大蜗Camp正式推出。创业初期,沈爱翔团队的推广方式有些"简单粗暴",他们利用人人网建立一个主页,宣传"浙大能租帐篷啦",并在学校里发小传单。"第一篇日志的转发量有200多,访问量1000多。这对于一个刚成立的平台来说,是很大的鼓励了。"沈爱翔说。

瞄准市场　打造自由行综合服务平台

"易露营"是针对旅游市场中露营细分市场搭建的,集露营信息整合、露营设备租赁、露营自由行规划以及电子商务为一体的综合服务平台,主要针对有露营梦想却苦于露营活动组织的专业性和复杂性的用户群体,针对性地为他们提出解决方案。"易露营"以其独特的市场切入点及良好的发展前景令评审们眼前一亮,甚至在答辩现场便与一位评审达成了初步合作意向。自2013年11月以来,企业固定资产已增加四倍,拥有两家露营合作基地,一家设备提供厂商,发展稳定而迅速。

提供定制服务　转型一年资产翻十倍

但高访问量,并没有给沈爱翔他们带来高出租率。"有许多同学来问,但真正租赁的很少。"为了找到原因,沈爱翔带领团队又在校内做了一次调研,共发出1000份问卷。这次的调查结果有点出乎沈爱翔团队的意外,"我们发现很多同学想去露营,但是不知道去哪里露营,也不知道如何选择露营地点。"发现这一用户痛点,沈爱翔立即做出了业务调整。

他觉得,露营信息的整合和露营攻略的定制才是背后的大市场。团队讨论后,决定为用户提供傻瓜式、一站式的定制服务。"我们专注于露营类旅游产品的开发。从设备租赁、露营点选择,到门票和保险的购买……全部都由我们搞定,用户只要人来就好。"沈爱翔说。2013年国庆期间,进行了新模式的试验,得到了良好的市场反响。

今年3月,沈爱翔和小伙伴们一起成立了"易露营"公司。截至2014年5月底,"易露营"已经累计接单1031单,服务用户4658人次。沈爱翔透露,正式运营一周年来,"易露营"的资产已经翻了10倍,并且成功拿到了某英语教学机构大佬的友情赞助。

花大力气收效甚微　服务团队众口难调

不过,作为一个初创团队,"易露营"的发展并非一帆风顺。沈爱翔坦言,成立不久的公司虽有不小的业务量,但是赚钱不多。例如众口难调的团队游,赚钱的性价比很低。

目前,"易露营"的服务链包括露营设备、景区门票和相关保险等业务。在露营设备方面,一套包括双人帐篷、防潮垫、睡袋、帐篷灯的设备,一天的租赁价格为70元,其中最"豪华"的八人设备,一天的租赁费用为190元。而目前市面上一项普通双人帐篷的购入价在200—300元之间,不算平常的清洗维护费用,一顶帐篷租赁3—4次才能回本。"目前市面上的露营设备出租价位,基本为设备成本价的33%左右。"沈爱翔说。门票方面,沈爱翔选择与景区合作。虽然表示不方便透露具体的利润分成方式,但沈爱翔称大部分收入最终被景点收入囊中。总体来看,"易露营"的毛利率十分低。沈爱翔清楚利润空间小的事实,但对于这一点,他倒显得十分乐观,"虽然现在我们是通过第三方网站和微信公众号接订单,但我们的目标是要做中国首个综合露营服务平台,网页、移动APP都会有。做平台开始亏本是十分正常的。"

未来主打亲子游　和专业露营基地合作

沈爱翔十分看好未来的露营市场,"据我们了解,2013年国内的露营设备交易额有12—13亿元,主要由专业旅游背包客构成,潜力非常大。"此外,沈爱翔发现,家庭亲子游将会是未来露营市场最大的潜力。他打了个比方,"假设中国3亿个家庭每个配一套设备,那其中的上升空间将非常可观。"目前沈爱翔的团队,正在紧锣密鼓地对露营家庭市场进行调研。

至于优势,沈爱翔说,"易露营"较之市面上一些旅行社的一大特点就是模块化定制露营服务，"我们的平台不是直接推出打包式的出行套餐，比如中档的设备捆绑中端的景点。在易露营，顾客完全可以全程DIY自己的露营计划。在每一个环节，都可以根据自己的需求进行自由选择，然后一键生成订单。"

针对团队定制中暴露的露营地配套设施不完善等问题，沈爱翔表示，公司正有专人负责与露营地的洽谈。现在公司已经获得了千岛湖某露营基地的独家经营权，"这个露营点不仅有优良的自然环境，并且配套设施非常完善，WiFi、卫生间、24小时沐浴室、烧烤点等应有尽有。"沈爱翔说，"我们正努力改善整个一站式服务后端的品质。"

055
北大金融法硕士毕业卖米粉

北大金融法硕士、2014年应届毕业生、湖南常德牛肉米粉经营者、北京伏牛堂餐饮文化有限公司CEO——张天一，看似反差强烈的标签，让这个喜欢被人称为有"匪气"的90后青年成了话题人物。在已经到来的这个12月，据说又有3家伏牛堂新店即将开业。

在创业之路上，张天一和他的小伙伴们听到了很多掌声，当然也有不少质疑声。

人生可以多一种选择

这是一个敢于打破常规的大学生。

考研成绩专业第一、北大"演讲十佳"、办过高校巡回演讲、写了两本书、知名律师事务所实习经历、上过多档电视节目……按照大多数人的人生设定，尽管今年有727万毕业生，张天一的这份简历应该可以让他找到一份很好的工作。他偏偏不按常理出牌。2014年4月4日，张天一和3位小伙伴在北京环球金融中心地下室的一个拐角开起了一家30平方米、"比路边摊好一点"的牛肉米粉店"伏牛堂"。"当初我用大概10万元钱，创造了'伏牛堂'这个品牌，大半年过去了，伏牛堂的估值已达数千万，我们卖掉了11万碗常德牛肉米粉。把这些米粉的长度接起来，大概能绕北京六环一圈。"张天一自豪地说。

"刚毕业的时候,同学们都在收到各种高大上的录用通知,我却筹资10万元开了一家小店。说心里不慌,那是假的。"张天一坦诚地说,当时有困惑,也有心理负担,硕士卖米粉,怎么跟老师、朋友、周围人说?他为此几宿睡不着觉。

张天一说,一路走来上的都是名校,有时会带来负担。大学毕业了,要么去最好的企业、最好的机关,要么出国。"20岁的人生本该是道开放式的问答题,为何现在被做成了出国、考研、找工作三选一的选择题?"

他的困惑,在看到一张宇宙星图时豁然开朗。当镜头拉远,地球也只是浩瀚宇宙中的一粒微尘。一个人的烦恼,取决于他的格局和视角。格局越大,烦恼越小。"有什么东西可以大过一个年轻人的梦想?没有!"

张天一说,当所有人都去挤仅有的几个选择时,却有大把的工作没有人做。"就好像国贸是个好地方,大家都想去,可更有可能的结果,不是大家都到了这个好地方,而是都堵在了通往好地方的路上。"创业,可以满足他对自由自在生活的向往。这不是被动的生存选择,而是对生活方式的追求。在他看来,这也是自己与十年前那位毕业后卖猪肉的北大师兄的本质区别。

有人质疑,北大硕士卖米粉是不是资源浪费?张天一有自己的理解:大学最首要的目标是培养健全的人格,让文科生有人文情怀、理科生有科学精神。

干别人没干过的事

选择牛肉米粉作为创业项目,张天一是经过深入分析和调研的。

首先,这是家乡的味道。米粉,遍布常德的大街小巷。其准备工作主要在前期,牛肉、牛骨汤要提前约10小时熬制好,等到真正操作的时候,全过程不超过30秒,某种程度上具备了标准化操作的可能性。而雕爷牛腩、黄太吉等餐厅的成功,也给了张天一很大的鼓舞与启发——餐饮业在移动互联网时代有很大潜力可挖。

张天一回忆说,为了拜师学艺,他和合伙人走街串巷,吃遍了常德的米粉。随后,他们又开始进行标准化提炼:用小秤一勺一勺地称量每种配料的分量,又通过常德餐饮协会邀请到当地最有名的几家米粉店的主厨品尝,最后才制作出产品配方。

"那时候我有个诨号叫'阿香婆'。"张天一笑着说,创业之初,店里的牛肉都是自己炒制的,每天要忙到深夜,衣服上充满了牛肉味儿,右手也变得格外强壮。

就在张天一创业后的1个多月,国家出台了"大学生创业引领计划",鼓励和支持更多的大学生创业。"硕士粉"的故事被报道后,张天一成了媒体和大众追捧的对象。慕名而来的顾客蜂拥在小店中,以至于不得不限量销售。

6月25日,第二家"伏牛堂"开业,面积扩大到180多平方米。

6月27日，北大法学院毕业典礼倒计时的前一天，张天一独自一人，在店里盘点创业以来所有的营业数据。1.4万碗！"这样一个数字，让我知道，至少有些东西是踏踏实实的。"他立下了一个目标：到年底卖出10万碗米粉。11月中旬，目标达成，比他的计划提前一个半月。

还有更多计划外的收获

张天一告诉记者，当初他用聚美优品上市的故事激励小伙伴们，没想到2个多月后，自己也得到了徐小平的天使投资。"我们站在徐老师家的窗边，看着国贸的车水马龙，觉得创业这件事太奇妙了！"

"顺势而为，在对的时机做对的事很重要。"张天一说，过去一提创业，人们脑海里浮现的就是个体户单打独斗，但是现在大家会觉得，创业是一件很时髦的事情，就像上世纪90年代的下海潮。目前，伏牛堂已获得来自险峰华兴、IDG资本与真格基金的投资。米粉已经放到中央工厂生产，团队人数达到30多人，而且还一直在招徕人才，为今后扩张做好储备。

大学生创业，没有经验怎么办？张天一却认为，没有经验恰恰是90后最大的优势。在与青年创业者的交流中，他发现，90后创业更看重自我价值的实现，愿意做别人没做过的事。"我们做的是增量市场，而经验适用于存量市场，反而可能会成为束缚。"

做受人尊重的企业

在伏牛堂，记者在就餐时间并未看到预想中的火爆场面。张天一告诉记者，以前那种火爆的场面是"不正常的好"，现在才是立得住的"正常的好"，目前每天单店的流水在8000元到1万元之间。他说，创业最忌讳的是"成功者心态"，尤其是餐饮行业，更要稳扎稳打，在没有准备充分的情况下疯狂开店、疯狂加盟是比较危险的。"伏牛堂的实体门店数量只要保持在一个能够承接住品牌影响力的范围内就好。"

"半年前，我们只是一家小店，现在我们已经成为一个公司。"张天一说，伏牛堂正在形成自己的企业文化，并明确了发展愿景，那就是，"不做中国的肯德基、麦当劳，而是要做一家受人尊重的餐饮企业。"

有很多人认为，伏牛堂是一家拥有互联网思维的餐饮企业。张天一对此并不认同，"互联网只是手段，我们只有一个思维，就是人文思维。"体现在工作中，就是以人为尺度，让一切变得更好玩儿。

伏牛堂的员工，几乎全是90后，他们一半是大学生，一半是进城务工人员。怎么激发他们的工作热情？张天一将工作流程游戏化，给每个工作任务设定经验值，员工完成任务后可以获得"牛币",用来换假期或向老板提要求。以前没人愿意干的活,现在大家都抢着干,张天一说,这证明游戏管理法起了作用。

在伏牛堂的收餐台上,记者看到了一张环保行动卡片。顾客用完餐,如果自己收碗,并将垃圾按照残汤、塑料碗、筷子废纸的顺序分类投放,每次做完盖一个章,盖满10次,可以换价值128元的"霸蛮衫"一件。这款为员工制作的服装,大受顾客欢迎,仅一个夏天就卖出了1000多件。

于是,就产生了"霸蛮社"———个在京湖南年轻人的乐活空间。"霸蛮"是湖南方言,湖南人用"吃得苦、耐得烦、霸得蛮"来形容自己的精神特质。在霸蛮社里,没有老板、顾客、服务员的"标签",大家一起读书、看片、赏曲、吃饭、做公益,一起出去玩。玩着玩着,有的顾客变成了员工,有的员工离职后,依然活跃在霸蛮社。

今年7月,伏牛堂以漫画的形式,将牛肉粉的配方在微信上公开。"没有人像我这样卖米粉。"张天一说,"为什么敢这么自信地公开配方,是因为我们真正的核心竞争力不在这张小小的纸片,而在开业以来积攒下来的几个微信群、几个QQ群的忠实顾客。"

在伏牛堂的商业模式里,通过问卷调查和支付入口端的数据采集,他们还原出了忠实顾客的"肖像":来自湖南及周边省份,70%以上是女性,85后占81%。米粉就像一个引流器,将这些群体特质非常突出鲜明的人吸引聚集到了一起。

"我们的米粉是起点,而不是终点。"张天一认为,小众生意做到最后不一定小众,而是将成为某一类消费人群的入口。通过大数据挖掘的方式,可以制造一些吃粉之外的消费场景。"伏牛堂真正好玩的地方就在于我们有很多的想象空间,具体说,我们也不知道未来会成为什么,只是希望做出靠得住的米粉,这样,我们才有资格去探索未知的方向。"

056
大学卖棉被半个月收入200万

身穿墨绿色的呢子大衣,脚踩大头皮鞋,右手提一个棕色的方形皮包。初见雷刚,他的形象很难与大学生联系在一起,反而更贴近他的另一个身份,重庆乐业居家纺有限公司副总经理。

雷刚是西南政法大学刑侦学院侦查学专业的大四学生，近期，他以创业明星的身份闯进"感动校园———西政学子年度人物"前20强。大一新生鲁昕说，听说了学长的创业经历，从大一时的书籍、特产代理，到大二、大三时的棉被代理，再到大四自创品牌开公司，"他以坚实的步伐走出属于自己的创业路，一步步接近远方的梦想"。

卖参考书一星期赚500元

雷刚初次接触创业，是在高三毕业后的夏天。听说在重邮上学的朋友组了一个创业团队，想着放暑假没事，用雷刚的话说，也跟着去"混"了一周。"7、8月份最热的时候，我跟他们到万达广场周边的快餐店里拉赞助，平均每天问十多家。"由于初次涉商没经验，前后跑了一个星期后，一笔赞助费也没拉到。

但正是这一次的参与，点燃了雷刚心中的创业梦。

大学开学后，雷刚一直留意周边可能出现的商机。西政学子少不了要学习各种法律条文，而且再有一个月就考英语四、六级，11月份，雷刚果断拿出5600元的新生奖学金，到北滨路一家批发书城进了5000元的辅导书。

先是在本专业宣传，接着在各大校园的QQ群里宣传，以低于周边书店的价格向大学生销售，结果雷刚的辅导书被刑侦学院的同学抢购一空。一个星期赚了500多元。

大一下学期，学校举办创业大赛，学生自组团队推销装有牛肉、麻花、米花糖的什锦盒，销售数量最多的队伍胜出。在与同班的3名同学达成共识后，每天晚上9点至11点，4名同学"横扫"各大院系寝室。雷刚说，比赛共七天，因长跑比赛只参加了前面四天，最后，团队以销售出50盒的成绩获得第四名。

卖棉被攒齐学费和生活费

初中同学的学姐在国内一家纺织品企业做校园代理商，大二开学前一周，通过介绍，雷刚取得了该品牌在西政的校园代理权。由于需要自己组建销售团队，利用大一创业大赛结识的人脉，雷刚先招了12个代理人，随后，每个代理人又各自组建了六七人的销售团队。

雷刚说，他们当时就像打游击战一样，在楼道摆摊、发传单、进QQ群宣传、"扫荡"寝室，能想的招儿全用上了。埋头苦干了3天，最终卖出150套棉被，"一年学费7000多元，收益不方便透露，但学费还是赚回来了。"雷刚坦言。

尝到甜头后，大三开学后，雷刚继续接手该品牌在渝北区的校园代理。这一次，加上四所院校代理人的销售团队，雷刚一共召集了200多名同学。以同样的销售途径，上一次只赚回了学费，雷刚称，这一次，他把学费和生活费一块赚齐了，共约2万元。

开销售公司半个月卖200万

留意到学生群体对寝饰市场的巨大需求后，今年2月，雷刚和朋友在沙坪坝区注册了一家重庆乐业居家纺有限公司，以销售6件套学生棉被为主。开公司前，雷刚还特意去江苏考察了一周，并选定了货源合作商家。

雷刚的父母做了十多年的蔬菜、水果生意，深知其中辛苦，听说儿子打算创业，夫妻俩好言相劝，要儿子好好学习，毕业后找份体面的工作。但一个月后，夫妻俩非但没有劝回儿子，反而被儿子说服，并决定投资。

今年9月，前半个月的营业额达到200万元。雷刚说，校园棉被的销售旺季主要集中在开学，为了不荒废时间，今年9月，他另外投资，与同校的师弟师妹在学校周边开了一家200平方米的休闲吧。雷刚认为，当一个人怀有创业梦想的时候，最希望的是别人能拉一把，既然学弟学妹找到了自己，在自己有能力的前提下，一定会伸手相助。

057
武大学子卖手绘古城地图年收入70万

长相白皙，一口标准的普通话，看起来是典型的文艺男青年。学建筑的武大学子张怀引，将专业知识融进自己的创意产品，一年时间，他的手绘地图《古城武汉》卖了两万本，年收入70万。之前，他当选昙华林艺术村"十佳创业明星"。

起初手绘武大地图成名

张怀引来自重庆，本科在青岛一所大学读电子商务。毕业后他决定学建筑，并考进武汉大学城市设计学院读研究生。刚来武汉时，他对这座城市"极其反感"。然而在开学前的那段时间，他天天带着画本、笔、相机上街转悠，"没想到，我对武汉又爱又恨，这座城市已经深深长在我的心里。"

近日，记者来到他的工作室"水深56"。在门口的一面镜子上，贴着他的首个成名作——手绘武大地图。一张张A4纸上，他画下了珞珈山、图书馆、操场、逸夫楼、十八栋宿舍……

谈起最初的想法，他说，只是希望毕业后能把武大的样子留给自己和同学们。没想到，武大画册被印了出来，放在学校的咖啡馆里寄卖，一下子被抢售一空。张怀引认为，关于武汉的地图绘本，应该会有更多武汉人愿意收藏。

《古城武汉》已卖出2万册

因为喜欢做创意产品，去年9月，他来到了昙华林艺术村，租下了一栋两层楼的房子，每个月租金1800元，只有两个人经营。

如果说手绘武大地图只是牛刀小试，那么，《古城武汉》则为他挖到了第一桶金。据介绍，《古城武汉》在武汉有20多个寄卖点，目前已经卖出了2万册，每本定价35元。

这本100多页、用精致牛皮纸集结成册的《古城武汉》，记录的都是武汉已消失的老建筑。"武汉处于发展中，目前正在大拆大建，需要有人去记录城市的发展进程，我想尽自己的努力，将这些老建筑画下来，做成漂亮的地图、明信片，就当是送给武汉人的礼物。"张怀引说。

翻开《古城武汉》，你会看到很多武汉人忽略的角落：昙华林里的小教堂，黄浦路上的古德寺，被拆迁的吉庆街……整齐的工笔画，体现出厚实的绘画功底。至于画册中很多留白的地方，张怀引说，"这是让看书人也能记下自己的一点心情感悟。"

张怀引说，下一步想去不同城市走走，画出更多城市地图。

058
闪银办起国内首家大数据信用评估公司

近年来，随着互联网与金融业的深度结合，互联网金融规模呈现爆炸式增长，各种电子银行、P2P网贷、众筹平台、互联网基金和互联网保险等一系列创新产品层出不穷，BAT引领的这波热潮搅动了整个金融行业。在这片红海中还有一片未开发的蓝海——移动互联网信用,Wecash闪银CEO支正春就抓住这个机遇,创办了中国第一家大数据信用评估公司,项目前年12月上线,今年7月就拿到了IDG的4000万元人民币首轮投资,公司目前估值近2亿元。

创业要创新另辟蹊径

在互联网金融领域,支付渠道的市场卡位战可谓白热化,从"滴滴"和"快的"的鏖战便可看出。据了解,Wecash闪银推出大数据互联网授信的产品,这个在国内还没有,支正春当初是怎么想到做这样一个产品的?"灵感来自此前工作的发现:中国大约有6.5亿互联网用户,中国持有信用卡3.3亿张,人均1.72张,不到两亿人在银行有信用,剩下的这4亿人没有任何信用的,我们并不是去做房贷、机场建设这类大的信用,而是实实在在的每个人,他们应该有自己的信用资产,他的资产要有人替他评估。我们通过一种方式,重新评估这个信用,让他没有发掘的资产,被发掘出来,这就是我们所做的事情。"支正春告诉记者说。

Wecash闪银另辟蹊径,通过用户自主授权的社交网络信息,对用户进行信用评级,继而提供快速取现、购物分期免息等服务,打出了"国内首家大数据信用评估公司"的旗号,并于9月成为内地唯一入围"2014埃森哲亚太区金融技术创新实验室"的公司,已拥有60万用户。"人人都有信用,人人的信用都可以转化成资产。"这是支正春的终极梦想。

目前,只要在微信公众号里面搜索Wecash,输入简单的信息,提供一些资料,闪银在15分钟内给用户一个信用,这个信用可以从几百块钱到最高50万不等,平均额度大概在三千元左右。

Wecash闪银的背后有一套复杂的计算模型,当用户向闪银提交资料的时候,闪银通过针对他个人的信息——他提供的信息、分享的信息、在互联网留下的信息以及闪银合作的其他渠道信息,进行数据的摘取、分析,然后进入决策模型,最后给用户一个额度。在此过程中,闪银的合作伙伴,也就是闪银之前的母公司——玖富时代投资公司会提供款项,用户可以直接提取现金。

8个月喜获60万粉丝

支正春用"简单快捷"来形容Wecash的服务流程。

用户在APP或微信端点击申请信用评估,输入名字、手机号、职业等个人信息,再授权微博、人人网等社交账号,甚至可以添加信用卡账单的邮箱,提交资料后,系统便会将这些信息与海量抓取到的用户上网记录进行综合分析,给出一个可用资金额度。用户如果要提现，可以输入额度和分期期限，系统自动通过后端服务商找到投资人，整个过程最快20分钟，最慢一天；额度最低为0，最高50万。系统会获取每位用户的6000个数据点，再经过自有的3R信用评分体系，交叉检验用户提交的信息真实性、综合评定用户信用等级，从而给出用户可用额度。

算法由来自Google、BAT、360等公司的工程师经过多次测试调整，"比如说我们会去测试赌博的人还款概率是多少，我们拿一万元钱测试了30个客户，发现是33%。只要机器能学会什么样的客户不该做，就会形成宝贵的经验。做信用的核心是什么？一网鱼捞上来知道这个是能吃的，那个是不能吃的就行了"。

新生事物的起步并不是一件容易的事。Wecash在上线8个月内就快速获取60万用户，且每月呈倍数增长，背后的奥秘在于他们的定位："2+5"人群，即本科毕业前的两年加上毕业后的五年，年龄在20到27岁之间。这个人群的收入还没起来，获得银行体系信用评估的概率低，但又热爱网络，容易留下信息，消费需求旺盛。支正春至今还记得：第一个学生用户，是对外经贸大学商学院的小金；第一个成功授信的网店主，是淘宝掌柜小聂。"我们的用户里有借钱买戒指给老婆的，也有参加培训让自己的技能得到提升的，还有学生毕业急需用钱租房的……"

从3个人到如今的90人，从零用户到60万用户，团队和市场的快速增长，让支正春既骄傲也感到压力山大。

理科男跨界玩互联网金融

"来这世界不容易。不改变点啥，多没意思。"2013年12月底，支正春寻思着人生需要一些改变。

学物理的为啥玩起了金融？支正春常常会面对这样的问题。"金融其实是资源的时间和空间重新配置的过程；物理重在探究一种整体配置是否有效，是一个建模的问题。金融是跨时间、空间的交换，最终都会达到一种平衡，而这种平衡就推动着世界的发展，这与物理中的世界高度吻合。""我不是一个循规蹈矩的人，喜欢什么就去认真做，不喜欢什么就会想方设法逃避开。"支正春从小成绩优秀，却"从来不拿第一名"，腾出时间去捣鼓自己喜欢的科目。2005年，这位全国物理奥赛一等奖得主被北京大学物理学院录取。在燕园，出于对金融的兴趣，支正春修读了经济学学士学位，并进入多家世界500强公司实习。毕业后，第一份工作是手机支付，由此一头扎进移动互联网与金融领域。后来，他以职业经理人的身份在小微金融的借贷平台领域创业，从仅有3个人的一个分部，做到上百个分部。

构建自有商业闭环的"钱景"

去年9月，Wecash的全新服务"91白条"推出。"白条"的玩法现在已不算新鲜，京东白条、趣分期、分期乐、苏宁红条等先后登场，让用户"先消费、后付款"。但支正春更进一步——"先消费，后还款，你分期，我付息"是该款产品的核心特色，用户可以在91白条网站购买淘宝、天猫、京东等全电商网站任意商品，并可在6期内进行自由分期——Wecash从信用至支付的链条就此打通，解决了用户消费场景的问题。

紧接着，3.0版的APP就要上线，支正春对其寄望颇高："这将是第一款像游戏一样的金融产品。"在未来，他还计划将信用额度融入简历，作为个人评分的一部分，且逐步实现与线下的联合，如与IDG持股的搜房网等进行信用租房的联合，实现与生活场景的无缝对接。

他希望，整个公司最终以数据搜集、数据分析、信用评估见长，未来三年覆盖一千万用户，逐步成为一个小领域的标准。"但无论是大数据还是互联网金融，都不会是一蹴而就的，方向不错，向着目标稳扎稳打最重要！"

059
动画梦想家年盈利200万

8个上海视觉艺术学院动画专业的90后毕业生，动画梦想不小：2010年11月，刚刚本科毕业的他们成立了上海fantast（梦想家）影视动画机构，与国内多家顶级动画公司合作，承接动画外包业务，年盈利200万元。今年初，"梦想家"开始寻求转型，做自己的原创动画。"放眼长远，我们要做中国版迪士尼，让中国动画水平与日本、欧美比肩。"联合创始人、客户总监郑因时说。

曾经向世博会宣传片"宣战"

上海世博会举办前，上海到处播放着吉祥物海宝的动画宣传片。"当时觉得，我们能拍得更好!"动画专业的郑因时自信地说。那时,他找来7位小伙伴,一起制作出了新版海宝宣传片。

起初,这部名为《海宝游世界,世界看世博》的大学生原创世博宣传片在学校的食堂里、电梯间循环播放,后被学校推荐给世博会组委会。此后,该款海宝形象出现在上海的地铁里、车载电视中、大街小巷的电子屏幕上。

世博会期间,中国船舶馆准备举办"未来船舶设计比赛",参与比赛的船舶制造商都需要制作动画来阐释自己的设计理念。世博会组委会推荐了郑因时团队,也正是这次合作,让团队得到了创业的第一桶金——10万元!

加上大学生科技创业基金的10万元,2009年底,郑因时和7位动画专业大学生一起,用20万元成立了工作室。2010年11月,上海fantast影视动画公司正式注册成立起航。

创业初期　全部在办公室打地铺

在位于周家嘴路的"梦想家"办公室,一间办公室里,8个人打地铺住在里面。"每周工作6天,从早晨9点到晚上9点。创业3年来,创业核心团队8个人虽然都是本地人,却全部在公司打地铺。"郑因时说。

成立之初,公司定位在集影视广告、游戏CG、产品动画、建筑动画、企业宣传、形象设计为一体的综合性专业三维动画制作公司。创业头3年,"梦想家"团队在制作游戏和广告过程中,经常与日本、法国、俄罗斯等国外顶级动画团队合作,这不仅让团队学到了国外先进的技术,还吸收了很多国外团队管理、经营理念。每次任务完成后,"梦想家"团队都会凑在一起,总结彼此的收获和经验。

创新转型　开始做原创动画

2013年,"梦想家"盈利达到200万元。

按理说,大学生首次创业,取得这样的成绩实属不易,但整个团队危机感很强。"我们一直是以外包业务为主,这样的经营方式,200万元的业绩几乎封顶了。"郑因时意识到,游戏公司,只是凭借外包业务很快就会触及发展的天花板,还很容易被产业浪潮所淹没。2014年初,"梦想家"决定转型,打造自己的原创动画。

"梦想家"打造的首部原创动画《森果精灵》,是以各类水果为原型创作的动画形象,崇拜虚拟偶像"光影超人"的蓝莓,在村子遭受虫虫军团的骚扰时挺身而出,为了保护村庄,与小伙伴们组建了森林战队。在与虫虫军团的一次又一次战斗中,蓝莓渐渐揭开了"光影超人"的秘密……

"第一部原创动画,就像自己的孩子,想把最好的都给它。"郑因时说,从前期脚本策划、动画制作、导演,到后期的剪辑、配乐等,都是一流团队制作。动画导演是高松信司和吴笑寒,脚本制作是日本的松井亚弥,角色设计是山田俊也和朱晓,"梦想家"团队则负责全部动画制作部分。"主题曲邀请了《哆啦A梦》的原班人马来创作,音乐音效则是委托负责马里奥系列的团队来制作,配音有2个版本,日语版和中文版,请日本配音演员来负责日语版本。"

"嫁接"国外动画制作的理念和技术,"梦想家"首部原创动画《森果精灵》还未正式上线,一家大型婴幼儿食品公司就购买了果精灵的动画形象。团队还吸引风险投资,原创动画的路似乎开局甚好。郑因时不敢大意:"原创动画的投入相对较大,对资金的把握难度很高,团队在用钱上非常谨慎,尽量规避各种风险。"

未来,"梦想家"的目标是以原创动画为抓手,发展成为品牌类的动画产业链条。"就像迪士尼那样,不仅有原创动画,还会将产业链发展到其他领域。"郑因时说。

060
牧民学子创意"唐卡"淘出"钱景"

日前,记者在拉萨大昭寺南路见到了"三世唐卡"的掌门人拉欧达布。只见他双腿盘坐在一幅大型唐卡前,一边盯着眼前的人物轮廓,一边用手中的画笔为图像着色,门外熙熙攘攘的游客丝毫干扰不了他。达布低头瞥了眼唐卡下方用牦牛皮胶特制的矿物质颜料:"唐卡传统上色需要25遍,几千年都不会变质变色的。"他正在绘制的大型唐卡完工后市场价约50万元。

曾在奥运场馆打工挣学费 大三已规划好人生目标

拉欧达布的老家在西藏山南地区加查县拉绥乡,全家七口人依靠农牧业为生,家庭年收入仅为800元,3个妹妹因为家庭条件困难均中途辍学。2004年9月,拉欧达布从江苏省南通民族中学考入中国农业大学工学院农业工程专业学习。他是从拉绥乡走出来的第二个大学生。大学期间，拉欧达布通过助学贷款和打零工完成自己的学业，"图书馆—食堂—宿舍"三点一线，每顿饭钱不超过5元，每天半份荤菜，每周一袋牛奶。"拉欧达布每个月所有花销为250元左右。偶尔，拉欧达布也会和同学们走出学校放松一下，"来北京后，我就去了圆明园，学生门票是5块；还去了一次中央美术馆，我比较喜欢绘画，那里正举办一个法国的美术展览，门票是10块。"拉欧达布对这种生活感到非常满意，因为他心里始终有一个梦想，"我从小就喜欢画画，也许是受家庭的影响吧，小时候看到好多彩绘，在我们当地画唐卡的人地位很高，很受人尊重。"但画唐卡需要一个非常漫长的学习过程，需要15年到20年才能出师，而且收入不稳定，拉欧达布的父母都是农牧民，他们的想法很单纯，就是希望儿子能上个好学校，将来找个好工作，不再像父辈们过着土里刨食的苦日子。

拉欧达布一直按照父母的设计在大学里学习农业工程专业，课余时间他才拿起画笔进行创作，但画画的时间毕竟有限。到了大三的时候，拉欧达布看了很多励志的书，眼看就要毕业了，他突然有一种冲动，"我的人生应该由我自己决定，自己还是比较适合绘画类的工作。"怎样的人生才有意义，拉欧达布想了很多，他也在不断规划着自己的人生，"做自己喜欢的事情，心里才没有遗憾。"因为他熟悉并热爱自己的民族文化，他选择了唐卡作为自己绘画的突破口。这一年他23岁。

弃"国考"去创业　创意唐卡缘于一个梦境

2008年大学毕业后，拉欧达布回到了拉萨，他说他喜欢拉萨，喜欢拉萨的文化氛围。以他所学的专业，在拉萨农牧系统里找一份稳定的工作并不成问题。当年西藏地区也公开招录国家公务员，在西藏99%的大学毕业生会参加公务员考试，因为一旦考取，就意味着找到了一个铁饭碗。拉欧达布凭着自己的实力参加公务员考试胜算的把握应该是很大的。父母也希望他能找个铁饭碗，先把自己稳定下来。但为了心中的"唐卡梦"，拉欧达布考虑再三后决定放弃"国考"，铁饭碗不是他的人生目标。为此他和父母做了一次长谈，最后淳朴的父母没有说服他，只是说你自己的事情自己决定，只希望你将来能过得好一点，真到了过不下去的时候，你还记得回家，家虽穷，但它永远是你的家。拉欧达布眼含着泪水别了父母回到了拉萨。他要从零开始，为了那个遥不可及的梦想，他要在人海茫茫的拉萨去闯去拼，去开拓属于的自己事业，就是失败了，也问心无愧。

2008年8月，拉欧达布拜在了当地画唐卡的名师次仁旺堆的门下，专心学习唐卡绘画艺术。唐卡，是藏语的音译，指的是用彩缎装裱后悬挂供奉的宗教卷轴画，是西藏文化中非常重要的艺术形式，距今已有1300多年历史。2006年，唐卡被列入中国第一批非物质文化遗产保护项目。在西藏跟老师学唐卡绘画技术是没有收入的，拉欧达布是一边打工一边学。他在一些安居工程里打过零工，为家俱厂画过水彩画。在这三年半的时间里，为了生存和发展，拉欧达布卖过自己创作的唐卡，也销售过一些旅游产品。随着时间的推移，在次仁老师的精心辅导下，拉欧达布学习异常刻苦，再加上他极高的天赋和悟性，进步很快，逐渐掌握了唐卡这门艺术的基本绘画技巧。之后他也参与一些大型唐卡的绘画创作当中，不断积累一些唐卡创作经验，"画唐卡50%靠口传心授，50%靠教科书，自己要不断去实践，理论和实践相结合才能学得精深。"

2011年2月，拉欧达布成立了"三世唐卡文化传播有限公司"，开始组织团队进行唐卡创作。可是万事开头难，刚开始他创作的唐卡基本无人问津，有时一两个月都没有接到订单，这样下去生存都成问题。拉欧达布经过反思终于发现了问题的根源，"因为唐卡是宗教用品，佛像和人物是不能违背佛经的旨意的，风景、构图、技法等装饰部分是可以改变的。"为此，拉欧达布又钻研了佛经，认真临摹了一些寺庙的大型壁画，对一些宗教故事和人物了然于胸。逐渐地他创作的唐卡开始有人"请"了，之后他开始尝试对唐卡绘画艺术进行创新，他创作的《来的天堂》让他在当地声名远播，创作的动因则是缘于他的一个神奇的梦境。

在创作《来的天堂》这幅作品时，打了几次草稿但拉欧达布都不满意。一个午后，他画着画着太累了就进入了梦乡，梦中的场景就是他所看到的天堂，他一觉醒来后，迅速落笔，在画布上勾出了他的"梦境"，他自己称之为神来之笔，"天天画神佛，和神佛有心灵沟通，才有了真实的梦境，我相信梦境，我为此祈祷，这是神佛的开示。"当然在传统的技法基础上，他吸纳了老师的技巧和13世纪壁画的绘画风格，形成了他的创意和风格。他笔下的主佛看上去很大，五官冲击力强，线条丰满。同时，拉欧达布结合了现代的绘画技巧，对传统绘画在构图、散点透视等方面作了改进，使《来的天堂》这幅作品中的神佛呼之欲出，栩栩如生，且意境深远，可称之为难得的作品，当虔诚的老人看到这幅作品时，"会脱帽行礼，双手合十，祷告诵经。"

梦想开个人画展　实现唐卡产业化

记者在拉萨街头听到了当地人编的一句顺口溜："买藏香，请唐卡，上师庙里看早霞"，这是说游客来西藏必须经历的"三俗"，其中唐卡作为西藏绘画艺术中的奇葩，在旅游市场中也是炙手可热。拉欧达布的团队除创作大型唐卡外，也在旅游市场销售一些精品唐卡。他认为在唐卡艺术领域里，唐卡完全可以实现产业化运作，自己正在规划，下一步从画布到创作全过程实现产业化运作。传统的唐卡画布是由虫子吐的丝编织而成的，可放置几千年不腐烂，但画布的配方都密不外传，由于这种画布工艺制作复杂，产量很低，不利于大型唐卡的创作，而拉欧达布已经尝试创制一种新的画布，可以和喷绘机连在一起，唐卡中的佛像一般都是定型的，用电脑绘制更标准一些。这样唐卡的白描就可以用电脑喷出来，再手工上色。拉欧达布说这样可以延长这个产业链，"可衍生出专门生产画布的公司，为整个唐卡产业供应画布，也可产生专门从事初加工的唐卡公司，只制作白描图案的画布来供应市场，加上专门从事销售的团队，自己就做这个产业的领头羊。"这个产业化的过程需要一笔资金，而拉欧达布现在唯独还缺乏资金，但他现在并不着急做这件事情，他说要继续练功，"画唐卡就是一种修行，不仅学技法，还要学修佛经，过去只有获得格西学位的僧人才有资格画唐卡，要不断提高自己的思想和佛学修养境界，才能创作出更好的作品。"

面对未来，拉欧达布有一个梦想，就是办一个个人的唐卡画展，"我的作品都是客户来订制的，留存不多，我正在积累一些精品和资金，先拿一些作品参加一些专业的唐卡画展。"

虽然拉欧达布现在挣到钱了，但他始终感到肩上还有一份责任，"民族文化最重要，唐卡的传承不能断层，光为了挣钱也没有价值，还要回归社会，为社会做贡献。"

061
在泥巴上创业，小小泥鳅赚外汇

提起大学生创业，不少人会想到电子商务、信息技术之类的高新产业。然而，在浙江省舟山市定海区，浙江海洋学院的4名大学生却选中了又脏又累的水产养殖，他们不选梭子蟹、大黄鱼这类"高大上"的海产品，偏偏和灰不溜秋的泥鳅看对了眼。2013年起，从创业负债40万元到年收入上百万元，从最初只想赚份"打工钱"到如今养殖基地扩张到省外，泥鳅远销海外……两年来，4位"泥鳅兄弟"凭着一股韧劲，泥巴里翻出了"大动静"。

象牙塔里的斯文"泥腿子"

寒冬里的定海区白泉镇小展社区的泥鳅养殖基地，王小军、贺龙兴、胡秀峰3人正在整修池塘，为来年生产旺季做准备。而贾兴鲁则在江苏连云港的合作养殖基地照看着。

"泥鳅兄弟"4人，是浙江海洋学院水产养殖专业的同班同学，其中3人2013年毕业，而王小军继续读研究生。毕业之际，他们4人的想法出奇地一致：给人打工不如自己创业。"国家鼓励大学生创业，我们正好用所学的水产养殖技术，打拼一份自己的事业。"

创业，不能跟风。在舟山，大黄鱼、梭子蟹等海产品是百姓最为喜爱的餐桌美食，市场大，销路好，吸引了众多水产养殖户。可王小军他们偏不愿去大碗里与别人抢食，决定养殖不起眼的泥鳅。"大学期间，我们跟着导师做过泥鳅养殖的课题，对传统泥鳅养殖存活率低的难题有所突破，这也是我们决胜市场的法宝。"

土地承包费、设备投入费、基地改造费……估算下来，创业成本居然高达40万元之多。"我们几个都来自农村，家人没法给我们太多支持。"王小军说，筹集资金只能靠自己。于是，他们向朋友、亲戚一遍遍讲述创业方案，努力说服对方，终于凑齐了40万元。2013年3月，4兄弟在白泉镇小展社区承包下20亩地，挖塘搭棚，下田当起了斯文的"泥腿子"。

泥鳅兄弟4合伙人

1个大棚、9口苗塘……渐渐地，泥鳅养殖基地雏形初现。随后，"泥鳅兄弟"又斥资20多万元，引进个大体肥的优质品种台湾泥鳅用于繁殖生产。很快，40万元启动资金被花得一干二净，几个小伙穷得揭不开锅。

这时，胡秀峰提议，在养殖场里种些蔬菜，自给自足，解决生计问题。种地，对于这些农家娃来说并非难事，塘埂上很快就种满了西红柿、大白菜、豌豆等各种蔬菜。想不到的是，不起眼的塘埂竟产量惊人，有大量蔬菜剩余。于是，他们把蔬菜卖掉，购买更多泥鳅苗。

那阵子，他们常常凌晨起床，踩着载有几百斤蔬菜的三轮车，去市场占位卖菜。"起初，我们都很腼腆，不好意思张嘴叫卖，一天都卖不出多少，可一想到养殖场需要钱，大家都豁出去了，整个菜市场就数我们的吆喝声高。"王小军颇为自豪地说，有一天，他们赚了500多元。

"通宵卖菜虽然苦，但和养泥鳅遇到的困难相比，根本不值得一提。"因缺乏大规模养殖经验，养殖泥鳅栽了不少跟头。对此，王小军记忆犹新。

2013年6月，首批泥鳅出塘在即。一天夜晚，养殖场突然停电，为泥鳅塘增氧的一个水泵停止运转近一个小时。等巡夜的贺龙兴发现异常时，整整一塘泥鳅、近10万条都死了。这对急需回笼资金的养殖场来说，无异于晴天霹雳。兄弟4人一边默默吞下苦果，一边加强夜间值班，轮流巡塘。王小军戏谑地说："养泥鳅可不容易，稍有粗心大意，它们就跟你玩命，几万条几万条地死给你看！"

资金匮乏、经验欠缺、技术瓶颈……这些一度困扰养殖场发展的难题，并没有难倒心怀梦想的4个年轻人。"创业哪有一帆风顺的，经历困难是正常的。只要挺过去，我们收获的不仅仅是养殖场的成功，还有宝贵的人生阅历。"正是这种以苦为乐的精神，让"泥鳅兄弟"逐渐走向成功。

天道酬勤苦为乐

在前阵子举行的"创青春"全国大学生创业大赛中，"泥鳅兄弟"的参赛项目"舟山台岛鳅业有限公司创业计划书"从10万件作品中脱颖而出，获得了计划类农林渔牧方面的金奖。

小小的泥鳅养殖为何能受到评委青睐？养殖场简陋的平房内，王小军端上一碗热气腾腾的泥鳅炖豆腐，回答了这个问题。"传统的土泥鳅，个小肉少，养殖周期长，利润少；而我们养的台湾泥鳅，平均一条重2两，个大肉肥，口感鲜美，更具市场前景。"

除了引进品种，技术创新是"泥鳅兄弟"获得成功的又一关键。经过6年努力，王小军等人在浙江海洋学院硕士生导师储张杰博士的带领下，突破了泥鳅育苗的关键技术——泥鳅幼苗敌害豆娘幼虫的防控。利用人工育苗技术、开口饵料技术和敌害防控技术等三大核心优势技术，泥鳅成活率从5%提升到了50%，而繁育成本下降一半多。

2013年6月，获得首笔销售收入3万元；2014年1月，接到温岭客商的第一份大额订单，并正式注册成立"舟山台岛鳅业有限公司"；2014年夏季，是养殖场丰收的季节，安徽、重庆、湖北等地的订单纷至沓来……"泥鳅兄弟"一步一个脚印，梦想的光芒照进了现实，2014年公司销售额达150万元，前来洽谈合作养殖的客商络绎不绝。

"我们打算在这里建一个实验室，继续提高养殖技术。"说到对未来的憧憬，王小军信心满满。新的一年，他们既要巩固原有市场，又要加快建立合作养殖基地，在全国各地推广他们的苗种和技术。其中，江苏连云港的合作基地将继续拓展韩国、日本等海外市场，让泥鳅"游"出国门赚外汇。

062
年销百万的"红色纪念品"

或许你不相信,一顶小小的帽子,能让几个大学生在半个月内赚6万元,但"90后"大学生冯晶跟她的小伙伴们做到了。

"红色纪念帽"让他们挖到"第一桶金"

冯晶是个"90后",现在湖南工业大学包装艺术设计学院读大四。2010年10月,她和同学去革命圣地韶山游玩。途中,一位同学想买一顶有"红色"印记的帽子做纪念,但走了几家旅游纪念品店,发现帽子的价格虽然不贵,但质量很差,种类也不多。当时,冯晶便萌生了在景点销售特色帽子的想法,这个想法得到了其他同学的支持。

回校后,冯晶和同学马上购买了100顶质量和款式都不错的"红色纪念帽",成本仅600元。由于在景点没有门店,他们以9元的价格交给纪念品店代销,自己每顶赚3元,但店铺则以25元的价格销售。不到2小时,他们的"红色纪念帽"便销售一空。

次日,他们马上补货2000顶,很快在2天内售罄。再补货2万顶,又在十来天内销售一空。仅仅半个月,他们就盈利6万多元。

创新设计并推出系列"红色纪念品"

发现"红色纪念帽"的巨大市场前景后,旅游店开始自行寻找货源,这样,冯晶团队就失去了旅游店的支持。"唯有设计具有自己个性形象的产品,才能在市场竞争中获胜。"冯晶说,团队成员大都为设计专业的学生,在产品形象设计方面占有优势。

随后,冯晶团队将目标指向了"红色"休闲挎包。选好款式,再着手设计图案,形成自己的品牌产品。同时,团队成员充分发挥"主场"优势,回到家乡的红色景区推广产品,并收到很好的效果。很快,冯晶团队又推出了一系列包括衣服、文具、红包等在内"红色主题"产品。

考虑到已形成较大市场,2011年,冯晶团队正式注册公司,并聘请了专业的会计和设计人员。

年销售额超过100万

冯晶回忆,他们最开始是通过网络向浙江厂家定制一批产品。厂家给他们发的样品质量很不错,于是他们下单了3000件。

拿到产品后,他们发现产品质量和样品差别巨大,只好微利销售产品。由于离厂家远,且没有时间和经历去浙江"讨说法",冯晶他们吃了哑巴亏。后来他们了解到,很多产品在大批量定做的时候,都会有人专门在厂家负责质量把关,否则可能就会被奸商"黑一把"。从那以后,冯晶团队在与厂家合作时就谨慎许多了。

冯晶表示,公司创业团队现已有十余人,并且有了自己的附属工厂,韶山、井冈山、重庆等全国16个红色景点的旅游纪念品商店中,都有他们设计的产品,公司去年销售额超过100万。"下一步我们还将继续增加销售区域,并推广网络销售渠道。"冯晶说道。

063
农村"飞"出一个"灵芝大王"

走进江苏省张家港市杨舍镇泗港五新村一个黑色大棚内,只见地面上整齐栽种着上千株套着采集袋的灵芝,有些灵芝菌盖微微泛着白边,有些灵芝已被一层厚厚的粉末覆盖。"这些就是堪称灵芝精华的孢子粉。"望着一个个产量颇丰的宝贝——采集袋,记者身旁的陈科喜上眉梢。

今年28岁的陈科,在张家港杨舍镇是出了名的大学生"灵芝大王"。大学生创业都往城市跑,他却反其道而行之,从城里返回农村,一个劲地往土里"钻",一门心思地搞灵芝种植,家人及左邻右舍都说他有一股子"犟"劲。陈科自己则说:"没有一股犟劲就没有我的创业史。"2011年,他被江苏团省委授予"江苏省农村青年致富带头人"的荣誉称号。

在交谈中他告诉记者,大学毕业后已经在上海一家酒店找到了一份不错的工作。

在工作中，心细的他发现一些客户经常将灵芝孢子粉作为礼品送人，他敏锐地意识到种植灵芝也许是一个商机。于是，他当即辞去工作了回到老家，走上了种植创业路。

秘密"学徒"

"种植灵芝那可是一门技术活。"当时，他只有一个念头：想尽快学到技术。陈科得知无锡有一家灵芝种植基地，就以打工者的身份在哪里当了两年"学徒"，脏活累活样样都抢着干，每天用日记记录种植灵芝的每一个细节。天道酬勤，这段常人难以想象的"求学"经历，让陈科在种植灵芝时几乎没有走什么弯路。

灵芝天性娇贵，人工种植不能施肥，不用农药，必须按照野生灵芝所需的生长条件去无公害栽培。为了降低创业风险，陈科选择了方圆10公里无化工企业、无污染的农田，2009年先承包2亩土地，建了8个大棚，看一看学到的技术能不能有所收获，他把土壤拿到省农科所去化验，聘请农学院的老师和专家做技术指导，建立一套完整的种植技术档案，当年就获得了30万的收入。

2010年3月，初尝创业甜头的陈科在家人默许下，将"阵地"搬至张家港。通过向亲戚朋友东拼西凑，再加上自己攒下的15万元存款，陈科共筹集资金50万元，打算进行扩大规模种植。"在五新村村委会的帮助下，我一下承包了3亩土地，进购了6000多个灵芝菌种，当年9月收获孢子粉80公斤。"据陈科介绍，为确保所产孢子粉的纯正品质，他专程到上海找权威部门鉴定，并顺利申请到了绿色无公害食品认证。为更好地推广他的灵芝产品，他找人设计了礼盒包装，同时采取"老客户带新客户"、给肿瘤患者免费试吃等模式进行销售。正因为陈科诚信经营，时刻确保上乘品质，他的灵芝生态园先后获得质量信得过单位、消费先进单位等称号。去年他的灵芝孢子粉几乎销售一空，成功掘得创业第一桶金。当亲眼目睹肿瘤患者送来锦旗后，陈科的父母恍然大悟，开始主动帮忙推销。"见灵芝销售如此好，周围邻居纷纷过来咨询门道，直夸我儿子有眼光。"陈科父母自豪地说道。

陈科告诉记者，种植灵芝关键是控制好大棚内的温度、湿度、通风以及灵芝的胚胎要与众不同。他介绍说：种植灵芝主要收集孢子粉，而孢子粉是医药界公认的软黄金，保健与药用价值共存。要想多收取孢子粉，灵芝对水的要求更高，弱碱性水保证它"健康成长"，提高产量。每年6—9月灵芝生长季节，陈科多数时间在大棚里观察温度和湿度，看着自己心爱的灵芝茁壮成长。

带动乡亲们一起"钱进"

带领农民共同致富，是陈科的另一个心愿。去年，五新村已有两个农民自愿加入了灵芝种植行业,陈科无偿提供技术指导,帮助他们学会种植技术。如今,陈科已组建了灵芝种植专业合作社,实行种植、加工、销售一条龙服务。生产的灵芝孢子粉经过精细碾磨、高压真空冷冻破壁,在市场上颇受消费者的青睐。2011年他被江苏团省委授予"江苏省农村青年致富带头人"的荣誉称号。

064
农大毕业生创业成功并上市

高高的鼻梁上架着一副普通眼镜,着装简单大方,语气亲和有力,这就是"80后"王洋洋给人的第一印象。如今这位希芳阁董事长、河南农业大学硕士毕业生,已成为全国新三板挂牌企业董事长、CEO中最年轻的一员。河南省第一个大学生创业上市项目,就出自河南农业大学。除此之外,他还受到了习近平总书记的接见。

儒雅的80后老板不简单

王洋洋一开口,就显示出严谨清晰的思路,让人感受到他看问题的独到。他的办公室温馨简洁,一排书架、一张桌子、两把椅子、一台电脑、一个茶缸。

在外行人看来,相比登月航天,"立体绿化技术""自动灌溉系统""智能养护系统""屋顶绿化用轻质营养土""北方地区屋顶绿化专用苗木"这五项专利技术或许是微不足道的"土科技"。但王洋洋正是凭借这五项科技专利的支撑,在2014年1月24日,河南希芳阁绿化工程股份有限公司在全国中小企业股份转让系统(新三板)挂牌,成为中原建筑绿化行业第一家上市企业。1983年出生的王洋洋也成为河南省内最年轻的上市公司董事长、CEO。

王洋洋说,新三板主要面对成长性和创新能力俱佳的高新技术企业。他们从事的立体绿化属于新兴行业,极具潜力,这也是企业得以成功挂牌的原因之一。

提起王洋洋的创业经历,还要追溯到他的大学生涯。

2001年9月,王洋洋拿着本科录取通知书来到了河南农业大学,直到2008年植物营养学专业硕士毕业,他在河南农大待了整整七年。

"坐着没有机会，走着有一个机会，跑着有两个机会！"这是王洋洋的一句格言。"一开始就是凭着兴趣去做，家庭氛围有一定影响，也相信自己能做出成绩。"这是王洋洋的创业初衷，言语之间透着率直。

说起创业，还要从他读大三时说起

当时，他发现学校文艺演出比较多，常有人租赁音响设备。"郑州学校多，活动也多，做音响设备租赁和DV拍摄肯定有市场。"王洋洋说，2005年，他和其他两位同学组成了创业团队，专做音响租赁。但是由于市场需求萎缩等原因，第一次创业在收回成本后旋即停止。

2007年，时常抱有创业梦的他又"嗅"到了商机。当时他正读研二，一个偶然的机会，他接触到成本压缩的概念。随即，他和两个业内朋友开始第二次创业——开办成本压缩公司。为了打开市场，他几乎天天泡在生产线，起早贪黑。第二次创业持续了一年半，以微利告终。

"这两次失败为我积累了不少经验。"王洋洋说，栽跟头不可怕，可怕的是再也站不起来。

慧眼独具瞄准无土草坪商机

2008年夏天，世界目光聚焦在北京，而王洋洋关注的除了奥运会赛事，还注意到了全部用草铺设的巴士车。"21世纪的主题是环保，自己学的又是植物营养学专业，做无土草坪还是有一定把握的。"一个大胆的构想浮现在他的脑海。

有过两次创业经历的王洋洋深知新产品推广会遇到很多困难。"既然想做，为什么不大胆尝试一下，成功只不过是把准备工作做到极致而已。"父亲的话助燃了他的再次创业斗志。

然而真正到项目实施，王洋洋却犯了难：没有足够的资金。在和学校沟通后，经学校推荐，他得到了河南团省委青创中心的支持。在河南农大资源与环境学院的协调下，王洋洋解决了试验田问题。

万事开头难。生产场地的选择也非易事，为了解决这个问题，王洋洋跑遍了郑州市区及周边县区的大街小巷。这次，学校的沈老师帮了王洋洋大忙，协调了一块空地。植物营养专家王教授也出谋划策，修改了生产管理方案。

2009年9月，希芳阁绿化工程股份有限公司正式成立。然而，谁又能料到四年后这个"小公司"能上市呢？

2010年年初，市场对草坪需求骤减，辛苦培育出来的产品滞销，王洋洋面临巨大市场困难。

"一定要坚持,在困难的分水岭,90%企业都死在最后那一步。"面对巨大压力,王洋洋时刻给自己鼓劲。

觅商机,就必须准确定位市场。"不少年轻人都喜欢浪漫的草坪婚礼,为什么不用无土草坪做草坪婚礼呢?"王洋洋说,当时不少婚庆公司用的都是假草,如果能把真草用在室内,肯定大受欢迎。

经过市场调研,说干就干。原生态草坪婚礼一推向市场,迅速在业界刮起了旋风,希芳阁很快在婚礼草坪市场站稳脚跟,王洋洋掘到了第一桶金。

王洋洋带着团队乘势而上,展会绿化、屋顶绿化、绿色家装等业务迅速铺开。

希芳阁团队联合郑州市屋顶绿化协会、业内企业在郑州市内推广无土草坪,轻而易举地解决了坡屋面绿化难问题,彻底颠覆了传统屋顶绿化、空中花园的施工方法。

拼搏创业四年登陆"新三板"

披荆斩棘,企业发展进入了快车道。在郑州高新技术开发区的助推下,希芳阁顺利登陆资本市场。

"相比其他上市的'大块头'企业来讲,我们只是个'小个子',但却生机勃勃,充满潜力。"王洋洋说,在土地资源日益稀缺的今天,屋顶绿化、立体绿化是补充地面绿化不足,改善和提高生态环境质量的重要手段。

目前"屋顶绿化、墙面绿化"行业正处于蓬勃发展阶段,特别是近两年来雾霾天气日益严重,人们对生活环境和生活品质的追求越来越高,这些必将极大地推动行业的发展。

正是凭借着科技支撑、强大的团队、创新的精神,王洋洋品尝到了多少创业学子梦寐以求的成功。

从2010年与天使投资的第一次接触到挂牌"新三板"进入资本市场,这个年轻的董事长带领科技企业只用了不足四年的时间。

065
从地震灾区走出来的女"山大王"

5年前,21岁的青川县女孩赵海伶大学毕业后放弃了在大城市生活,选择回乡创业,帮助地震灾区青川县的农户把土特产销往全国各地。

她也因此成为青川县最早的一批网商,先后荣获5·12汶川大地震"新生榜样"、首届四川十大"溢彩女人"、四川经济年度人物提名、2010年阿里巴巴"全球十佳网商"、2013年和2014年"广元十大杰出青年"等殊荣。2014年3月,赵海伶与《华西都市报》打造的四川最大的同城电商平台——八小时购物网进行了深度合作。

"我内心一直很感恩《华西都市报》,你们是最先报道并持续关注我发展的家乡媒体。"这个今年才满26岁的年轻女老总,如今已带动36个乡镇、3000余名农户创收,为农村的电子商务模式创建了一个模板。

地震后回乡创业开网店专卖特产

"读大学的时候,我就经常给同学们带老家的土特产,发现很多人知道青川木耳、竹荪、香菇、核桃很好,却不知道该到哪里去买。"2009年9月,从四川外语学院成都学院毕业的赵海伶,决定回到父母身边,同时也决定"靠山吃山",通过网络把家乡的这些"宝贝"卖出去。

于是,她在淘宝网上开设了一家销售青川农产品的网店。仅仅一年,她的"海伶山珍"销售额就已突破100万元。然而创业初期的艰难,只有她自己知道,"那个时候没有稳定货源,没有物流,没有网络。"这个衣着简单、一头短发的年轻女孩,就背着比自己还大的背篓翻山越岭,挨家挨户收货。

青川地震后重建期间,网络还没完全接通,她就去县城学校借电脑来用。交通不便,物流公司不上门,为了及时给客户发货,她就扛着几十斤重的包裹,用大巴把货送到成都。在赵海伶的不断努力下,当地先后引入了几家快递,慢慢改变了青川人的生活方式,也让网络消费渐渐适应于这个小县城。

帮助农户们增收被称为"山大王"

2010年她成立了自己的公司,并注册了商标,同年合作的农户由最初的50多户发展到200多户。"一年后,我开设了实体店铺,开始走线上线下相结合的道路,当年的销售额已经达到320多万元。"赵海伶的公司从最初的小仓库、小作坊逐步向规范化、规模化公司转变。

到2014年,赵海伶的合作农户发展到了3000余户,销售额已超过1000万元。2014年,她更是拥有了自己的标准化厂房和种植基地,从农产品销售者摇身变成了生产者。赵海伶说,创业5年来,她每天都在面临各种挑战。从最开始只是解决自身的就业问题,到后来帮助深山里的农户增收,带动一批大学生就业。

"看着大家收入逐年增加,这成为我继续前进的动力。"在赵海伶眼里看来,虽然做农业很辛苦,但是这几年自己成长很快。一直给赵海伶供货的青川县瓦砾乡村民王树义说,赵海伶在青川县农民中享有很高的声誉,大家都尊称她为"山大王"。

关注新媒体研发网销农产品

"我到现在还留着《华西都市报》2010年2月4日对我的第一篇报道。"赵海伶笑着说,当年她在网上发帖,与网友分享自己参与灾后重建的创业故事,没想到被《华西都市报》的记者看到了。

后来,《华西都市报》又相继推出了几篇跟踪报道,来自浙江、贵州、陕西等全国各地的读者纷纷致电本报,表示要向她"取经"。"好多人给我打电话或加我QQ,找我交流开网店的经验和了解我卖的东西。"赵海伶说,还有很多网友为她的灾后创业鼓劲加油,让她备受感动和鼓舞。

"我平时很关注《华西都市报》对电子商务领域的报道,也关注《华西都市报》的官方微博、微信等新媒体平台。"对于未来的发展,赵海伶又开始研发农产品深加工技术,思考"如何运用新媒体生产出适应网络的农产品"。

066
女大学毕业生当"猪倌"闯出大名堂

燕君芳大学毕业后,放弃了留校任教的好机会,毅然选择回乡养猪。经过多年创业,她成为陕西杨凌本香农业产业集团董事长和全国劳动模范。

现在她是个名人,因为她是由一个女大学生毕业后选择养猪而且养出了名堂而名扬三秦。也许围绕在她头上的光环太多了,在荣誉的背后,她更多关注的是,如何能让自己的无公害猪肉摆上全国人民的餐桌。

为还账"下海"做起生意

燕君芳家在农村,她说,怎么也忘不了乡亲们因为贫穷而渴望致富的眼神,忘不了母亲因拿不出学费而愧疚地搂着女儿痛苦的情景。"农村太苦了,太穷了,总有一天我要跳出农门,走出那个令人困顿的世界"。踩过了那条"千军万马"争相通过的"独木桥",燕君芳成为西北农林科技大学畜牧兽医学院的一名学生。大学毕业时她有机会留校当老师,可她放弃了人们羡慕的园丁"铁饭碗"。"我的情况跟别的学生不一样,我是靠借钱读完大学的。如果一个月只挣几百元,只能养活自己,家里借的钱到何时才能还,这副沉重的担子让老人们担到何时?"燕君芳感慨地说。凭当时的一股子冲劲,她想自己做点事。因为燕君芳不光想改变自己,还渴望着改变家庭、所在的村子甚至西部农村。

瞒着家人,燕君芳悄悄向学校的老师和亲朋好友借了3万元钱,在西北农林科技大学附近开了一个饲料销售的门市部,初次尝试销售势头还不错。

从养猪开始的艰辛创业

多年前,燕君芳从外地引进了一种叫"光明配套系"的瘦肉型猪,自己开起了养猪场,把杨凌附近的大养殖户请来,给他们介绍品种,传授他们科学养猪的知识。燕君芳把这个过程叫作"洗脑"。但是,这个过程并没有想象中那么顺利。

燕君芳说："咱们中国是个农业大国，在农村大家都养猪，当我说我要教他们养猪，用科学的、无公害的技术来养猪的时候，他们根本不相信；并且，我都养了这么长时间猪了，还用你教。当时特别艰难，所以，我们就发现金，邀请村民来上课，一个村子10节课，一人10块钱，10节课就是100块钱。我们组织考试，成绩优秀的农户给奖励养猪用的小的器械，如注射器。"

这样一来，养殖户的听课积极性被调动了起来，最多时，有100多位养殖户来听课，这正是燕君芳想要的效果。杨凌五泉镇毕公村的马建科是村上的养猪大户，当他在课堂上第一次听说猪娃饮水自动采食这种饲养模式时，完全不相信。民间有个习惯，说一些人笨得跟猪一样，猪怎么能知道自己喝水吃食？于是，燕君芳请他到自己的猪场参观：猪食槽上方有一个压力喷头，只要猪用嘴一拱，就可以轻松喝到水。眼见为实，这下马建科服了：看来小猪还真聪明！如今，马建科的养猪场全部采用了自动化喂养。

2004年9月，燕君芳的第一个无公害猪肉专卖店开业了。开业的第一天就给燕君芳一个难堪：一天只卖了四斤肉，可这个店一天必须卖一百多斤才能保本。如何让这些优质猪肉有市场，燕君芳想了个点子，其中一个就是将猪肉加工成熟食，消费者觉得很方便，买回去一吃确实不错，一传十，十传百，专卖店的名气就叫响了，生意也慢慢火了起来。她的目标是将专卖店辐射全国，同时让农民学一门无公害养猪技术，使农民增收致富；让群众吃到安全、放心的猪肉产品。

现代大学生创业的路子很宽广

现在，燕君芳创办的陕西省本香集团有饲料公司、畜牧公司、食品公司、营销公司4个子公司和150个商品猪养殖基地、1个新型农民创业示范园，先后安置下岗职工、农民工、大学生300余人就业。燕君芳也被大家亲切地称为"养猪姑娘"。回顾几年的创业经历，燕君芳告诉记者，她找到了自己的用武之地，越干越有劲头，越干越有信心。"我的创业证明，大学生就业的路子是很宽的。年轻的女大学生养猪，我没觉得有什么不好。让那么多农民靠养猪富起来，让那么多老百姓吃上放心肉，我感到很开心！"她从养猪开始创业，吃过许多苦，却从未放弃奋斗的信念。燕君芳说，曾经，身边很多人对大学生养猪很不理解，但她认为，把"平凡的事情做到极致，让自己的工作无人能够代替，做一行爱一行，做一行像一行，这样就能够受人尊敬"。如今，作为陕西杨凌本香农业产业集团有限公司董事长，燕君芳正在将生猪产业做向极致。她说，"如今，我带领三千多名农户喂猪，其中干得最好的农民夫妇一年可以收入一百多万元人民币，普通养猪农户也能实现年收入9万元。"正是因为燕君芳的奋斗精神和创业经历，她先后获得"全国劳动模范""全国三八红旗手""中国MBA十大创业精英""全国巾帼建功标兵""全国优秀青年乡镇企业家""陕西省三八红旗手""陕西省十大杰出青年"等荣誉称号。

对于如何实现自己的梦想，燕君芳这样与青年们分享："第一，目标清楚，对于自己从事的事业，我坚持一生只做一件事；第二，不断学习，青年人有了目标，就要坚持、坚持、再坚持。"

067
大学毕业后创办会展策划公司年收入600万

从大一开始就决心要创业，大学毕业后顺利开了一家会展策划公司，从北京理工大学珠海学院毕业两年的莫希进，创办的会展策划公司营业额从首年的90万飞速增长到近600万。莫希进还进入了母校的"创业达人十强"的榜单。

在校时已成立公司

莫希进是该学院08级对外汉语专业学生，2012年4月，尚未毕业的他，联合了实习公司里的设计总监和网络总监，注册了一家名为"凡思"的企业策划公司，并任职总经理。而两年内，公司已经由原来的"三人组"扩展到20多个员工，办公场地也由破厂房换成了写字楼，营业额更是由第一年的90万飙升至近600万。除此之外，他还将触角伸向市场更大的广州、佛山，目前已经在佛山注册了公司，进一步拓展市场。

莫希进的公司主要从事会议会展策划、活动庆典策划、企业品牌营销策划等，大学所学的对外汉语专业与之并不对口，依靠大学期间做学生社团外联的经验，他负责团队中的客户联络部分。公司的成立，也很偶然，大四期间，莫希进前往一家会展公司实习，公司负责网络宣传的主管正是他高中的一个师兄，同时又结识了设计主管，三人经常下班后一起吃饭、交流，很快莫希进提出了自己刚入大学时就有的创业想法，三人一拍即合。公司取名"凡思"，即fancy(想象力)，意味着凡事先思考。

莫希进说，自己大一时就规划好要干这一行了。当时接触了解会展这一行业，就觉得这是所有企业离不开的一个行业，企业要有品牌形象，就要有营销战略，这就需要会展行业。真正创业了，他不可避免地遇到了一些之前未想到的问题，如资金短缺，但他能乐观应对。

他也遇到了不少"难对付"的客户，2012年下半年，在和一家公司前期已经全部谈好的情况下，对方突然临时变卦，他连续多天跟对方沟通，最后终于找到原因，原来对方在对比价格后觉得价格有些高。莫希进坦白跟对方表示，自己公司确实报价高于市场价，而且价格主要多在执行一项上，在解释清楚后，对方最终被说服。

创业初期喝了三个月白粥

公司成立，三人在一间破旧的厂房里租了办公地点，业务订单成了最大的问题。莫希进告诉记者，因为接不到业务，公司成立初期，他们三个股东三个月内，多数时间都在喝白粥。由于企业公司都是通过网络来了解策划公司的基本情况，因此，"凡思"选择重点做网络宣传，前期网站的建设为第一步，后期才通过站内与站外优化结合的方式做推广。如此一来，两个多月后"凡思"接到了第一个项目。

刚成立的公司没规模、没名气，接了许多"小单"，"前面四个月都是很小的订单，一单就几千块的价位，几乎没钱挣"，莫希进说。不过，四个月过去，因为表现出色，原来做小单的品牌开始将较大的单交给他们。渐渐积累的订单帮助公司提升了不少名气。

超过10万的"大单"终于找上门来了，沟通、策划、拿出方案，一切都很顺利，不过，在快要签协议之前，对方来到他们的办公地点，看到如此残破，立即取消了合作。"这应该是建公司以来最大的打击了"，很快，他们咬咬牙，将公司搬到了一处写字楼中。

莫希进回忆，公司最大的一次活动是某大型国有集团的一次会议，报价60万元。"我们的报价不是最高的，但也不算低，这完全是靠方案拿下的"，莫希进说，"别的公司大多数都是在复制，一对比，我们的优势便显现出来了"。正是一些好的点子打动了对方，击败了对手们。"我们会把所有执行的细节规划得很清楚，如8点5分、8点10分在做什么，执行到哪一步，具体哪些人在干，细化所有流程，这是别人做不到的。"

大学每一年都在为创业做准备

莫希进的目标一直很明确，他在大一的时候就已经有了一个适合自己的职业规划。从大一开始，他就从事外联以及与之相关的工作，大二时便担任了学校对外文化交流实践协会外联部部长。他说，做外联不仅让他结识学校的伙伴，还让他广交社会各个领域的朋友。他在大四这一年里尽量接触不同的行业，这样可以从不同行业了解商界的行情，然后开始他的经商之路。

当记者问起"创业最难的地方在哪里"，莫希进回答，"感觉每个地方都很难，业务、场地、资金，没有一项是省心的"，他不无感触地说道，"创业的苦只有创业者自己才知道"。

068
女大学生毕业养兔子年产值千万

与车子打交道

2006年，陈娟以专业成绩第一名从重庆交通大学市场营销专业毕业，应聘到重庆一家国企，在汽车贸易美容部做销售员，月薪4000元。汽车美容产品销售工作较轻松，但洗车生意却很繁忙。陈娟没有冷眼旁观，而是经常帮同事洗车，大冬天常常泡冷水，洗得她双手发肿。

2007年，陈娟所在部门的主管因私事辞职，公司又缺少人，老总让她3天内完成上一年工作总结。她白天上班，晚上熬夜写总结稿，总结递交给老板后受到好评，第二天就被任命为行政主管。

走上管理岗位后，陈娟每天往各个分店跑，负责安排老总日程、人员招聘及培训等工作。尽管是白领，工资薪酬还在往上涨，但陈娟还是在2009年3月选择了辞职。熟悉她的一些同学和朋友都不理解，但陈娟却很坦然，因为创业的梦想，让她果断选择另一种人生。

辞职创业与兔子打交道

当时，陈娟已和在一家汽车销售公司工作的同学钟胜结婚。他们决定回到老家老河口市发展，经过考察分析，他们决定开办一个养兔场。

在老河口洪山嘴原电器学校内，成片杂草有一人多高，仅有两栋三层楼房，蚊子、苍蝇满天飞。

陈娟说，尽管这里很脏很乱，房间连门都没有，但她还是租下房屋和场地，并邀请妹妹和妹夫一起在这里创业养兔。两对年轻夫妻拿出所有的积蓄，加上父亲给的一点嫁妆钱，一次购进500只种兔，就开始了艰辛的创业之路。

2009年11月，陈娟已有7个月的身孕，但她依然坚持每天给兔子饮水、配种等饲养工作。寒风刺骨的夜间，他们每天早上4点半起来，5点准时给兔子喂食、饮水、做卫生。下午去山上割草，晚上又重复喂食、饮水等工作，经常忙碌到凌晨。

由于担心大冬天兔子幼崽从产箱中掉出来冻死，陈娟每天定好闹钟，半夜起来检查。一次，陈娟给兔子配种时，不听话的兔子将她左手腕抓破，一条8厘米长的长疤痕存留至今。

陈娟指着疤痕对记者说，当时去医院产检，医生说疤痕容易滋生细菌，而且检查出肚子的孩子长得太慢，缺少营养，为此她连续打了一周营养针。打完针后，陈娟坚持回去养兔，每天挺着大肚子，搬动一盆盆20至30斤重的饲料。直到生孩子前一个月，她才停下手头工作。

2010年1月，陈娟生完孩子还没半个月，又回去养兔子，当时她的体重仅有95斤。虽然十分艰辛，但付出就有收获。当第一批上百只兔子成功卖出后，陈娟特别开心，尝到甜头的她又引进1000只种兔，请了8名工人、1名厨师，准备大干一场。

经营状况日趋好转，陈娟于2010年10月建立了屠宰场，打造养殖、生产、加工一条龙产业链。经过艰苦的市场开拓，"月来鲜"牌兔产品畅销武汉、随州、荆门等地。不久前，陈娟与北京一家企业签订了合作供货协议。陈娟说，在逐步占领湖北市场的基础上，她计划将"月来鲜"牌兔产品推向其他省市。

目前，陈娟的养兔场已有3000只种兔，一个月能出栏5000至6000只商品兔。每只兔4斤半以上，价值约200元，年产值突破1000万元不成问题。陈娟的"月来鲜"牌兔产品已发展到袋装、盒装、礼盒包装，各种熟食商品均在专卖店售卖。

为了扩大再生产，并把兔产业做大做强，陈娟还与周边乡邻签订了养殖合同。她为5800户养殖户提供种兔，养殖户将商品兔培育长大后，她再以市场价格收购。这种订单式养殖方式，带动了乡镇养殖业的发展，年养兔规模可达150万只。

069
炮兵学子结缘万条"娃娃鱼"

当俗称"娃娃鱼"的大鲵在秦岭山脉已多年难觅踪迹的时候,"陕西周至县两年人工孵化大鲵突破9000尾""陕西首创中国大鲵仿生态人工繁育技术引起国际野生动物保护组织广泛关注"等新闻报道让人们眼前一亮,也让陕西省周至县24岁的小伙子王俊颇感自豪。

2008年,南京炮兵学院信息工程专业毕业生王俊选择了一条自主创业路:人工繁育养殖大鲵。

创业知难而上

2001年,西安市水产部门在沟内选址建起了大鲵繁育养殖基地,主要以秦岭野生大鲵的救护和人工繁育科研为主。

听王俊介绍说,基地最早时只繁育出了8尾,之后仅在2007年产了1000尾左右,但成活率极差。由于不能突破人工繁育养殖技术,再加上缺乏经营支撑,在他2008年6月到来时,基地早已不堪负重,难以维持,科研工作人员陆续离去,场区一片荒芜,盘踞在人工养育池间的大鲵也显得无精打采。

"大鲵是国家二类保护水生野生动物,属濒危物种。"王俊说,大鲵习性"倔强",两三年不进食也饿不死,但长期不进食它就不会长,其生长和繁育过程中对水质、水温和"蜗居"条件、周边环境等要求苛刻,人工繁育技术更是个"难关"。秦岭北麓一带虽有多家大鲵养殖繁育场,却一直没有能够进行人工繁育的。

"大鲵也是国家农业产业化和特色农业重点开发品种,在国内外市场价值很高。"王俊说,他不相信在秦岭北麓大鲵难以进行人工繁育养殖。2008年6月8日,王俊签下了大鲵养殖繁育场地的承包合同,并给自己定下了第一个目标:"当年繁育,当年出鱼苗。"

接手4个月出苗率就创全国领先

大鲵在当地的繁育期从8月初开始。"当时要清理场地、收拾房屋,还要办理相关证照,筹集资金,要干的事很多,时间却是非常紧。大鲵养殖繁育知识我以前从未接触过,除了干体力活外,还得查阅资料学习,那期间,我还经常跑到西安和杨凌,向搞科研的专家老师请教,还去了湖南的繁育场实地考察学习。"

"通过那些事,我看到娃的筹划和实干能力都还不错,虽说学的专业没用上,可大学还真没白上,我就和他妈商量了,咱就给儿子打工吧。"王俊父亲凭着在当地水务部门多年工作经验,母亲拿出了多年积蓄,当起了王俊的"后勤兵"。

初学的知识在实际繁育只能说是尝试。8月,大鲵开始繁育了。在专家老师的指导下,王俊一个池挨着一个池地开始观察。46尾种鱼,真正产卵的只有7尾。在人工繁育室,王俊至少每两个小时就进去一次,为了避免受精卵相互黏贴,要用手不时缓缓搅动,还得及时挑拣出"问题卵"。在潮湿阴暗的繁育室,王俊有时进去半天才能出来换口气。20天过去了,受精卵孵化出了幼鲵,40天过去了,小"娃娃鱼"能够分散生活了。整整3000多条!"我当时却连高兴的劲儿都没有了,整整4个月了,每天只休息不到5小时。"王俊说,大鲵出苗了,他足足睡了三天,醒来后指导老师告诉他说,出苗率全国领先!

首次成功繁育出3000多尾幼鲵给王俊带来了自信,却没有当即给他带来效益。大鲵作为保护动物,在相关证照齐备下,人工繁育的子三代以后才可走向市场。"当时应该是国内大鲵市场的低迷期,每尾只是80元,我得抗过去,还要为以后发展培育种苗。"王俊说,那时他已经负债60多万元,还得继续在养殖繁育上投入。"一条腿走路显然不行,必须走一条保护、科研、经营开发收益同步发展、相互促进的路子。我就利用基地场区空余房间、院落,把从大鲵池区排出的水利用起来建池子,养殖了杂交中华鲟、虹蹲鱼等名贵冷水鱼类,又把当地的山货特产收集起来,开办起了农家山庄。"

记者看到,王俊的大鲵繁育养殖基地又挂着"秦水山庄"的招牌。不时有城里的游客前来观赏、垂钓、游泳、登山、住宿,享用原生态秦岭山脉鱼、菌类、山野果菜……这让王俊的养殖繁育有了经费保障。

2009年的繁育期到了,王俊和他的指导老师在上一年成功的基础上,进一步悉心钻研,强化水质调控、孵化方法及管理措施,巩固提高了亲鱼成熟率、催产率及产卵受精率,从8月下旬开始至10月初,共催产亲鲵6组,产卵15000粒,受精卵8500粒,出膜6000余尾。孵化率达70%。这一次出苗率又是在全国遥遥领先,并成功开辟了秦岭北麓仿生态池培育亲鲵、激素催情、自然交配产卵、人工孵化育苗的先例。

经济价值可达500万

正如王俊所料想，2010年，大鲵养殖繁育的春天来了。2月，国内市场幼鲵价每尾120元，湖南、湖北的养殖商当即从王俊手里购走2000余尾。3月，国内市场价一下子涨到单尾幼苗380元，王俊粗略算了一下，基地内属于他的那部分价值已经超过了100万。"两年下来繁育突破了9000尾，今年5月，西安首次放流黑河的人工繁育子二代大鲵，我这里提供了286条，今年，我的目标是10000条。"成就使王俊满怀自信。

秦岭北麓能够自主进行大鲵人工繁育养殖的消息传开后，王俊的电话几乎被打爆了。下一步，王俊打算进一步扩大规模，实现工厂化繁苗育种目标，在促进秦岭北麓大鲵资源繁育保护和开发利用的同时，让养殖大鲵也能为富裕当地百姓出一份力。

070
"柴百万"盆栽韭菜年赚千万

1989年出生的柴会龙，大二的时候就创立了一家员工达400人的公司，被同学称为"柴百万"。

2012年大学毕业后回到故乡章丘市柴家村种韭菜，截至2013年年底，营业额一千多万元，净利润可达100多万元。他一手倡导的"专业大户+农民合作社+农户"的模式，改变了几十年来传统的种植模式，他的盆栽韭菜也因此成为传统农业向现代农业转变的一个典型。采访了这位年轻的创业者，柴会龙讲述了自己农村创业史：

"我大学读的是国贸专业，做过校园媒体，毕业时即使面对年薪20万的诱惑，也还是想回到自己的家乡——章丘市柴家村。我的家乡有种植韭菜的历史，355户人种韭菜，有1500亩特色品牌基地，村里甚至在2000年注册了绿色无公害韭菜的品牌，但这个官方认证并没有给村民带来更多的利润"。柴会龙自信地说道。19岁那年，他就立誓，如果四年之后，家乡的韭菜还没有走向全国，我就回到家乡实现这个梦想。

食品安全是第一

在我上大学时，就不断听说各种韭菜中毒事件。很多明明是无公害、无残留的蔬菜，可放在超市里就是没有人买。可是韭菜对于北方人来说是刚需，尤其在冬天做饺子是必不可少的配料。然而，由于恐惧，消费者们现在连证书都不认可了。现在城镇化那么厉害，很多人没有地，想种也没法种，也种不出好韭菜，只能买。面对这样一个旺盛需求，我们的村民却并没有赚到多少钱。普通韭菜在中国确实很难卖得起价钱，在农贸市场里，4块钱一斤算是顶天了。

我当时认为，我们村正好能提供无公害的韭菜，我们有那么好的基地，我是土生土长的柴家村人，对农村非常熟悉，如果不做，就再也没有这么好的机会了。

要改变这些问题，我必须从很多方面改变过去农业生产经营的一些方式方法。我决定以家庭农场为主，以农民合作社为辅。先把自己做成一个标本，如果成功，再宣传给农民。我租下了4个叔叔的土地，40亩做大批量的韭菜生产，专门供给超市，这样的无公害韭菜可以卖到30—40元一斤；另外10亩专门做韭菜盆景，满足消费者个性化定制的需求。

农产品的营销要接地气

过去我们的韭菜远销到北京、天津，大家都说好，可是消费者并不知道这个产品是谁生产的，怎么生产的，说白了，没有品牌。我的想法就是要打开销路，形成品牌。

由于城里人不相信农产品是无公害种植的，我们需要让他们知道柴家村的韭菜真的没有问题。我大学时候就搞过校园媒体，打通学校周围商户和学生，我熟悉媒体如何影响用户，每一类媒体所针对的人群是什么人。

我们有意识地接触媒体，我们在济南等城市的本地生活频道开始做广告。本地生活频道对于当地人影响大，尤其是家庭主妇，有公信力。我们通过广告，向消费者们传达我们的品质、产品，还有模式。

她们后来发现我们的产品不错，就开始口口相传，为了满足大家的需求，我们又推出了小区团购模式，只要一个小区订够多少盆就免运费。在济南小区可以听到大妈们喊："您买不买韭菜，家里需要不需要？"

另外，我们还特别重视广告投放的时间和效果。我们在交通广播台做广告，买的是下午五点到五点二十的广告时段。这时候济南的大部分车都堵在路上，通过让他们聆听我的创业报道，让他们对我的韭菜感兴趣。

我们还和拥有高端人群的机构合作。我们最早通过济南高端农产品网卖我们的无公害韭菜。另外，我还和车友俱乐部合作。他们需要活动场所，也愿意支持我们。经常有很多车友会会员把车开到我们的基地，实地看我们的种植情况，然后带上几盆回去。

让市民在家里割韭菜

冬天是韭菜的旺季。传统的韭菜从泥土中取出后，不利于保存，放久了不新鲜。城里的老百姓想吃自己种的韭菜，又没有地方种。面对这个市场，很多人做了尝试，比如北京就有人做盆景农业，但是价格太贵，一盆盆栽可能卖到三四百块钱。另一类是无土栽培，但是这种农作物的生命力非常差，产品就长一茬。

我们韭菜的壁垒就是种植技术，尤其是育苗技术，看似进入门槛非常低，其实门槛非常高，别的地区难以复制。育好苗才能保证消费者拿到家里是可以生长的。

研究了竞争对手的做法后，我们开发了盆景韭菜。原材料还是我们柴家村的无公害韭菜，只不过使用有机肥料，在大棚里培育，用统一规格的泥盆来装，使得产量和品质都有了提升，形成标准化的产品外观。

以前的韭菜是在地里种植，而盆栽韭菜我们精心育苗，成活率很高。这样，柴家村的无公害韭菜可以放在市民的阳台上养，既可以用来观赏，又可以吃。每盆韭菜可以割3—5茬，每次都是新鲜的。我们卖的是产品，不是食材，市场反响很好，每盆韭菜可以卖到79元。市民吃完了，还向我们预定和团购，我们按照小区配送。

通过合作社确保供应链

有了销路和口碑，就要保证供应链。

我开始说了，我先示范，让大家相信种盆栽韭菜可以致富。后来，我又在思考如何把村里的农民组织起来。我决定和菜贩子竞争，因为我的毛利空间大，有渠道优势，收购的价高。同时我让村民加入我们的合作社，统一管理，统一种植，统一销售，分享收益。

除了保证产量，我们还要保证品质，品质是产品的生命。农民，你只要让他挣到钱，他就愿意按照这种模式进行生产，并且由于大家是利益共同体，谁要乱来，坏了招牌都是不被允许的。其实我们的要求很低，他们大都是种了30多年地的农民，他们的技术非常成熟，我们地挨着地，互相监督，不撒农药就统一不撒农药。农产品安全现在越来越厉害，农民也知道不撒农药是竞争力。

071
放弃教师编制,创办英语学习班

"Good morning Teacher Yang!"周六早上8时一刻,杨海滨的英语学习班就来了第一个学生。等到8点半正式上课的时候,两间教室里已经坐满了学生。杨海滨开设的英语学习班位于浑南新区沈营路上,这里毗邻东北育才学校,而且周围分布了不少高端楼盘,并不缺少生源,且消费能力比较强。生源定位以出国人员、学生为主。

学习班的地址选对了,定位准确了,而且师资队伍也不错,开业三年来,杨海滨和他的女朋友不仅顺利结婚,同时每月纯收入超过万元。

喜欢沈阳就想留在沈阳创业

2009年,杨海滨毕业于辽宁师范大学英语系。当时,家里已经给他安排好了工作,回老家某中学当英语老师。"连编制都落实了,一个月的工资是2000多块钱。"杨海滨说,他当时在大学里,已经交了女朋友,是同系的一位女生,老家在朝阳喀左。毕业之后,俩人都不想回老家,都想留在城市。考虑到离老家近一些,俩人就从大连来到了沈阳。

经过多次求职之后,他们弄明白了,公立学校不但非常难进,而且刚开始根本没有编制,只有等到老教师退休了,才能腾出编制来;好一些的民营学校,想进去也不容易,和他们一起竞争的,有很多是研究生。原本想着一个月哪怕只挣2000多块钱,两个人能挣到4000块钱,就能在沈阳生活了,但是现实是,杨海滨和他的女友奔波了一个月,也没应聘到一份工作。

无奈之下,杨海滨不得不把自己的择业目标降低,去了一家教育机构当代课老师。"收入挺高的,每个月工资能有三四千块。"杨海滨说,没接触到这类学校之前,根本不知道老板能挣多少钱。进去了之后才知道,代课老师和学校分成,一般是三七开,学校办手续、出场地,还进行招生,当然拿大头。杨海滨算了算,这家位于市府大路上的教育机构，房租由于地理位置好当然不便宜，但是50个学生的学费就把一年的房租赚回来了。代课老师为了拿到更多的提成，也会拓展生源。水电费则是不用算的小账，每年的纯收入能达到上百万元。看到这么大的利润空间，杨海滨决定，自己也办个学习班，试一试创业的滋味。

半年之后，杨海滨揣着攒下来的一万块钱，和女朋友寻找地方，准备一起创业。他们通过市场调研发现，好位置的门市部，根本租不起，不仅租金昂贵，而且通常要求一次性交齐一年的。另外，好学校周边也没有生存空间，省、市重点学校的周围，基本都有英语补习班，而且已经营了多年，树立起了口碑和品牌，杨海滨想插进来分市场，是非常困难的。

杨海滨转换了关注点，开始寻找空白区域。终于在2010年春节过后，杨海滨的英语学习班落户在浑南新区东北育才学校旁边。杨海滨说，他刚开始创业，最成功的一步，就是和房主讨价还价。杨海滨记得，当时那条商业街上，大多数门市还空着，供他选择的余地很大。他打听到了一位房主，有个正在上大学的女儿。杨海滨就带着女朋友，来到房主家，一再讲他们两家的生活条件都不好，而且刚刚大学毕业创业也非常不容易。房主看到像自己女儿一样的孩子出来创业，而且这么有上进心，就打算帮帮他们，每个月的房租只要了1500元。时至今日，杨海滨夫妻都非常感谢那位户主。现在，他们还是一个季度一交房租，每年的房租也只有3.5万元，与周边的门市相比，价格还算是便宜的。

相信努力付出就赚钱

杨海滨说，2010年春天的时候，学习班正式开课，但是当时，老师和学生都不好招，最初只有两名学生来上课，他就自己教课。他的女朋友则在外面的学习班教课，而且是拼命地上课，最多的时候一天能上六七节课，从早上8点上到晚上10点，每个月能赚七八千块钱，他们把这些钱全部投入自己的学习班里。杨海滨每天就联系生源，这种状态差不多持续了一个学期，等到当年秋季学校再开学的时候，杨海滨学习班里的学生就有三四十个了，已经能够正常运转。杨海滨请了几个美国留学生来当代课老师，他的女朋友负责日常管理，他把主要精力还是放在招收学生方面。去年底，杨海滨就贷款在附近的小区买了一套80平方米的房子，和女朋友结婚了，把家真真正正安在了沈阳。

现在，杨海滨的英语学习班已经有了100多个学生。前不久，他还把隔壁的门市房也一起租了下来，打通之后，这家由80后小夫妻创办的学习班更加像模像样。杨海滨说，现在生源稳定之后，收入也就跟着稳定了，每个月刨除所有的花销之外，还能净赚一万多块钱。他已经和房主签订了3年的长期租房合同，他相信，只要自己努力，就一定可以赚到钱，大学毕业了，如果连自己都养活不了自己，那多丢人啊。

072
三年成为世界孔明灯"一哥"

一个看似不起眼的小小孔明灯，一年能创造3000万的销售额，你相信吗？

一个靠"倒卖"起家的业务员，不到五年创立5家公司，你相信吗？

一个"80后"的草根大学生，号称要培养100个总经理，你相信吗？

不管你信不信，这就是刘鹏飞演绎的传奇。

他不是富二代，不是高材生，也谈不上金融奇才，但是却被《福布斯》杂志评为"中国30位30岁以下优秀创业者"。在这个不相信眼泪、也不相信奇迹的时代，他赤手空拳，野蛮生长，为自己作了最好的注解。

被媒体称为"义乌最牛80后创业大学生"的刘鹏飞出生在江西宁都县，在江西九江读书时就倒腾过纯净水，直销给本校同学，还买DV为毕业生拍录像赚钱。如今，他是义乌3家孔明灯厂、3家十字绣和一家印刷设计公司的老板，灯厂所有的灯具全部在宁都县生产。

孔明灯点燃美好的创业梦

2012年5月，义乌市上溪镇工业园区，两辆装着10万只孔明灯的大货车停在一家工厂门口。这里，就是飞天灯具厂在义乌的"根据地"之一。年生产量1000万件，销售额3000万，在孔明灯的生产和销售领域，飞天灯具厂的级别堪称"老大"，成就它的，是叫作刘鹏飞的毛头小伙。

2007年一个夏夜，刘鹏飞和女友在义乌梅湖公园散步，那时他24岁，刚从江西九江学院毕业一个月，义乌，是两个年轻人寻找梦想的第一站。"走着走着，看见头顶飘过一盏盏亮亮的东西，还以为是UFO。"从来没见过孔明灯的两个年轻人兴奋不已，刘鹏飞也似乎被那些光亮点燃了灵感。另外，他在《新闻联播》上看到世界上近90%的圣诞礼品来自义乌，又从图书馆查到，每天从这里1000多个货柜发往世界各地，他就买了台笔记本电脑奔向义乌，上网才发现10元一个的孔明灯批发价只要三四块。第二天，他到义乌著名的国际商贸城考察，发现共10万余个店面的商贸城只有三四家店卖孔明灯，生意特别火爆。回到家他又上网查询，阿里巴巴、中国制造、环境资源三个平台都没有人卖孔明灯，但是用谷歌搜索，国外却有人打出了孔明灯的求购信息。

　　商业嗅觉灵敏的刘鹏飞分析，这是种"新奇特"的产品，做的厂家不多，竞争不激烈，行业不成熟，利润高，投资不大。做起来又简单，而且如果卖到国外可以有很大的出口量。想迅速挣钱，瞬间成为行业的老大就必须依靠出口。只用了两天，他认定孔明灯是最适合自己的创业项目。

　　他的第一步就从倒卖开始，正巧电子商务兴起，刘鹏飞没钱开网店，就在免费的中国制造网发了条消息。由于阿里巴巴账号要收费，他就用500元从校友那租了个账号发布供应消息。内销他也没有落下，通过QQ群、阿里旺旺群、社区、贴吧到处发帖，号召小商贩来自己这里进货。很快就有订单找上门，而义务的小商品产业链极度发达，生产交给其他公司高枕无忧。就这样，2.5元倒进来，批发出去3.5元的孔明灯可以有30%以上的利润，第一个月他得到了几千元的纯收入。刘鹏飞确定，机会真的来了。

　　第一桶金来自温州一家外贸公司，对方打算订购50万只孔明灯，条件是先上门考察。"我一听就有点发憷，因为都是从别处拿货，没有工厂，没有员工，办公就是在床上对着电脑敲敲。"无奈之下，刘鹏飞向朋友借了一个小作坊和一间稍微能见人的办公室，决定打肿脸充一回胖子。然而，当他真正面对这批客户时，心里却是忐忑不安，"这不就是欺骗么？"刘鹏飞心一横，把实际情况和盘托出。结果并没有他想象的那么糟，因为态度诚恳，客户依然下了20万的订单，刘鹏飞也从中赚了9万。

　　靠着这笔收入，刘鹏飞继续马不停蹄。

　　2007年10月，他成立以孔明灯生产为主的飞天灯具厂。销售在义乌，生产在江西，全家老小一起动手，每天最多生产500只。2008年，他陆续在仙居、义乌、金华等地建立多家工厂，以满足更多的订单需求。2008年12月，飞天灯具厂完成400万只孔明灯的销售额，销售额达到2000万，成为名副其实的孔明灯龙头企业。

　　"有了项目就赶紧做，这叫'先把帽子扔过墙'。"从一无所有到成为"孔明灯大王"，刘鹏飞只用了不到1年时间。

开拓新项目　创立八家公司

　　虽然做孔明灯赚到了钱，但刘鹏飞觉得，虽然成功因为孔明灯，但事业的开展也受制于此，产品市场比较小，而且每年只有6—11月是销售旺季，即使把品牌做得再响，销量也难有爆发性增长。他把利润、成本、竞争等几个寻找项目的条件告诉大家，号召兄弟们一起寻找新项目。

2008年10月，学弟挖掘到几百万元投资就可以上路的十字绣市场。刘鹏飞看到网络上还查不到大的十字绣厂家，项目和孔明灯有异曲同工之妙，不同之处就是要以内销为主。

刘鹏飞果断拨了50万元开始投产，图纸拿给别人印，十字绣用布、线和塑料包装壳都从外面订购，自己只负责包装，在材料极难供应的情况下疯狂加班了四个月后，净赚100万元。这一次他心里已经相当有底，十字绣可以每天发货，一批产品卖完就可以回本，想撒手也来得及。

如今刘鹏飞旗下8家公司，十字绣推出了三个品牌，拿下了"蒙娜丽莎"品牌4000万元的贴牌生产量，还开始做印刷、油画生意，并在筹备一个女装淘宝品牌。赚钱已经无法满足刘鹏飞了，他想成为一个真正的企业家。

刘鹏飞已经将工作重点放到推出女装品牌，最好能拿到投资。考虑到孔明灯和十字绣的市场太小，他寄希望于让这个新品牌有机会上市。对他来说，这辈子一定要做出伟大的、有影响力的公司，而现在他的"飞天实业"充其量只是个"像样的企业"，未来的路还很长。

这种投资模式必然会有风险。去年2月，刘鹏飞成立了一家雨伞加工厂，由于决策失误工厂在9个月后倒闭，这使他直接损失了20万。"这钱都是我之前赚回来的，成立的时候我也没严格计算过回报率。"对于这次失败，刘鹏飞看得很开，他甚至悟到，自己开这么多公司是正确的——把鸡蛋放到不同的筐里，碎了一筐还有其他筐，反而是降低了风险。

073
"三女侠"的放心早餐车遍布天津

她们是三个刚毕业的女大学生，两个"90后"，一个"80后"，作为文科生的她们没有听从家里的安排，找一份稳定坐办公室的工作，而是选择了自主创业。她们

073 "三女侠"的放心早餐车遍布天津

凭着一股肯吃苦且不服输的劲头儿投身餐饮行业，自创"鬼马"早餐车，卖起了放心早餐。早餐车从1辆发展到7辆，如今的她们还雇佣了不少大学生和下岗市民一起卖早餐，她们的愿望是在天津市大街小巷都有她们的早餐车，每个老百姓都能吃上她们做的放心早餐。

每天早上，在天津市河东区卫国道华润万家超市门前及附近的太阳城社区，人们都能看到一个个造型奇特的早餐车，如同童话世界里描述的温馨小房子一般，外形圆圆滚滚，色彩是红黄搭配，小房子内外永远擦拭得干净如新。三个女大学生穿着工作服，用塑料帽子将头发全部罩住，戴着一次性手套，系着白色的围裙，在里面吆喝着招揽生意，同时为已经上门的顾客配餐。

"鸡蛋火腿烧饼、大饼鸡蛋、大饼油条、特浓豆浆、特制火腿粥、秘制茶鸡蛋，都是热的啊，绝对卫生、绝对健康！"虽然只是20多岁的女生，可做起生意吆喝起来一点都不怯场，声音响亮，十分熟练。每当帮客人配好餐，交到对方手里时，她们总会习惯性地说上一句："慢走，好吃再来！"让人感觉十分舒服。来这里买早餐的人不少已经是"熟客"，对女大学生们做的放心早餐，大家的评价差不多都是"味道不错，关键是干净！"

"80后""90后"三女孩　独爱自主创业

这三个女孩，袁九墨，22岁，大学专业是国际贸易；王玉圣，22岁，大学专业报关与国际货运；蒋月，23岁，大学专业是计算机。虽然她们来自不同的大学和专业，可毕业前共同在一个单位实习的经历，让三人相识相知。三人因为性格相近，很快成为了好朋友，一起出去玩，一起唱歌。很快她们还发现就连对于未来的志向都一致，都不愿意帮别人打工，更愿意自主创业，而她们又都一样喜欢美食，就这样三个人决定投身餐饮行业，自主创业。

把想法告诉父母之后，立即遭到了强烈的反对。"爸妈觉得我们都是学文科的女生，应该找份稳定坐办公室的工作，我不断游说父母，还写下了保证书，他们才同意！"王玉圣说。那是什么样的保证书呢？"保证不拿创业启动资金胡乱花掉和吃喝玩乐，一定都用在创业上呗！"王玉圣笑着说。就这样，三个女孩一条心，开始了第一次的创业。

地点选择有点偏　开起餐馆却没客人

经过一系列的准备，三个女孩找到了一家店面，在去年8月份着手开了一家小便当店，其实就是一家小吃馆，可没想到因为地处偏僻，根本没有客人。"那时候也不知道今天能卖多少，但就是一个顾客，材料也要准备好，可根本卖不出去，第二天东西就不能用了，只能扔掉！"蒋月回想起当初的艰辛至今还有些心痛。可以说，她们的第一次创业失败了，但又不敢告诉父母，那时候三个人心情都不好，每天都在想着怎么才能把这个小饭馆做起来。

转机出现在今年1月份，因为忧心生意没有起色，袁九墨一晚失眠时突然想起，她在青岛上大学时曾经看到过有类似报刊亭的早餐车，生意不错。"我们能不能也走上街头卖放心早餐呢？"她赶紧把自己的想法告诉了两个小姐妹，三个人觉得这个主意不错，她们上网查询发现在其他城市，早已经有了早餐车业务，她们决定用这个"概念"大干一场。

早餐车上卖放心早餐　肯吃苦就能有回报

从订购车辆到获得卫生、市容等部门的批准，三个女孩默默做着一切。今年2月，她们让早餐车上路，开始了经营。那是冬日里一个漆黑的夜晚，三个女孩凌晨1点就起床，开始配餐和准备一切，因困得起不来，就准备了一面锣，闹钟响起，第一醒来的人要敲锣将另外两个人唤醒。那天晚上很冷，马路上没有一个人，面对着朗朗星空，也为了纪念这一天，三个女孩用DV记录下了那辛苦的开始，因为以后每一天他们都要这样与星星月亮为伴。

凌晨1点起床配餐，天不亮就出门，太阳完全升起时回到家里，下午开始泡豆子做准备，第二天早上好磨豆浆。三个"80后""90后"后女孩，从小十指不沾阳春水，甚至没有拿过菜刀，可为了创业，学会了做老豆腐、磨豆浆，为了切好火腿和烧饼，曾多次割破手指。可吃苦算什么呢，在她们的心目中，只要肯吃苦，无论做哪行，都能至少满足温饱，她们既不想碌碌无为，更不想"啃老"，只想靠自己的双手开创出一番事业。

早餐车从1辆到7辆　最大愿望是遍布天津市

三个女孩做的早餐因为干净，市民吃着放心，很受大家欢迎，生意越做越大，也越做越好，辛苦点怕什么，当每天休息时盘点当天的收入支出，看着那个数字在一天天增加时，她们真是甜在心里，再辛苦也值得了。

仅仅一个多月，早餐车的数量就从1辆变成了7辆，陆续有人加盟进来，她们还招募了一些大学生和下岗职工一起来创业。三个女孩的梦想是在不久的将来，天津市的大街小巷都遍布她所创的早餐车，老百姓都能吃上她们亲手做的放心早餐！

074
绿色养殖将害虫"变"金虫

"蝗虫过后一场风,庄稼全落空。"蝗虫的出现历来与灾害联系在一起,可如今,一向被人们深恶痛绝的蝗虫(又称蚂蚱),被湖北省当阳市两河镇赵闸村大学生赵志超"请"进养殖大棚,经过一段时间精心养育后端上了市民餐桌。

2010年7月,这位返乡创业的大学生赵志超向记者讲述了他的创富故事。

舍弃广州五千元月薪 返乡养蝗虫

2011年3月,赵志超放弃优越的城市生活,回到家乡养起"东亚飞蝗",他租下村里20亩地,搭起养殖棚,种植玉米草。昨日下午记者来到他的养殖基地时,首批80万只蝗虫已长成指头大小,正在绿油油的玉米草上蹦蹦跳跳,享用美味。

2008年,赵志超毕业于成都理工大学信息与计算科学专业,先在海南海口一家证券公司找到一份工作——上夜班做"操盘手",透过风云变幻的股市,他看到了绿色养殖业美好的前景。一年后,赵志超辞职前往广东东莞闯荡,跑了半年业务,他决定返乡创业,但苦于找不到门路。

偶尔与朋友的一次聚会,改变了他以后的人生路。在那次聚会中,他从朋友口中了解到特色养殖的发展市场,看到了绿色养殖业美好的前景,于是,带着创业的梦想来到天津中友特种养殖有限公司应聘工作,学习有关蝗虫养殖的技术。

一切都得从头开始的赵志超,起初在山东、天津等地蝗虫养殖规模较成熟的公司来回奔波。一边工作一边学习养殖蝗虫技术,同时,他全面了解蝗虫的繁育、养殖、销售及市场需求。2009年底,赵志超带着梦想回到家乡,在家人和朋友的支持下,他筹集了36万元,购回了蝗虫虫卵,并在村里租赁了20余亩土地建起了大棚种植青草,办起了蝗虫养殖基地。

他告诉记者:"家乡土地平整,方便草料的种植和运输,再加上家乡的土壤、气候都有利于蝗虫的养殖,我相信自己的选择是对的。"

小小虫卵似"金"贵

养殖基地初具规模后,赵志超小心翼翼地把放虫卵的箱子抱到大棚里。他一口气购进80万颗蚂蚱虫卵,花费近8万元,平均一颗虫卵一角钱。

据赵志超介绍,一个标准棚需7.5斤虫卵,需3.3万元,算起来,每斤虫卵4400元。但是养殖蚂蚱有个特点:买一次卵后就不用再买卵了,蚂蚱长成后自己产卵,这样可以循环发展,成本一降低,利润就提高了。

食物叶撒在大棚内　蝗虫像绿云一样飘过来

走上创业道路的赵志超,并没有像自己找工作一样顺风顺水,由于初涉此道,经验不足,刚开始经营蝗虫养殖时,赵志超就遇到了困难,用赵志超的话讲,当时的情况就是:"一没资金,二没人力,三没经验,有的只是一颗追求成功的心。"好在赵志超的父母不但没有反对他养殖蝗虫,而且还帮助他找亲友借来资金,他也一边查阅关于养殖蝗虫的书籍和相关资料,一边不断地摸索,经过一段时间的学习探索,他逐渐掌握了适合当地养殖蝗虫的方法,并开始引进第二批蝗虫卵。

每天,赵志超都会按时走进大棚,将蝗虫们最爱吃的嫩绿玉米叶撒在如蚊帐般的大棚地上,顿时,蝗虫像一大片绿云一样飘过来,停留在鲜叶上,棚里充满了跟蚕宝宝吃桑叶一样的"啦啦"声。"听到这种声音,就觉得开心,我每天会喂他们4顿饭,除了玉米还有麦粒和鲜草,一旦天气干燥就为他们喷水降温。蝗虫由于生病较少,这就少了很大的麻烦。"说起养蝗虫的经验,赵志超俨然已成为一个专家。

等到蝗虫可以出售时,很多酒店、药材店的老板都亲自来订购,赵志超的养殖蝗虫基地一下子就红火起来。谈起蝗虫的价值,赵志超说:"其实以前曾听说过有人吃蝗虫,可没想到这种害虫现在这么受欢迎,查阅资料后,才了解到蝗虫体内的蛋白含量是很高的,达到74.8%,对人的身体健康有好处。现在一公斤蝗虫要卖30多元。"如今赵志超养殖的蝗虫已顺利销往当阳、荆州、荆门、宜昌等地的十几家公司。

赵志超告诉记者,随着经营的转好,他现在的蝗虫养殖基地有43亩,现在年收入已达到10万元以上。

带动乡亲共同致富是终点

据了解,如今的一些饭店对蝗虫开始了各种方式的烹制,做出了如"飞蝗腾达""陆地飞虾"等色味名俱佳的菜肴,同时还将蝗虫制成了罐头食品、脱水干制品、冷冻食品、腌制食品等各种风味食品。

在大规模养殖蝗虫后,赵志超也开始了新的经营模式,不再仅仅销售蝗虫,也做起了虫卵的生意。赵志超告诉记者,随着蝗虫绿色养殖市场的快速发展,蝗虫在食用、药用方面的市场也渐渐发展起来,尤其是在制药和化妆品方面有很大发展空间。他现在已经考虑在养殖有了一定规模后,逐步建成一条从养殖到深加工到销售的完整产业链。

目前,赵志超除了自己养殖蝗虫外,还将养殖经验告诉前来咨询的乡亲。赵志超告诉记者,除了自己经营的43亩蝗虫养殖基地外,还有80亩蝗虫养殖基地是和其他伙伴一起合作的,现在蝗虫无公害绿色养殖发展市场还是很大的,自己富裕并不够,带动乡亲们共同发家致富才是终点。

075
为客户省电一年接单2000万

"如果通过系统改造,至少可以节能70%以上……"早上6点,23岁的刘偌鑫已经在琢磨将街边路灯改造成节能灯具能"省"多少电了。别小看节能灯具,这为刘偌鑫这个才毕业的大学生"省"出了2000万元的商机。

一年前,刘偌鑫刚从重庆交通大学管理学院物流管理专业毕业。他没有像其他同学一样去找工作,因为他已是两家公司的执行董事,分别经营节能照明设计安装工程和照明器材渠道批发业务。

明明是物流管理专业的学生,为何会搞节能照明?刘偌鑫说,大一时,他在报纸上看到关于节能照明的报道,很感兴趣。而且,节能环保是今后发展的大方向,肯定蕴藏着巨大的商机。

"如果您不相信,可以先免费试用。"刘偌鑫微笑着盯着对方的眼睛,"您可以先划出一块实验区域,我们免费为您改造照明系统,一个月之后,您就能看到我们的系统是不是真的能节约一半以上的电!"刘偌鑫拿着自制的《照明系统节能服务流程图》,不厌其烦地跟客户解释原理,为了让客户相信自己,他还使出了"免费改造"的"撒手锏"。

很长时间以来，刘佶鑫一直坚信，节能环保将是正在迅猛发展的中国的一个关键词，这其中，蕴藏着巨大的商机。

大学里就开始创业

刚上大二时，刘佶鑫注册成立了重庆凯博瑞能照明工程有限公司（下称"凯博照明"），他带着从母亲那借来的5万元，与在重庆邮电大学读书的"发小"彭淞一道，合伙代理销售韬播节能灯具。为了打消客户对"嘴边无毛、办事不牢"的年轻老板的顾虑，刘佶鑫常常"冒充"厂方的办事人员参加谈判。

因为缺乏谈判技巧，"求客心切"的他总是尽量满足客户的要求，"他们需要多少样品灯具，只要我们数量够，就都答应！"3个月下来，订单才签订了3份，样品却消耗了3000多件。"都是我脸上的'婴儿肥'在拉后腿。"刘佶鑫指着自己胖嘟嘟的脸颊打趣地说，"光样品成本就多花了4000多元！"

痛定思痛，刘佶鑫开始恶补谈判技巧，他走进学校图书馆，挑选了与"心理学""谈判技巧"相关的十几本书，还给自己规定每周看一期谈判技巧的视频，从真实案例中吸取经验。

为了不影响专业课的学习，刘佶鑫只在周末前往主城区的灯具市场与经销商谈合作。"我们向客户介绍产品，分析节能效果，用数据展示我们的产品所能创造的利润空间。"为打消经销商的疑虑，他专门编写了《平板灯对比详解》等技术资料，列举出产品的每一样原材料及成本，并与普通LED灯进行对比，帮助客户了解产品。

大二的暑假，刚完成期末考试的刘佶鑫将商业"战场"转向了重庆各个区县。在一个月内，他与合伙人彭淞累计开车7000公里，跑遍重庆40个区县。他们白天跑市场，与商户谈判。晚上整理客户资料，挑出有合作意向的客户，第二天进行回访。"熬夜是常事，所以我们专捡坐车的时间睡觉。"

2012年10月，经过7个月的努力，凯博照明由最初的3家经销客户发展至45家区域经销商，韬播平板照明公司也正式授权凯博照明为重庆地区独家总代理。这一天，刘佶鑫拿到了6万多元的订单，"经营了半年多的公司终于开始盈利了！"

一个月后，他租下了巴南区鱼洞镇沿街的一栋两层高小楼，将200多平方米的场所改造成了办公室和物流仓储中心。

科技成果解化为企业利润

2012年12月，在学校潘雨红教授的指导下，刘佶鑫小组的《高校楼宇照明系统节能改造可行性研究》成功申报重庆市"大学生创新创业训练计划"应用推广课题。他们以校图书馆阅览室为实验基地，做改造照明系统实验。2013年5月，通过实验与研究，他们率先在业界提出办公照明系统光环境优化理念，并通过课题实验论证，使得办公照明用电系统平均节能58%—75%。

此时的凯博照明已经有了良好的客户基础，发展逐渐趋于稳定，刘佶鑫试图将研究成果用于商业经营，完成企业转型。

他找到了创业指导老师朱辉荣，商讨经营模式：由施工方提供免费服务，为合同单位免费设计、改造照明系统，在未来的3—5年中，节电省下的利润由施工方与合同单位共享。刘佶鑫的手指飞快地在计算器上敲动，"这是一档投资大、回报慢的生意。"面对单个项目动辄上百万元的投资，刘佶鑫犯了愁。

在朋友的介绍下，重庆市宕渠科技有限公司（下称"宕渠科技"）向刘佶鑫提出了合作意向——由刘佶鑫的凯博照明提供技术服务，宕渠科技负责提供项目资金和安装工程。

2013年12月，刚上大四的刘佶鑫成功控股了重庆宕渠节能科技有限公司，着手开展医疗、高校照明用电系统光环境优化与节能事业。如今，他们打造的"节能蓝图"中又增添了重庆南川区人民医院。预计今年年底的营业额将达2000万元。

刘佶鑫说，他的下一个目标是打造智能照明系统，"让你的灯根据四季的变化而变换温度和亮度，给你最舒适、最节能的光照环境"。

076
创业10年成为身家2亿的服装大王

"拿出1000万元为临沂大学设立助学基金，在企业内部和我家里都有不同声音，而我感觉这里曾帮助过我，是我成长的地方，所以就坚持了下来。"近日，在临沂大学李海鹏基金捐赠仪式结束后，年仅30岁的山东鹏宇控股集团董事长李海鹏对记者说。

坐在记者眼前的李海鹏，瘦瘦的身材，戴副眼镜略显书生气，没有想象中财大气粗的样子。

"我骨子里有一种干事业的激情"

李海鹏的经历颇具传奇色彩,细观他的创业史,对人们尤其是大学生创业会有不少启示。

"我出生在一个农民家庭,每当看到年迈的父母为了孩子而劳作不息的身影,我心里就特别疼,我渴望自己快点长大成才,我骨子里有一种干事业的激情。我特别希望赚很多的钱——让自己的父母、家人过上好日子。"在回忆创业之初的情形时,李海鹏这样说道。1981年,李海鹏出生于东营农村,父母都是农民,他在家排行老三,上面有两个姐姐。

先兼职,慢慢变成老板

2000年,李海鹏考入临沂师范学院历史系,2004年毕业。由于家庭经济困难,上大学第一年的8000元学杂费、生活费还是父母东拼西凑借的。在校期间,李海鹏一边学习,一边利用业余时间兼职,但刚开始时并不顺利。"有一次,我在临沂一家家政公司打工,被派到了一个有钱人家去打扫卫生。那人要求非常严,一而再、再而三地要求返工。我从早上9点一直干到晚上8点,一点点地擦,一点点地清洗。一天下来,本来说好给50多元钱,最后那人还是以擦得不干净为由仅给了30元钱。"他先后干过家政、业务员、倾销员等,2001年他用挣来的钱买了一辆二手出租车,简单装饰后就租了出去,最多时他曾买了七辆出租车并出租出去。就这样,李海鹏在别的大学生还伸手向父母要钱的时候,已经有了一份稳定的收入。

利用寒暑假,他还到北京、上海、深圳等地的企业锻炼,这大大开阔了他的眼界。后来他利用积攒的40多万元钱,同别人合伙在深圳开了一家汽车装饰品加工厂,用工达到200多人,在2004年大学毕业时,他就已经拥有了五六百万元的资产。上大学期间,除了第一年8000元的学杂费,李海鹏没跟家里再要一分钱。

企业多元化发展

"假如说刚开始打工时,是为了减轻家庭负担,那么到毕业时,我的想法有了改变,我觉得能靠自己干一番事业。"李海鹏说。也许是发现了自己的经商天赋,2004年大学毕业时,李海鹏没有像其他大学生一样考研或者是考公务员,而是选择了自主创业。他利用闲置资金,在临沂开了一家火锅店,主营火锅、烧烤和特色菜,2006年火锅店还被评为"临沂市十大火锅名店"。随后他又逐渐涉足文化、投资、建筑装修等行业,逐步完成了资本积累。

"竞争激烈,眼光必须转变得快。"针对好多项目为什么仅干两三年就不干了的疑问,李海鹏说,从创业至今,他涉足过几十个行业。近两年,他开始收缩战线,化零为整。2009年,他在菏泽创办了占地200多亩的山东皓宇服装有限公司。2010年,他又将企业总部搬到了济南。

目前,皓宇服装新上日本重机、兄弟、德国百福等一流生产设备1033台(套),拥有40条休闲服饰生产线以及3条西服生产线、3条衬衫生产线,可年产各类休闲服饰400万件,中高档西服100万套,衬衫100万件。

3年内形成与雅戈尔、杉杉等一线品牌相抗衡的能力,皓宇服装已经初具实力。"战略决定企业的经营成本,细节成就经营完美。皓宇的顺利投产,为我们下一步从事高新技术项目做了成功铺垫。"李海鹏信心满满。

2010年5月份,企业改制成了控股集团,旗下有十几家企业,核心业务以投资担保为主,总资产达到七八个亿,年销售收入十多亿元,年仅30岁的李海鹏担任了董事长,如今他又开始筹划企业上市的事情。

2010年初,由《法制晚报》联合创业之家网站,历时半年调查,制作了2010年中国80后青年创富榜,李海鹏以2.1亿元资产位列第27位。

077
水果味玉米带来了"玉米财"

为了推广亲手种植的"水果玉米",他提着玉米去正在风靡播放的《非诚勿扰》节目寻找爱情,让主持人孟非一边主持节目一边把手中的玉米啃了个精光。随后火爆的"甘肃省第三届水果玉米采摘节"在榆中三角城举行,最大玉米拍卖、生吃玉米大赛将水果玉米卖到日韩市场的"玉米哥"杨天龙顿时在网上走红,大街小巷也掀起一股庞大的"玉米风"。

重新选择只为农业

"玉米哥"杨天龙是一位地地道道的80后大学生。1983年他出生于兰州市榆中县高崖镇李家磨的一个农民家庭。家里的贫困已经成了不争的事实，初三那年，他辍学后走上了创业之路——养兔子，没想到创业失败的他无奈之下只得返校学习却又遭遇高考失利。随后，他一边创业，一边自学，最终考上了梦寐以求的中国农业大学。

2004年，杨天龙从甘肃走向北京，开始真正梦想之中的大学生活。由于自小在农村长大，他对土地有特别深厚的感情，所以就主动找到班主任，请求帮他推荐一些玉米种子，希望能提高产量。当时，老师给他近30个品种的种子，在家乡进行引种。不久，"水果玉米"引起了他浓厚的兴趣。这玉米会像哪种水果呢？苹果，桃子，还是梨？可是，玉米一天天长大了，和普通玉米没有什么区别。唯一的一个区别就是，那个玉米实在太能长分支了，太能吸引蚜虫了。成熟后，他尝了下，非常甜，但是甜而不腻。更奇怪的是，这个玉米能生吃。

2007年，他在自己家里种了八分地的水果玉米。水果玉米收获时，得到了不少亲朋好友的青睐，接下来他对水果玉米的经济效益展开市场调查，拿了几个生的又煮熟了几个，拿到集市上卖，没想到十几个玉米棒子竟然能卖20多元钱。而且经过进一步查阅资料，他了解到：这种香甜能与西瓜相媲美的水果玉米富含维生素、矿物质及游离氨基酸等，易被人体消化吸收，是一种绝佳的新兴休闲保健营养食品。其水分含量达到78%，含糖量高达20%，是一般水果的1倍左右，比西瓜还要高出30%，绝对绿色营养。看到水果玉米的经济效益和广阔前景后，他按捺不住心中的激动，决定实施一个能实现自己梦想的大计划：种植低投入、高收益的水果玉米，让它带动家乡农业、经济的发展。

2008年，杨天龙开始在榆中县三个地方小规模试种，种了3亩地左右，收获后所有的水果玉米都销售了出去。其中，当地驻军的一个单位，还预订了第二年的货。而且在销售过程中，出现了严重的供不应求的现象。所以大学毕业后，他毅然绝然地放弃了北京优越的工作机会，选择返回家乡种植水果玉米。

风雨过后见彩虹

杨天龙用自己的诚恳和执着得到了大家的帮助，早在还没有毕业前，他就在北京注册成立了种业公司，公司的启动资金大半来自于国家玉米改良中心的捐赠。杨天龙回忆道："我当时去改良中心，把做甜玉米这个想法与改良中心副主任谈了谈，他很赞成这个想法，答应捐资一笔费用。"有了一个小实体，杨天龙把家乡的农户们组织起来，成立水果玉米种植合作社，走公司加农户的生产模式，尝试了一段时间后效果不错。

随着规模的扩大，杨天龙回到兰州组建了甘肃中美国玉水果玉米科技开发有限公司。进一步整合各方资源，加强与地方政府的合作，截至目前，在三年多的时间里，水果玉米已发展种植面积1051亩，种植面积覆盖兰州榆中新营、高崖、甘草、清水、三角城、定远等15个乡镇。现有"中美国玉"注册商标，申请包装设计专利、实用新型专利各一个，绿色认证面积2000亩。从2009年开始，合作社先后参加北京商品大集、兰洽会、跨国零售集团采购会、中国食品博览会等多次全国性展会。其中，2010年完成销售收入450万元，返回农户超过200万元。2011年完成销售收入2500万元，返回农户超过1700万。杨天龙实现了用农业科学技术和产品让家乡富裕起来的梦想。2012年2月，杨天龙荣获"甘肃农村青年致富带头人标兵"称号，这对杨天龙用农业知识带动家乡致富的理想给予极大的肯定。

在毕业即失业的今天，当大部分人还在迷途不知归路的时候，杨天龙另辟蹊径，从一根玉米入手，华丽地完成了自己的财富积累。其实不管在农村还是城市，也不管轻松还是劳累，只要肯干，善于将知识运用到实践中，就一定会成功。对于一个新型的创业青年来说，他的路还很长，正如他的水果玉米。

078
大学毕业后做个甜蜜的养蜂人

毕业于湖北经济学院的90后小伙周洲，当初并未想到自己像老父亲一样，也养起了蜜蜂。

他也曾尝试在武汉应聘洗车工、快递员、4S店销售员，但直到去年6月毕业时，他还是选择回到老家钟祥市，接过父亲的蜜蜂箱。"其实那会儿心态也有些浮躁，只觉得大城市既然难以落脚，还不如回家跟父亲学养蜂卖蜂蜜。"

刚回来时，他也曾迷茫——亲戚朋友见面就问："大学读完，怎么工作都找不到？"他顿时面红耳赤，心里相当难受。

父亲周贤进尊重他的选择："以前，我们家靠一技之长养蜂，被称为蜂农，也还是农民。你是大学生，你会销售，你即便是蜂农，也可以做跟我们不一样的蜂农。"

看着父亲信任的眼神,周洲有了信心,开办网店销售自家的蜂蜜。

将父亲形象包装成网店模特

村里没有网线,周洲只能用无线网卡开网店:"打开一个网页,端碗饭坐在电脑前,饭吃完网页都还没打开。"他去求助村委会干部,隔三差五打电话。三个月后,村里终于建成了一座网络信号塔。

周洲开了一个名为"快乐的养蜂人周洲"的微博账号和微信公众号,并在豆瓣网创办小站来推广网店。在微博和微信里,他记录下与父母共同养蜂的点滴故事、生活状态,写一些关于蜜蜂和蜂蜜的科普文章。

为让网店变得有吸引力,他以自己的审美观加上网络知识,将老父亲打造成网店模特。给父亲拍摄的原生态蜂农的照片,果然迅速在网上得到好评。有客户留言,看到养蜂老人朴实的模样,买店里的蜂蜜觉得踏实许多。

甜蜜养蜂人背后的苦

周洲说,养蜂也是分情况的,有些蜂农是定点养殖,就是蜂场一直放在某个地方,采当地的蜜,取蜂王浆等;有些是在外奔波,哪儿花开就去哪里。我家在湖北钟祥,当地种油菜的非常多,还有油菜花节,每年三月在家采完油菜蜜,四月就要把蜂场转到河南新野赶第一批的洋槐蜜,再往河南三门峡,在三门峡会根据花期情况转换蜂场场地,再转去延安,看天气情况决定是否走河北采荆条蜜或者回我妈当地的一个大山里赶荆条蜜。一般人都不知道,出门追赶花期有多么辛苦。蜂场放在大山里,总是担心下暴雨淹掉蜂箱,怕蜜蜂把人蛰了赔钱,更担心天气不好没有收成。2012年父亲一个朋友把蜂场转到河北采蜜,当地连下暴雨,把一百多箱蜜蜂淹了,损失惨重。2013年父亲另一个朋友在河南追赶洋槐蜜,当时蜂场有很多人路过,蜜蜂把一个人蛰了,其实基本没什么事,过几天就消肿了,但那个人非要父亲朋友赔偿精神损失费、误工费等,身处别人的地,怕别人使坏,又赶着花期,只能按要求赔偿。

父亲有时会对我说养蜂其实特别不招人待见,尤其在外面,很多人看着蜜蜂都躲得远远的,蛰到人,能谅解还好,碰到不能谅解的就不好办了。在山里有时离当地的居民远了要自己找水,各方面不能像在家里,总是会很辛苦的,可虽然辛苦,但我们能取到蜜呀,所以养蜂又叫甜蜜的事业。

今年三月取油菜蜜时差点累倒了,大清早起来吃根油条后就去取蜜,中午挖蜂王浆,赶时间午饭都来不及吃,下午继续取蜜,忙到晚上九点才能吃晚饭。这个还能忍受,最难忍的是天天被蜜蜂蛰,因为要用手拿蜜脾,一天下来手要被蛰十几下,还有身上，第二天手和身上继续被蛰，天天肿着。我做的最轻的活，爸妈被蛰的更是难以计数。

去年冬天，山里下了大雪。为了赶着帮客户发货，周洲坚持骑摩托车将蜂蜜送往快递公司。一不小心，摩托车滑倒，他连人带货摔进田里。之后，他发烧病了十几天。"那时候后悔回家了。"周洲说，但在家人和女朋友的鼓励下，他最终坚持了下来。

本月5日，恰逢周洲的网店创办一周年，他做起了促销活动。这一年里，他卖出了2000余瓶蜂蜜，销售额达6万余元。"前几天，客户告诉我将蜂蜜送给外国友人，作为面包的蘸料，我特别高兴。"

"养蜂人很苦，但收获的是一丝丝甜蜜。"周洲对记者说："这一年里，我觉得自己成长了许多。"

079
外语女生变身"葡萄专家"管理千亩葡萄园

今年22岁的展肖华读大学时曾任学生会秘书长，被选为济南市"城色使者"，还获得过山东师范大学英语系优秀毕业生等荣誉，毕业时多个企事业单位向她招手。然而没有人会想到，毕业后的展肖华会选择回莱西农村帮着父亲种葡萄。如今的展肖华已经成了一个"葡萄专家"，管理着总面积达到1000亩的葡萄园。"城市里的竞争太激烈了，留给大学生的机会并不多了，或许现在农村才会有更多让大学生展现自己才华的舞台。"展肖华用自己的经历诠释了一个当代大学生的创业观。

昨日上午，记者在一片葡萄园前见到了这个文静的葡萄园"主人"。

父亲创业亏本她留心

武备镇岘沽村是莱西市一个小山村，这里的父老乡亲祖祖辈辈种植葡萄。展肖华的父亲是一名普通农民，20个世纪80年代中后期，展肖华的父亲把家里所有的积蓄都拿出来了，承包了10亩葡萄园。

"由于缺乏经验和技术，积蓄全赔上了。当时父亲一声声的叹息，让我记在心里。"展肖华告诉记者，2005年她没有如愿考入农业大学，而是考入山东师范大学英语系，但父亲的那声叹息一直记在她心里。

别人逛街她学农

读大学一年级时，每当闲下来，展肖华常常思考自己的父辈到底失败在哪里。当别的女生周末忙于逛街时，她穿梭于图书馆中；当别人买新衣服穿的时候，她喜欢购买一些农业杂志看。很多人难以理解她的做法，不过她从来都没有放弃过。她不断地查阅资料，分析市场。"葡萄的价格高且供不应求，市场潜力无限。当时我就劝说父亲不要怕失败。"展肖华在没有任何背景、任何经历的情况下，劝说父母，并以父母的名义承包了邻村里的80亩葡萄地，开始了一边求学、一边创业的"特殊"历程。

每天上网教父亲学习

从大二开始，展肖华白天学习功课，晚上挑灯夜战，不停地背书看书。家里的80亩葡萄园虽然全部由父母打理，但管理技术上她并不放心。每天，展肖华都会通过网络和父亲交流，跟父亲交流种植葡萄技术，葡萄出现病虫的问题在哪里，碰到不懂的问题，她就到图书馆查资料，给父亲当老师。

每到假期，展肖华回家后都自己下地干活。别人都觉得一个女大学生痴迷种地不可思议，但她心里最清楚自己的理想。通过科学施肥、喷药、锄草、整枝、支架，各项环节的精心管理，她逐步摸索出自己的一套种植葡萄的管理方法。"这套管理方法是由父亲多年的经验和我学到的知识整理成的，现在用起来灵得很。"展肖华说。

只身一人去拜师

2006年秋后的一场霜冻把葡萄苗都冻坏了，几乎所有的葡萄苗都被冻死。"当时我的压力特别大，是我劝父母承包下80亩葡萄地的，没想到会让父母赔光。"展肖华告诉记者，她当时的心理压力特别大，2007年她决定用自己平时打工赚得的钱去农学院考察实习，并只身一人来到了烟台著名的南王山谷酒庄、张裕卡斯特酒庄拜师学艺。

"学艺时，每天就蹲在葡萄架下，看到我是个女学生，酒庄的老师都对我特别好，他们说我是第一个来这里学习种葡萄的大学生。"由于接受力和领悟力比较高，酒庄的老师对她特别照顾，也愿意把自己的经验传授给她。对于这些知识，展肖华照单全收，全部学会。

管理千亩葡萄园

2007年，展肖华毕业后毅然放弃城市生活回到了农村，并注册成立了青岛农信园艺场葡萄种植公司。当年她精心管理的葡萄大获丰收，2006年亏损的葡萄苗钱全部赚了回来。"当时我感觉特别自豪，能把赔掉的钱赚回来，简直太让我激动了。"有了这次经验，2008年，展肖华和父亲商量决定把周围武备镇的高家岭孟家庄、院里镇的一直亏本种植的800亩葡萄园全部租过来，再加上周边小片基地，葡萄种植总面积达1000亩。

净收入百余万元

去年暑假，日本神户大学农学部中西教授和山根和之部长来参观，展肖华的英语起到了关键的作用。"当时，日本的教授们看到我这么年轻还会英语都感觉很惊讶，因为以前他们接触的种植户没有一个会讲英语的。"展肖华告诉记者，日本教授对她的葡萄给了很高的评价。凭着这次经历，她顺利地与张裕、白洋河、长城等葡萄厂家签订了长期种植合同。

目前，展肖华和父亲承包下的葡萄园先后雇用了周边200余名村民，葡萄每年产量达120万公斤，净收入100余万元。

080
90后女生包下千座茶山成中国茶王

毕业不到一年，90后中国传媒大学女孩王晓湘做了自己的CEO。这个出生在茶乡福建的清秀姑娘说，她的血液里都流淌着茶水。正是由于这种挚爱，她让茶变成了自己的事业。"茶不知名分外香"，王晓湘的"不知名茶"工作室通过众筹的方式，已在全国包下了1000座茶山，"我们的目的就是让茶农与消费者之间'只有一杯茶的距离'。"今年5月，王晓湘又将带着她的茶席来到米兰世博会中国馆，把中国茶的魅力展现给全世界。

她想让茶农与茶客之间只有一杯茶的距离

王晓湘是茶农的女儿,是个从小在自家茶园里"野"大的姑娘。茶山上的清新美好、茶园生活的淳朴自由都深深影响着她成长。她常开玩笑说,"从还没出生我就'懂茶'了,我的血液里流淌着茶水。"

这个90后的女孩喜欢茶,茶是她离不开的话题。"上大学时整栋宿舍楼都知道我爱茶、我有茶,到我们宿舍来就有茶喝。"喝茶是一项需要"分享"的活动,每次王晓湘泡茶都觉得自己喝没意思,非要拉上同学们一起喝。久而久之,同班的同学们都受到了这个爱喝茶的南方姑娘的熏陶,"一个去美国留学的同学专门带去了一整套茶具,我总开玩笑说,她是'向世界传递茶文化'去了。"

在茶的世界里,王晓湘是个"百事通",她不仅经营茶还收藏茶、学习茶。要问王晓湘对茶了解到什么程度?"喝一杯茶,我不仅能品出它的种类、产地,甚至连它采摘的时间、天气和采摘者的装备都能尝出来。"

别看王晓湘才20出头,她在茶叶行业里可不是"新手上路"。"从大二开始,我就'经济独立'了。学费、生活费一切都靠自己。"大学期间,王晓湘把自家茶园出产的茶叶卖遍了北京最大的茶叶市场——马连道茶城。"我带着自家茶叶一家一家泡给茶商喝,让他们细细品味,并耐心解释为什么我家的茶是好茶。到大学毕业,马连道5000多家茶商,有3000多家都跟我喝过茶。"虽然当时还是个不满二十岁的学生,但性格开朗的王晓湘满世界"谈合作"时可一点儿都不扭捏,"进了五星级酒店我也不'发怵'。"

除此之外,每逢旅行出游,王晓湘总要留出时间专门逛当地的茶城。"山西、陕西省内的不少茶城里都有我的'合作伙伴',那就是上大学期间到当地旅游时顺便结交的朋友"。王晓湘说,上大学期间到处"推销"自家茶叶为她现在的事业积累了不少资源。"上学时,我是一个酷爱泡图书馆的人。同学们都知道,我如果不在图书馆,就在去推广我家茶叶的路上。"

在与茶叶市场接触的过程中,王晓湘也有自己的看法,"存在问题!价格不透明,信息不对称。为什么所谓的'顶级'茶叶卖得那么贵?很多时候,卖家只能给出含糊的解释,而买家太容易被说服。这高价里面大多是所谓的'品牌价值'。"而对这个行业问题的深思也是后来王晓湘开始"众筹包茶山"、做"实在"茶叶的原因之一。

大学创办"广院下午茶"受热捧

2014年5月,又快到毕业的时节了。每一个即将毕业的学生都有浓浓的校园情结,希望能在最后的一段时光里做一些不同寻常的事,给自己的校园生涯留下难忘的记忆。王晓湘也不例外,她希望利用最后一点时间,做一件与茶、与学校都有关系的事,来纪念自己的青春。王晓湘与好友观察到,校园附近的餐厅在中午、晚上的"饭点儿"往往人满为患,而在上下午的大段时间里却冷冷清清、少人问津。"商铺这样闲置多浪费啊,不如交给我们利用起来,做点有意思的事!"

抱着这样的想法,王晓湘和同学一路谈了七八家餐厅,希望这些餐厅可以在闲置时段"借"些位置给他们,举办活动。既不耽误做生意,又能免费做宣传,不少餐厅都欣然应允了王晓湘的请求。王晓湘与好友每人拿出500元的"启动资金"购置了茶具,后来在中国传媒大学一度小有名气的"广院下午茶"活动就开始了。

除了为自己的毕业留点记忆以外,王晓湘还希望通过"广院下午茶"结识更多志同道合的年轻朋友,"上了四年大学,除了自己本班的同学,几乎不怎么认识其他的校友。我认为这样的大学生活有点空虚。"不久,这个免费提供茶水、茶点,只为把校友们聚在一起谈天、喝茶的活动就开办了。

"反响一直特别好,我们把参加人数控制在10人之内,但每次报名的都有好几十人。"活动每周都举办,每期一个主题,对主题感兴趣的同学都可以报名,有时还会邀请在这方面有造诣的广院校友一同与大家畅谈。说是"广院下午茶",其实参加的远不止中国传媒大学本校的学生,时常有北大、清华等其他高校的同学也来"蹭"茶喝。"'下午茶'喝着喝着就变成了'流水席',来来走走,不断有人加入。没座位就抱着靠垫坐在地板上,三三两两,谈天说地。"

众筹包千座茶山,茶价降低九成

转眼离校的日子到了,此时的王晓湘还没有想好自己的前途和方向,"我不想上班,和所有人一样做着千篇一律的工作。我想做一点我真正喜欢的、我能做好的事。"一次"下午茶",几位好友半开玩笑地提议,"大家都这么爱喝茶,何不集资包一座茶山专供'下午茶',既知根知底、保证质量,又能节省中间多道费用,岂不一举两得?"

王晓湘从这句玩笑话中找到了自己创业的思路,干脆包下山头,接手茶农对茶山的经营权;众筹募集资金,让消费者成为茶山的股东。同时,把所需的全部费用,分项目明码实价发布在网站上,让茶农与消费者之间"只有一杯茶的距离"。王晓湘透露,由于少了多道中间商经手,不知名茶山上出产的茶叶价格大约是市面上同等质量茶叶的九分之一。

品牌取名"不知名茶"的寓意来自中国古典哲学,"孔子曾说'知之为知之,不知为不知,是知也',‘不知'是人生的一种常态,所以我们一直在努力学习。"王晓湘这么解释。

为了考察茶山的情况,王晓湘用了大半年的时间走遍了福建、广西、云南、四川等多个省份数不清的茶园。在"找茶"的过程中,也有不少故事让她难以忘怀。去年夏天,王晓湘找茶找到了广西偏僻的山区,火车到站时已是夜里12点。此时下着滂沱大雨,外面漆黑一片没有一盏灯亮着,仅有两辆"黑车"等待载客。王晓湘心里做着激烈思想斗争,"是坐车到县城里找旅店住宿一晚,还是直接上山投宿农家呢?"车站距县城和山上都要两个小时的车程,如果直接上山,明早就可以直接考察茶园,而投宿县城则明天还要再辗转半日。为了节省时间,王晓湘最后决定冒雨上山。深夜两点,大雨的山中没有一户农家亮着灯。王晓湘战战兢兢敲开了一户茶农家的门,最后被收留在农家极其简陋的储藏室过夜。

虽然,"找茶"的过程总是艰辛、曲折,但踏上茶山那一刻的愉快和轻松让王晓湘觉得吃一切苦都值得。郁郁葱葱的茶山、新鲜清甜的山果、清新纯净的空气、雾霭晴岚的天气变化……茶山上的一切都让王晓湘感到那么惬意和自由。"我一直认为农民是非常诗意和可爱的职业,他们就是在大地上创作的艺术家。""具有'网媒人'的思维与农业文化的情怀",王晓湘这么评价自己。

如今,"不知名茶"已经包下了1000座茶山,成了一个有近400个"股东"的品牌。今年5月在意大利米兰举办的世博会邀请了王晓湘和她的"不知名茶"团队参与中国场馆部分展示,希望她和她的团队带领世界领略中国茶的魅力与风情。王晓湘说,这的确是一份鼓励与殊荣,但她的目标不仅仅在此,"我希望未来能够在全世界的知名学府里都开一家'不知名茶'体验茶馆,让国外的年轻人也了解中国茶,了解具有悠久历史的中国茶文化,让喝茶真正成为一种时尚的生活方式。"

081
文科状元返乡种菜成千万富翁

29岁的小伙郭可江在河南省范县甚至濮阳可是位家喻户晓的人物，2004年，家境贫困的他以全县文科状元的成绩考入中央财经大学。然而，郭可江的惊人之举还不止于此，大学毕业三年后，他放弃在北京的优越工作，回乡种起了蔬菜，当上了农民，再次轰动一方。如今，他种地种出了名堂，成了远近闻名的年轻富翁。

创实业——农场蔬菜直供北京，29岁的他让村民开了眼

大片的蔬菜大棚、成群的鸡鸭、满圈的猪崽……这是一个集蔬菜、花木、水果等种植和家禽养殖为一体的现代高效农业工厂。但在一年多前，这里仅是一片普通的稻田。

这片现代农场，是2011年3月由范县付金堤村郭可江创办的专业合作社。除了蔬菜大棚和养猪场，郭可江还培植景观树和樱桃、苹果、梨等果树2000多棵。他还在自己的农场里推广"猪—沼—菜""猪—沼—果"等生态循环模式。他的种地模式让祖辈务农的村民开了眼。

据了解，郭可江在北京海淀、丰台、朝阳等地区设立了四个有机蔬菜销售点，农产品直接用货车送到销售点，不愁销路。他还在北京注册开通了网站，创立自己的"老家菜园"品牌，还请电视剧《西游记》中沙僧的扮演者担任形象代言人。

如今，这个年仅29岁的小伙子已经成为远近闻名的千万富翁。

写传奇——当年高考一举成名，回乡种菜再次轰动

郭可江的父母深知"知识改变命运"的道理，虽然家境不富裕，仍坚持将三个子女送进学校。郭可江上高二时，父亲不幸因病去世，家里顿时没了顶梁柱。郭可江多次要求退学，但都遭到母亲反对。"家里就指着可江上学上出个名堂，就是砸锅卖铁也要供出来啊！"郭可江的母亲说。

郭可江没有辜负母亲的希望。2004年，他以全县文科状元的成绩考入中央财经大学，一时成了县里的名人。

2008年，上了四年大学的郭可江毕业了，进入兴业银行做了一名理财规划师，平时还做股票操盘手。工作三年后，郭可江突然做出了一个让所有人都吃惊的选择——回老家种地。

"我这一辈子奔的就是盼望他能跳出农村，到城市生活，他突然说要回老家种地，我当然不同意了！"郭可江的母亲对儿子的决定十分不理解，但因儿子的坚持，只好无奈地同意。

"回到老家后，村里说啥的都有，反正都是不理解。"郭可江回忆说，"不管大家怎么说吧，我有想法了我就要坚持干下去。"

谈心结——"生产安全放心的蔬菜难道很难吗？"

"生产安全放心的蔬菜难道很难吗？"谈起为何突然放弃在北京的工作，郭可江告诉记者，大学期间经常有媒体报道"毒豆芽""毒鸡蛋"等食品安全事件，他感到生产安全蔬菜有巨大的市场，也因为自己在大学期间曾得到在京范县老乡的资助，他产生了回乡创业带富家乡的想法。

郭可江学的是行政管理专业，对蔬菜的生产技术了解不多，他专门到山东寿光聘请了两名农技专家来指导种植蔬菜。通过借钱贷款等方式，郭可江在农场里的投入越来越大，如今他的农场已经超过1000亩，年产蔬菜400吨，还建成了垂钓园、游泳池、餐饮娱乐中心，搞起了生态农业观光园。一年多的艰苦创业让郭可江生出了不少白头发，但他觉得很值得。

"我们种了一辈子地，没见过这样种地的，不打农药不撒化肥，只上农家肥，种出来的蔬菜瓜果质量好，销路也好。"郭可江所在的付金堤村村民们说，"这孩子有想法，敢想敢干，我们也愿意跟他干。"

如今，郭可江的农场有150名村民上班，种地上班两不误，大幅提高了收入。而郭可江的蔬菜每卖出一箱，他都会从中抽出一元钱，资助在校贫困学生，这在当地也被传为佳话。

082
外语女生摇身变为"养牛状元"

陈怡霖，现任湖北省荆州市荆州开发区沙市联合乡肉牛养殖场经理。她是在"蜜罐"里长大的大都市女孩，她大学外语系毕业……出人意料的是，毕业后，这个80后并没有选择做都市白领，而是到乡下当上了"牛倌"。短短两年时间，她赚了50万元，成为诸多年轻人学习的自主创业典范，当选为湖北省荆州市"畜牧状元"，两年来，养殖场累计出栏商品牛450头，获经济效益50万元。

不久前，陈怡霖又卖了10头大黄牛，将几万元现金收入囊中后，她高兴地对记者说："我尝到了大学生自主创业的甜头。"陈怡霖打小就长在城里的"蜜罐"里。如果不是多年前那次突发的奇想，她怎么也不会成为今日名噪荆州的"畜牧女状元"。

创业梦想从养殖开始

1984年出生于沙市的陈怡霖，2007年毕业于长江大学文理学院外语系。毕业后她没有和其他同学一样，成为求职大军中的一员，而是在原沙市飞机场闲置的空地上，找到了她的创业灵感。养牛！陈怡霖突然冒出这样的想法。她先是吓了一跳，随后就激动不已。在此之前，她可是连牛见都没有见过几回。

离开时，她恋恋不舍地回望了这片草地，将这一突发奇想，坚定地藏在了心底。她坚信，只要想得到，就能做得到。

在得到了父母同意，并从他们那里筹得50万元创业资金后，陈怡霖就为她即将创办的养殖公司做起了筹备工作。"我在网上搜索到了山东省的一些种牛场，并把它们一一做了记录，我要从这些地方选出最令自己满意的货源地。"就这样，陈怡霖在电脑前趴了几天后，就揣上那个被她记得密密麻麻的小本子只身前往山东。

你吃得了苦、坚持得了吗？每去一家养牛场，陈怡霖总是遭到这样的质疑，并把她打发走。他们不相信她这个80后的女大学毕业生真的会当牛倌。"哼，80后怎么了，我非要做出个样儿让你们瞧瞧！"

往返山东几次后，倔强的陈怡霖终于找到了令她满意的种牛场。2007年，在她从山东购来50头黄牛之后，她的荆州开发区联合乡肉牛养殖场成立，陈怡霖的创业梦想自此张开翅膀。

让牛也陶醉在音乐中，悠扬的英文歌曲《昨日重现》在牛棚里回荡，肥壮的黄牛伴着歌声，悠闲自在地吃着草料，站在一旁的陈怡霖，俊俏的脸上绽放着花朵般的笑容。"我喜欢听英文歌曲，也把这种爱好传给了牛儿！"陈怡霖孩子似地开了句玩笑。

牛儿听英文歌，让人觉得怪怪的。

她得意地解释，音乐能促进牛的消化，并让它们心情放松。这样养出来的牛，肉质会更鲜美。

而在两年前，陈怡霖可没有现在这样的轻松和得意。

五头牛的性命换来的养殖经验

经历过前期的辗转与波折后，陈怡霖跌跌撞撞站了起来，可就当她想直起腰杆松一口气的时候，始料未及的困难再次袭来。

2007年，当第一批黄牛被陈怡霖欣喜地"请"进牛棚后，她渐渐发现这些牛出现了诸多水土不服的迹象，"不吃，不喝，还拉稀。"陈怡霖皱起了眉头："我几乎请遍了附近的兽医，他们一致判断这些黄牛在发烧，需要打退烧针！"一天，两天……在退烧针的作用下，那些黄牛不仅没有好转的迹象，情况反而越来越糟。

一周过去了，五头适应力差的黄牛死掉了，陈怡霖很心痛。

"但我很快清醒了，我知道这个时候我必须保持清醒，否则将前功尽弃！"细心的陈怡霖在痛定思痛中终于找到了牛的死因，"黄牛的正常体温本就在37.5℃—39.5℃之间，它们从山东来到荆州后，体温大都在39.5℃左右，而兽医以本地水牛的体温作为诊断标准，误以为它们在发烧，以至于用药过猛，另外，稻草配份太多会导致牛拉稀……"使得黄牛丢了性命。五头牛的生命换来了陈怡霖多方面的养殖知识，她抛掉心痛，甩甩头，继续走了下去。

五头牛的性命换来了陈怡霖对养牛技术和相关知识的刻苦钻研。如今，她俨然成了这方面的小专家。"我现在养的都是产自东北的西门塔尔牛，它们适应能力强，泼辣、好养。"谈笑间，陈怡霖还是那股得意劲儿。

跑销路"跑"来同行挚友

做养殖，当然少不了销售渠道的开拓。可几乎不具备任何人脉关系的陈怡霖，只能像一只无头苍蝇一样到处搜索相关信息。荆州城区的各大超市她都"便衣访问"

过。最终,她的精神还是感动了不少养殖户,有些人主动提出要帮她联系售货渠道。最后,买家们都很认可她养的黄牛,下的订单也越来越多。

陈怡霖战胜了自己。两年时间,她就净赚了50万元,还清了向父母和亲戚借的50万元资金。2007年至今,她经营的养牛场累计出栏商品牛450头,并指导、带动了周边县市23家养殖户,规模达1300多头,帮助150多名农村富余劳动力实现就业。"下一步我准备扩大养殖规模,并逐步形成良种繁育、黄牛养殖、肉类加工等多个链条组成的黄牛系列开发体系发展模式。"

现在,陈怡霖的养牛场经常有耐心等着向她学习养牛经验的人。她不管多忙,都会耐心地给对方讲解。她说:"我不想让他们遭遇我曾经遭遇过的拒绝,能帮助他们我感到很快乐。"继而,陈怡霖爽朗地笑了,那笑容似乎在诠释:80后同样也懂付出、也会奉献……

女大学毕业生当牛倌,在荆州被传为佳话。2016年3月8日,荆州市妇联、畜牧局等单位授予陈怡霖荆州市"十大畜牧女状元"光荣称号。在颁奖典礼上,她寄语即将毕业的学弟学妹:"只要勇于开始,就会找到成功的路。"

083
小小面包大财富年销亿元

疯狂创业的大学生

新店考察期间,刘伯敏患上了重感冒。采访当天,他在医院匆匆输完液后,又回到公司处理事情。熟悉刘伯敏的朋友说,刘伯敏和读书时一样,还是拼命三郎。

"我童年太饥饿了。"他解释说。

刘伯敏是甘肃陇西人,父亲是代课老师,母亲卖水果补贴家用,"一毛钱的冰棍都吃不起"。

2009年,20岁的刘伯敏经过两次复读,考上南京工程学院,成了村里第一名大学生。然而,考上了却没有钱交学费,全是乡亲们10元、20元凑给我的。"爸妈也不懂用银行卡，4000多元的学费是用塑料袋包好放在鞋底，坐了两天两夜的火车来南京。"在校园里报到交学费时，塑料袋已被磨破，乡亲们捐的钱全被汗浸湿。"我心里有一种执着和倔强，再累再苦，不坚持到成功不罢休。"

从大一开学开始，刘伯敏试遍各种兼职：洗盘子，发传单，开奶茶店……感觉到吃穿不愁后，刘伯敏开始不满足现状，"大学生创业不能是摆地摊，不然对不起大学生这三个字"。

机会出现在大二。刘伯敏带领团队参加了一次全国创业大赛，获得全国二等奖，拿到了20万奖金。

他把团队八个人召集起来，"这20万我们要全部拿出来开公司"。

同学们觉得这想法有些疯狂。经过协商，最终刘伯敏拿出10万分给成员，另外10万，他们创立了一个公司——卓远文化传播有限公司。

这是一家新媒体公司，负责帮企业用户开发APP、微信营销等。大二下学期刘伯敏的身份已成公司老总。

包子产销网络化

刘伯敏习惯把公司事务安排在上午。下午，他会开着车参加南京城内的沙龙、讲座和聚会。也常有人邀请刘伯敏为大学生们做创业讲座。刘伯敏给自己总结了几个关键词：脸皮厚、资源。他在寻找各种企业家聚会，为公司寻找新项目和投资人。在一次聚会中，他结识了"和善园"创始人沈春龙。

和善园是南京老牌连锁包子铺，其靠口味来营销的方式在竞争中已有些落伍。沈春龙看中了刘伯敏的新媒体经历，认为他能带来新鲜血液。对刘伯敏而言，也许是童年的饥饿太过深刻，他一直想开一家餐饮店。两人一拍即合。刘伯敏将卓远托付给同事打理，自己到和善园担任公司总经理。经过市场调研，刘伯敏决定瞄准都市年轻人。他对包子铺进行了互联网改造。

"比如社区居民在家吃早饭，前一天晚上或是起床后预订，年轻白领来不及吃早饭也可以预订到单位，我们都会送达。"另外，也可以通过网络支付，在最近一家门店自取。为什么想到推出APP呢？这种新的经营模式可以很好地贴合白领就餐习惯及作息特点，同时，还为产品做到了精准定位。

参考西方快餐店，刘伯敏投资七千万新建中央厨房，拥有自己的蔬菜基地，确保食材安全。对面料和馅料进行标准化控制，保证各店口味统一。

店铺选址方面，刘伯敏在微信中开放平台，顾客可在平台中上报可开地点，刘伯敏亲自带领人员考察，一旦决定开店，上报者可以获得数千元的奖励。

一年间，和善园在南京迅速扩张。刘伯敏接手时，和善园有70家门店，如今已经扩展到170家门店。

在和善园一门店，鲜肉大包、三鲜菜包、玫瑰豆沙包等8种口味的包子热腾腾的等待销售。一位排队购买的老人告诉记者，"肉包子1.8元一个，虽然比其他店贵了2毛钱，但是个头大，皮薄馅多非常实惠。"记者联系到和善园的总经理刘伯敏先生，而他正忙着筹备明年的工作会议，"明年包子店会开到苏锡常沪。"那么今年的情况如何呢？今年和善园已经卖出包子等系列产品共计1.2亿元，按照包子行业至少10%的利润率来算，今年刘伯敏和他的团队净赚千万。

另外，针对老年人最重要的是做口碑，老年人不懂网络但也有自己的小圈子，做得好口口相传大家自然会来买。除此之外，加强网络互动也很重要，全民互动起来，你的营销也就成功了。至于还有哪些"高招"，刘伯敏不愿透露，"互联网营销是最容易被超越的，万一有人剽窃我的手法卖包子呢？等生意做成熟了再说。那时候会证明我卖包子不是玩玩而已。"

感恩家乡

家乡的恩惠，刘伯敏一直记在心里，每年他都会抽时间回山里支教，并联合爱心企业家对山里的孩子进行捐款。他说，"我是山里出来的孩子，我对那片土地爱得深沉，现在要用行动回馈社会对我的爱。"包子行业说简单也简单，就是要新鲜、安全，但难在坚持。刘伯敏觉得做包子要对得起良心，对得起顾客。最终，他梦想要做中国早餐市场的"行业领军人"。

084
取得国家摄影师资格创业赚600万

赵凯既是郑州大学信息工程学院（南校区）大三学生，还是大学生户外旅行俱乐部的创办人。创业两年来，他交出600余万元营业额的答卷；他热爱摄影，自学拿到国家摄影师资格，与人合拍故事纪录片《USSay》被一家美国电影制作公司以30万美金的价格买下版权。

爱穷游，更懂穷游有需求，他闯出一条创业路

赵凯是个爱旅行的人。利用大学课外时间，他走过国内三分之二的省份；他也是个"会旅游"的人，搭便车、住民宿、当沙发客，既省钱又深度体验，独自穷游云南，18天只花费273.5元。

"旅途中，我发现很多同学跟我一样，想出去看看，但旅行社费用高，自助出行又受交通、食宿、路线的困扰。"赵凯告诉记者，穷游时，创办一个大学生旅游俱乐部的梦想在他心里萌芽。

2014年夏天，回到郑州的赵凯开始组建旅行团队，并以郑州市龙湖、龙子湖高校园区作为试点，创办起了大学生户外运动组织"爱游旅行俱乐部"，瞄准各高校学生，专做大学生旅游市场。

赵凯指着凤凰古城线路告诉记者，可别小看这条线路，每一步都是团队提前"踩"出来的。为了节省学生游客费用，赵凯带着团队试做多种不同攻略，扒网上驴友的经验帖，食宿、交通、景点每一样都做到极致，最省钱还要最好看。"就是拿着这条线路，我们在校园里见人就发，才有了第一批客人。"赵凯回忆。

目前，赵凯的"爱游旅行俱乐部"团队接客总量已达9万人次，客源覆盖郑州、武汉、广州等50余所高校，出游范围也从洛阳、焦作等20多个省内旅游点扩展到北京、上海等10多个省份，营业额突破600万元。

懂"宣传"，更舍得自己吃亏，口碑才是最好的宣传页

谈及创业经验，赵凯笑称，自己黝黑的肤色已经"暴露"了，肯定要吃苦。而他的室友程文博则表示，赵凯最让他佩服的就是敢拼敢闯和行动力。

赵凯告诉记者，他自小家境不好，17岁时为了不向家中伸手，他利用假期将老家鹤壁的特产腐竹、粉条推销给批发客户，不仅挣够了大学生活费，也为他积累了后续创业资金。

除了这些要素，赵凯还有什么创业秘诀？采访中，他向记者透露，"不忘初心，方得始终"，创业两年，团队甚至连传单都很少印发，因为他说，口碑才是最好的宣传页。

去年夏天，赵凯带团前往湖南凤凰古城，必经之路上一座桥梁垮塌，满载62人的大巴车被迫停在单行盘山道路上，赵凯徒步15公里，去附近村庄找来两辆拖拉机，才将大巴车拖上山坡返回省道。

凤凰古城无法前行，赵凯便自掏腰包增补费用，将团队带往张家界景区，并且承诺，等路修好，车上的每位旅客只要还想去凤凰古城，直接联系自己，不限时间，一律免费。

"创办'爱游'就是希望大家出门玩得开心，我可以不要收入，但自己承诺的事情一定得做到。"赵凯说，"人气旺"都是通过口口相传慢慢建立起来的。

想转型，更钟爱"故事纪录片"，还要跨专业考研编织传媒梦

旅行中，赵凯对摄影产生了兴趣，通过自学获得国家摄影师资格证。2015年9月3日抗战胜利日大阅兵，他拍摄的作品被多家媒体选用。

今年暑假的美国之行，赵凯和朋友拍摄并制作了一部名为《USSay》的故事纪录片，没想到被一家美国电影制作公司以30万美金的价格买下版权。这个事情带来的惊喜给了赵凯很大的触动，他决定转型。8月，赵凯与团队合伙人在厦门注册创办厦门爱咪文化传播有限公司。

不少亲朋好友质疑，为何不继续扩大旅游事业，而要在新领域重新开始呢？

"大学生旅游只能依托校园市场，将来等我毕业了这个优势就会变淡。传媒才是我的最爱，而且我们准备把'爱咪'和'爱游'打造成一个体系，将旅行与纪录片拍摄结合起来经营。"赵凯告诉记者。

为免去家人的顾虑，赵凯还去北京某知名传媒公司实习，其间，北京、郑州两点一线的生活让他异常忙碌，睡眠时间很难保证，但为了能将公司做好，赵凯还决定大三下学期，暂时将重心从工作转移到学习上，通过跨专业考研的方式，为他的"传媒梦"打下坚实的知识基础。

085
大学宿舍诞生的"千万富翁"

如果不出意外，盐城工学院学生陈浩会在明年夏季顺利迎来大学的毕业典礼，这是他入校的第8年。为了创业，他经历多次失败，也曾两度休学。

如今,陈浩已是一家拥有40名员工的公司老板,去年营业额达3000多万元,大约有40万人次穿过他创办的"马奇菲尔"品牌的衣服。

2014年3月,陈浩以自己的创业项目,在学校组建团队,参加由共青团中央、教育部等部门联合主办的"创青春"全国大学生创业大赛。这次大赛首次设立创业实践项目,全国高校共有8个电子商务项目入围决赛,最终陈浩团队获金奖。

大一就毅然南下广州下海

2007年陈浩高考成绩不理想,考入了盐城工学院的博雅学院。当时陈浩认为"高考是人生的分水岭",摆在他面前的是两条路,一条是中规中矩完成学业找工作,第二条就是坚持做想做的事情。

那时候,他看了很多创业成功的案例,"感觉努力就会有回报,投点钱就能成功"。

2008年,他大一,不安分的他在网上发现南方很多人在做一款手机企业信息的软件,"很冲动,感觉机遇来了就要抓住"。

他给父亲来了个"先斩后奏",到了广州之后给父亲打电话说要休学。他说服父亲给自己一年时间,"如果成功了就不再回来,失败了就回来重新开始"。

后来,父亲带着他与学校辅导员"谈判"。"当时老师们很诧异,毕竟大一学生这么做在想法上不成熟,而且也不能提供正当的理由。"陈浩说。

陈浩投了10万元,是公司最小的股东,公司一开始利润不错。后来,公司又"转战"手机终端市场,与深圳的供应商合作开发了一款手机客户端,类似现在的微信,叫做"即通"。

但是开发手机软件"烧钱"烧得让人出乎意料,他们的投资很快被耗尽。2009年6月,陈浩在团队中第一个选择退出。

"其实是我们做早了,要在合适的时候做合适的事。"陈浩分析,当时手机市场混乱,使用智能机还不够普遍。后来了解到腾讯公司也是那时候开发跟进技术,一直在等待时机。

大学宿舍也能诞生"千万富翁"

回校后,陈浩做起了"好学生",每天泡在图书馆,担任英语课代表,成绩进步很快,但他的创业激情并未就此熄灭。

忍了一个学期,寒假他又开始"倒腾",帮助做代购。他发现淘宝店上做男装的商机,2010年年初,他在淘宝上注册"丰厚人生"的店铺。这次他谨慎了许多,做了一个多月的市场调研，定了3年冲5皇冠的目标，"相当于要卖出去几十万件衣服"。

从第一个订单开始，陈浩就觉得"时间不够用"。三四个月后，每天的销售额在800元，"突然觉得自己太厉害了，一天能赚的钱相当于小伙伴们一个月的伙食费"。

陈浩感受到电子商务的商机，在老家苏北，也能把生意做到全国。这里可以享受低廉的房租，城区150平方米的房子每月租金才600元。

他成为大学里快递最多的人，他进的男装堆积在宿舍里，满屋子都是。他每天要往全国各地发送数百个快递，舍不得买打印机，他只好手写，"有时候手累得抽筋，实在没办法请来班里的女同学帮忙"。

这时候，陈浩再次决定休学，一心一意做生意，此举遭到家长的反对和同学们质疑。

2010年9月，当日营业额达到2000元时，陈浩打电话给父亲，父亲在电话中把儿子臭骂了一顿，觉得儿子在吹牛皮。在陈浩邀请下，父亲在儿子的仓库里看得目瞪口呆，立即决定拿出全部的积蓄支持儿子。

2011年1月，陈浩成立上海巨尚电子商务有限公司。同年年底，他的淘宝店的信誉已是4个皇冠，他仅用计划的1/3时间就完成了计划，"速度太快了"。这时候，陈浩的第一批大学同学毕业了。

陈浩开始搭建自己的团队，几名同学陆续加盟。陈浩感受到团队稳定非常重要，"多年来不管遇到什么问题，核心骨干都在。"

2012年，他的公司销售额到了2000万元，陈浩的第二批大学同学毕业了。2013年，公司营业额到了3000万元。

他的客户跟他一样慢慢长大，客户们对生活品质有更高的要求，所以他需要不断研究潮流变化，调整款式。

"衣服好不好，最后要用数据来说话。"陈浩说，公司专门成立设计团队，但他最担心的还是怎么样保证款式不被人仿制。

环境在改变。他入驻天猫商城，以前与他竞争的都是一些散兵游勇，现在他与之竞争的都是七匹狼等大品牌。网商"野蛮猖狂"地增长，2011年年底，天猫商城的男装卖家不到2000家，2012年上升到1.5万家。

"做好了会很好，做得不好很快就会被淘汰"。如今，当初那些曾经被陈浩崇拜的店铺很多已经"消亡"。而公司在天猫商城的排名从原先保持的百强滑至500名外。看到行业里不断有人倒下，陈浩感受到竞争的残酷。

当然他也有坚守的底线，很多店铺为了显示销售量，会专门刷单，这是陈浩坚决抵制的。他认为，刷单极大地破坏了良性竞争的土壤。"我是坚持不作弊的。毕竟刷单只能解决一时之快，最终救不了公司"。

"不求大而全，只求长而稳。"陈浩说，学生创业最大的好处就是功利性不强。他要求自己，稳扎稳打，不求激进，在男装上开拓不同的风格，增加自己的业务，增加市场份额。

最好的毕业论文

陈浩说，虽然创业小有成绩，但参照行业里做得最好的，他感觉自己在知识、能力等许多方面还需提升，应该继续回到校园，完成学业。现在陈浩每天抽时间学习功课，有空的时候也去跟比他小很多岁的学弟学妹"抢座位"。

今年3月，陈浩的创业项目申报"创青春"全国大学生创业大赛。身为盐城的"男装"大户，直到陈浩率领的团队获得全国"创青春"金奖，盐城工学院的很多老师才惊奇发现自己就是陈浩的客户。

陈浩的创业故事在校园里引起很大反响，大学校长王保林还在表彰大会上为他颁发了"校长奖章"。

对于毕业论文，盐城工学院副校长薛浩说："陈浩参赛的项目报告就是最好的毕业论文。"此时陈浩显得有些激动："这篇论文是我两度休学打造的。"

为了回报学校，陈浩与学校的纺织工程、服装设计和电子商务等专业合作共建了"青年就业创业见习基地"，为学弟学妹们提供创业演练地和实战场。

086
小竹鼠蕴藏大财富

扎根农村，寻找商机

他是一个来自江西省吉安市万安县偏远农村的棒小伙，也是村里为数不多的几个大学生之一。当所有人都认定了他将走出农村成为大城市白领甚至金领的时候，他却毅然回乡开始了他的农村养殖探索道路。没错，他就是大学生创业养殖竹鼠的风光人物——王显裕。

面对众人的不解与质疑，他只用一句话来回应："农村和城市一样，都有施展才华的空间。"王显裕2004年从东华理工学院软件工程专业毕业后，曾满怀信心地到深圳寻求发展，本以为软件工程专业可以非常顺利找到一份称心如意的工作，但结果完全出乎他的意料。几经挫折的他最后终于发现：生他养他的农村才更适合自己的发展。

2008年，在一次朋友聚餐时，王显裕品尝到红烧竹老鼠的菜肴。就这样，他看到了商机：家乡有着丰富的野生竹老鼠资源和优越的地理环境以及竹老鼠所需的食料，而且竹老鼠的价格高，大小餐馆需求量大！发展养殖业无疑是个不错的创业项目。于是他回到农村创业，发展养殖业，利用自家的房屋，搭鼠窝，买鼠种。短短一年时间，他就从养竹老鼠发展到养猪、养鹅、兴办小型饲料厂，并初步形成综合养殖规模。年收入惊人增长，还能拉动一部分相亲一起致富。

王显裕说："虽然农村的创业条件艰苦，但我无悔，因为我找到了适合自己的工作，找准了发展的方向。我认为无论是就业还是创业，只要是适合自己发展的，那么农村和城市一样，都有我们施展才华的空间。"

力排万难　坚定梦想

在中国，现在正是城市化飞速发展，城市经济腾飞的时代。虽然国家努力减轻农民负担，减免农业税，缩小城乡差距，但是城市与农村在经济规模、基础设施、居住环境等多方面的差别还是显而易见的。作为一个好不容易从农村走出去的大学生，回乡创业必然受到多方面的困扰与阻挠。

首先是王显裕母亲的坚决反对："人家都是没有读大学的出去打工，他读大学是白读了，我心里着急，我说真的不争气。""不知道他是怎么搞的，读大学读了4年，在外面几千块钱不赚，还要回家来创业，创业，创什么业？"接着就是村民们的各种猜疑。然后农业局也对他的创业路给予了否定：在2008年以前这个行业很多人赚了钱，在2008年以后随着金融危机的发生，养殖行业也走入了低谷。我们县里面很多养殖户都想退出这个行业，像他这样又是外行，又是一个大学生，从来没搞过这个行业，几乎没有成功的可能的。

面对着如洪潮般的不解与否定，王显裕却丝毫没有动摇他在农村创业的梦想。他悉心照料自己的竹鼠和仔猪，研究他们的生活习性，同时放眼整个市场，努力降低成本，六个月后便有了两万元的收入。这让他更加坚定了养殖创业的理想，更有信心地走出一条独特的致富道路。

技术当先　科学致富

为了能尽快掌握养殖技术，王显裕购买了大量的书籍资料，天天上网查询竹老鼠的信息，努力提高养殖技术。短短的半年多时间，他的竹老鼠从当初的40只发展到现在的300只。根据竹老鼠的生长规律，它的繁殖会成几何级数增长。虽然卖出的第一批商品鼠的销售额只有两万元，但感到高兴的是，按照目前的繁殖速度，不出一年就能实现产值十几万元。饲养竹老鼠，除了需要像毛竹和芦苇等粗饲料以外，还要喂它们一些玉米、豆粕和麸皮等精料。精料配多了，竹老鼠吃不完会变质；少了又不够吃。为了能使精料供应正常，又能实现多元化经营，王显裕又兴建了养猪场和饲料厂。如今已初步形成综合养殖规模。虽然目前的规模不大，但一年后将可以发展到竹老鼠3000只、肉猪2000头、鹅2万只，产值超过400万元，同时也可以带动周围乡亲一起致富。除此之外，王显裕还去了竹老鼠养殖大省广西和湖南，考察竹鼠养殖状况，学习养殖经验。

虽然简陋的饲养间和城市的办公室有着天壤之别，但能够有一份自己的事业，王显裕心里乐滋滋的。王显裕在回家创业短短一年的时间里，既养竹鼠又养猪，一年的销售收入超过了200万，2009年，他被评为"江西省大学生创业十大典型人物"，受到了江西省省长的接见，说起王显裕，村民都感到自豪。

王显裕的创业路在带给他财富和实现人生价值的同时，也为千千万万的大学生就业与创业指明了另一条方向。大学生不仅要有梦想而且要坚定自己的梦想，同时，更重要的是，大学生应改变自己的就业和创业观念，开阔视野，从更多方面找到自己实现价值的途径。

087
养猪失败后办电子厂大获成功

从2007年到2014年，8年间，文泽平的创业经历就像一部跌宕起伏的小说，有高潮荣耀，有低谷落魄。

这个出生于1988年的四川达州山村的小伙，2007年考入四川大学后就开始借钱养猪创业，年获利达60多万元，在获得无数荣耀和称赞之后，骄傲与过分自信让他一度落到谷底，举债数十万，穷困潦倒到睡公园、吃白水煮面配老干妈，然后因为不甘心谷底反弹，创办电子公司，重新振作。如今，他带领60多名"90后"经营的公司年利润过千万。

为了一个梦想——他参加了4次高考

文泽平出生在达州宣汉县的一个小山村里，父母务农，因为村里娃娃读书的很少，村小学只有小学三、四、五年级，初中文化的父亲就借了亲戚家几本书，在家里教他读书。6岁时，文泽平就到村子里学校直接上了3年级。

"我父母虽然自己文化程度不高，但一直想让我上好点的大学，他们觉得北大、清华是全中国最好的大学，因此要我从小立志上这两所学校。"高中时期，文泽平选择了文科，把自己的目标定为北大。16岁时，在宣汉中学读书的文泽平经历了第一次高考，那年，他被中山大学录取。一心想上北大的他放弃了，决心复读。

17岁那年，被中央财经大学录取，18岁那年，被中南大学录取，19岁那年，被四川大学录取。距离北大最近的是17岁那年，与北大的录取线差了两分。"为了这个梦想我坚持了4年，可后来因为年龄越来越大了，父母坚决反对我再复读。"到了第四年，文泽平选择到四川大学市场营销专业读书。

因为一次创业——他向同学朋友借了30万

2007年9月，为了怕文泽平放弃入学回家复读，父母从打工的广东回来亲自送他到川大报到。闲聊期间，父亲提起当年猪肉很贵，想在打工期间养几头猪，文泽平算了一下，一头猪崽买入时300多元，4—5个月可以出栏，可以卖到2000多块钱，除去成本，每头猪能赚600多块钱。"为什么不多养些呢？"文泽平的想法得到父亲的强烈反对，哪有那么多钱去买猪呀！文泽平从小家里就穷，他上大学的学费，也都是助学贷款。

父子二人争执不下，后来父亲说，"你只要能拿出10万块钱，我就帮你养！"没想到几天后，文泽平就往父亲的卡上转了8万块钱，这些钱全部是他借来的。"当时就找高中同学、朋友、还有亲戚借。"文泽平记得，当时他把所有借钱的明细都记在一个A4大小的本子上，足足有七八页。粗略估计，他的"债主"有上百人。数目最多的是一个高中同学借给他一万块钱，最少的有50元的。"我那位同学在重庆读书，他的卡上只有65块钱，还转了50块钱给我。"

文泽平用借到的第一桶金买了80多头猪崽,在父亲打工的广东造了个猪栏,当起了"大学生猪倌"。后来为了扩大规模,文泽平先后借了30万元来养猪。

只因一次失误——从盈利到举债50万

当时,还在上大一的文泽平为了照顾自己的养猪生意,每个月都要请假几天,坐火车到广东,去看猪崽的养殖状况,了解市场,寻找销售渠道。到了2008年,养猪规模逐渐扩大到300多头,最顶峰的时候他的养殖场有多达860多头猪。一年下来,他估算了一下,自己净赚了60多万元。

创业的成功带来的是无限荣耀,"感动川大十大人物""中国大学生自强之星标兵""全国大学生创业明星"等荣誉称号纷至沓来,也引来了众多媒体的采访,甚至,当年的公务员考试中最后一题申论的材料,讲的就是他的故事。一时之间,过多的赞美让这个从小就渴望被认可的男孩感到骄傲,有些飘飘然,忘了生意场上的风险。

2010年,文泽平将养殖场的规模扩大到1000多头。但当年,全国市场猪肉价格暴跌,又加上因为防疫工作没做好,瘟疫爆发,一下子死了600多头猪。"被胜利冲昏头脑,没有做市场调查的情况下盲目做决策。"因为这个错误的决定,文泽平把自己之前赚的钱全部赔掉,又因为家中亲人患白血病,花费巨大,当年,他举债近50万元。

为了再次创业——睡公园吃白水煮面

2011年,文泽平大学毕业,因为之前的事件,父母坚决反对他再创业,要求他去考公务员,或者去找一个安稳的工作,但这并不是文泽平想要的生活。"我出去找工作,一个月工资多的时候一万块钱,一年下来除去花销也只能存几万块,几十万的债务我要还上10年。"文泽平说,从小穷怕了,不想再过苦日子,同时他也不甘心就这样失败,他想再次创业。

因为之前认识手机通讯行业的人,文泽平开始跟着别人做,积累经验。2012年5月,文泽平找了几个还在学校的"90后"专科生,筹备创业,几个人凑了3万块钱在数码广场租了间60多平方米的店铺,准备卖手机、电脑等电子产品。没有渠道、没有货源、没有客户、没有经验,甚至交完房租后他们每个人身上只剩几十块钱。

"那段时间真的是穷得叮当响。"文泽平说,那段时间因为没钱交房租,他晚上10点回家时,发现自己的行李已经被房东扔到了楼下,只能在公园里睡了一晚上。文泽平记得,当时公司离家太远,晚上太晚了没有公交车,身上只有20块钱,只能打车到18块钱的时候下车，走了8个公交站的距离走回家，"那段时间没钱吃饭，只能白水煮面，配着'老干妈'吃。"

2012年6月份公司启动，其实，到了10月份就已经开始赚钱了，但是因为公司在创业阶段，需要资金买货物，连着11个月，创业团队的几个人都没有拿任何工资。而那段时间，文泽平就靠朋友、同学的接济过日子。靠着闯劲，2013年，全公司盈利260多万元，而2016年，盈利额已经达到1100万。而公司的团队，已经达到了69人，其中只有文泽平一个是80后，其余的人全部是90后。

如今，文泽平又开始了另一轮创业，这个月，他筹备已久的广告装修公司已经开业，他的护肤、服装等电商平台也即将上线，明年，他计划同别人合伙在阿坝金川打造生态旅游基地项目也即将启动……

从"大山少年"到如今身家千万的公司老总，文泽平说，支撑自己这么多年走过来的，是改变家庭状况的渴望，是执着固执的性格，更是对成功的渴求。

088
大学毕业自创业，一年卖出30万头土猪

数年前，北大才子、高考状元陆步轩因当街卖猪肉，曾经引发网友围观，还掀起过一场"大学生卖猪肉是否大材小用"的争论。现在，大学生下海卖猪肉，在重庆也有这么一位，他的成绩更为惊人：一年卖出30万头土猪，销售4亿多元。

上午8点，在渝北龙溪镇印有"琪金食品"招牌的猪肉连锁店里，一个文质彬彬、戴着眼镜的年轻男子操刀站到了排队买肉的顾客身前，他便是店老板林琪金。"你要包饺子？那最好是前腿肉。"说完，他手起刀落，一块切得整整齐齐的猪肉就递到了顾客面前。

尽管已经是60多家连锁店的老板，林琪金还是很享受亲自坐阵操刀，在柜台里大声吆喝着卖肉的感觉，说起大小排、肥瘦肉等行话来，他可是有板有眼。

林琪金，今年35岁，从工商大学毕业后曾打过多份工，还在永川干过几年农技员。不过，不甘寂寞的他最终却和土猪结了缘。

下海卖猪肉，和林琪金喜欢吃猪肉有关系。"我打小就喜欢吃回锅肉，但吃来吃去，总觉得现在的猪肉炒起来不香。"他回忆起小时候，在永川何埂镇老家吃的回锅肉，一端上桌，满屋子都飘出了猪肉的香味。

就在这时，他看到了国内许多媒体报道的两位北大才子卖猪肉的故事，一个是陆步轩，另一个是同样出身北大的陈生，下海开办了土猪肉养殖场，在广东开了200多个猪肉店，被称为"广东猪肉大王"。

"他们都敢做，我为什么不行呢？"林琪金说，自己是从永川农村进城上大学的，从小就在家养过土猪，父亲还是永川何埂镇第一位卖猪肉的个体户，经验老道。

而让林琪金想不到的是，自己的猪肉店一开张就异常火爆，每天早上6点多钟就有人排队，上午9点过肉就卖光，成为了当地的一大奇观。"每天算下来，要卖出10多头猪。"林琪金"猪肉王子"的称号，也在当地传开了。现在，林琪金一年就要卖出30多万头土猪，销售4亿多元。

这一切，他是怎么做到的？

"以前农村养的都是土猪，喂的都是米糠、红薯、苞谷等，从来不喂猪饲料。"林琪金说，市面上销售的猪肉，90%以上是饲料喂养的瘦肉型猪，虽然瘦肉率高，但是口感却不够好，也不够香。林琪金决定，首先在自己的家乡永川收购土猪肉，"真正的土猪肉，只有深入农村收购，才能找到货源。"

顾客清晨6点来排队，背后的奥秘挺简单

依靠亲戚朋友东拼西凑借来的15万元，2008年9月，林琪金在渝北的第一家名叫"琪金食品"的猪肉店开张了，卖的就是从永川老家收购的土猪肉，为了迅速打开市场，价格和周边农贸市场卖的普通猪肉相差无几。

卖猪肉，这是一个辛苦的行当，通常是早上六点天没亮就开工，运回来的猪肉还没有剃毛，猪肚、猪心等副产品也沾满了猪油、猪血。林琪金要自己动手把猪肉清洗干净并且分割切好，搬上货架。卖猪肉自然少不了吆喝，他就站在店门口大声叫卖。

每到下午，他又要出门去收购土猪，然后运到屠宰场守着杀猪，一等就是凌晨一两点。"头一个月几乎每天如此，起早贪黑，我一天只能睡三四个小时。"林琪金说。

不过，让林琪金自己都想不到的是，由于货真价实，这家猪肉店一开张就异常火爆，每天早上6点多钟就有人排队，上午9点多肉就卖光，成为了当地的一大奇观。"每天算下来，要卖出10多头猪。"林琪金"猪肉王子"的称号，也在当地传开了。

统一装修统一着装，"猪肉倌"斯文有礼

首战告捷后，这位"猪肉王子"开始了扩张脚步，当年就开了5家店，随后很快又杀入了渝中区大溪沟、江北观音桥、南岸区步行街以及巴南、沙坪坝等地。他的连锁店，开一家火一家，已基本覆盖了主城各区。

从一开始，林琪金的肉店经营模式就与其他农贸市场的肉摊有所不同，比如采取连锁直营模式，所有柜台均统一装修，服务人员统一着装，每卖出一块肉都有收银小票。在这里，一线卖肉的"猪肉倌"说起话来斯文有礼，不少还架着眼镜。这一销售模式也改变了"猪肉倌"光着膀子大声吆喝的形象。

他收购土猪的范围也从永川扩大到了四川泸州、阆中、内江以及贵州湄潭、遵义等地。

目前，林琪金的猪肉王国一年就要卖出30多万头土猪，销售4亿多元。市商委保供应急处处长告诉记者，重庆市场一年的猪肉供应量为900余万头，"琪金食品"已成为重庆规模最大的土猪肉供应商。

投资2.6亿建土猪养殖场，让猪儿多运动满山跑

"卖猪肉是我自己选择的事业。"林琪金说。在他看来，大学生即使是卖猪肉，也要卖出花样来，卖得和别人不一样。

两年前，他耗资1500万元在璧山收购了当地最大的璧城定点屠宰场。

林琪金表示，在中国，猪肉行业是一个传统行业，市场空间大，中国每年的猪肉消费约500亿公斤，按每公斤20元算，年销售额上万亿。但与其他行业相比，猪肉这个行业一直没有得到很好的整合，产业化程度低，潜力很大。"今年，我们在南川大观镇已经投资2.6亿元，着手打造一个3000亩的生态土猪养殖场。"他估计明年就会有20万头生态土猪出栏。这里的土猪全是满山跑，放养的土猪运动量大得多，这样肉也会更紧实，皮吃起来更糯。"普通猪6个月就出栏了，可这种生态土猪至少要长1年时间。"

089
在大学里创业成为百万富翁

"学体育的今后发展可能会瓶颈化。如果不能从事自己所学的专业,未来我还能干什么?"2008年8月,李海洋考入河北体育学院运动训练系网球专业。当身边其他同学还在为终于摆脱沉重的高考和家长的看管而满心欢喜时,20岁的李海洋已经有了"忧患"意识。

这其中多少有一些"不甘心"的成分。601分,这是李海洋的高考成绩,如果没有报考河北体育学院,现在的他或许已经是北京师范大学的毕业生。

出于学生的本能和其上进心,李海洋首选了考研,但很快,他发现这条路行不通。

生存的忧患,梦想做有钱人

"生存都是个问题。"五年后的今天,镇定老成的李海洋陷在舒适的转椅中,回忆起当年的窘迫,举重若轻地抛出了这七个字。

九毛钱一份的大白菜熬豆腐,对于大一男生李海洋来说已属奢侈。高三暑假打工赚来的钱,在交完入学费用后只剩下200元,而下学期的学费尚无着落。李海洋愁得整夜睡不着。

为了舒缓心理压力,他每天早上天不亮就偷偷起床,在学校操场上一圈一圈地跑,"边跑边掉眼泪"。

贫穷,这是李海洋选择创业的最大动因。"没什么不好意思说的,我一直想做一个有钱人。"李海洋毫不掩饰自己对财富的渴望。

"我觉得大学生创业,其实就是拿着一把木头枪上战场,觉得自己很英雄,实际上瞬间就被人打死了,自己还打不死别人。你经常会生活在绝望中,你看不到哪天会成功,哪天能够找到希望。"李海洋觉得,在最困难的时候,支撑一个人坚持下去的就是选择创业时最原始的动机:对改变自身生活窘境的渴望。

在李海洋的QQ空间,记者看到一篇他的职业规划,内容十分详尽,时间节点甚至具体到了月份。这篇大二写就的规划,被李海洋视作他在创业之路上迈出的第一步。"行动力十分重要,决定创业就放手去干。"他说。事实上,这也是许多大学生在听了李海洋所作的创业演讲之后领悟出的一个道理。

独揽省内三十多所高校快递业务

独揽省内三十多所高校快递业务,一个月快递业务销售额达16万元,年利润超百万元。在李海洋的创业故事中,这是最为媒体津津乐道的一部分,迄今听起来仍像是一个传奇。

而这个传奇的开端,则源于河北传媒学院一名保安打给李海洋的一个电话:"小李啊,我们这儿好多毕业生往家寄行李呢,你要不要过来看看?"

凭借自己在卖手机卡时跟多家高校保安"混"出来的铁关系,李海洋顺利谈成了省内三十多所高校的独家快递经营权。"我这个人运气特别好,经常遇到贵人。在快递业务这块,学校保卫处这些人就是我的贵人。"李海洋笑称。

此后,手握众多高校毕业生资源的李海洋,又成了快递公司"不得不合作"的对象,他顺理成章地承揽了三家快递公司的业务。

聪明甚至略显慧黠的沟通技巧,让李海洋在读大学的第三年,从一名特困生变成了百万富翁。他告诉记者,自己的第一桶金50万元,就是这么赚回来的。

2009年1月,李海洋通过公关取得了手机"情侣卡"业务的高校代理权,并用了一个月的时间,在石家庄的多所高校发展了200多位学生代理。两个月的时间里,他就赚到了50万元。当记者刨根问底询问"公关"细节时,他微微一笑,如同一个调皮的小男孩:"你猜!"

李海洋并不避讳谈起类似的"公关"细节,在他看来,这是一种沟通技巧,是跟社会打交道的能力。当同学们还在象牙塔中做创业梦时,李海洋已经凭借这种能力,扯起风帆走远了。

要在磨砺和学习中去突破

条纹衬衫、西裤、皮鞋———记者眼前的李海洋,穿着非常成熟,让人很难判断出他是一位大四学生。"学生与社会打交道很难,很多人一听你是学生,就会产生不信任的心理,所以我特意穿成熟些。"李海洋解释说。

总结自己创业成功的经验,他蹦出的第一个词是"信心"。

"好多人觉得这个词特虚,我觉得不是。尤其是对于年轻人,这个词太实在了。你的信心来自哪里?就是一穷二白。失败了无非就是回到原点,其实并没有损失什么,相反你可能积累了很多经验和教训,这些都是日后东山再起的基础。"

所有光鲜的成功背后必然有一个不断经受挫折考验的过程,李海洋也不例外。

让李海洋赚得第一桶金的手机"情侣卡"业务,也让他遭受了创业路上第一个大考验。"通信运营商突然停止了'情侣卡'服务,我卖的卡加上待售卡一共价值20多万元。如果业务不能恢复,除了经济损失,我还将信誉扫地。"李海洋回忆说。

那段时间,李海洋一边安抚买家的情绪,一边不断给通信运营商打电话,向相关政府部门反映情况。一个月后,"情侣卡"业务恢复了运营。李海洋为此足足"打了1万多个电话,睡觉说梦话都在申诉和解释"。

这一经历考验了李海洋的诚信品质,同时也提醒了他创业还需要其他能力的培养。李海洋说,随着业务的拓展、公司规模扩大,他越发感到在管理和经营上经验缺乏。"希望能有机会到企业取经,学习企业的管理模式和经营模式,让我的公司得到健康持续发展。"

090
在校生成世界最年轻的"艺术蛋糕大师"

刚忙完期末考试,陈思臣开始把大部分精力投入到亲手创办的蛋糕设计工作室中。这不,她又接了20多盒马卡龙的订单,这是一种用蛋白、杏仁粉、白砂糖和糖霜所做的法式甜点。与此同时,她还办起了培训课程,辅导零基础学员做蛋糕坯、搭配奶油造型、调制棒棒糖……

陈思臣目前是北京第二外国语学院英语系2011级本科生,还没到22岁生日。上大学以前,从未接触过蛋糕制作的陈思臣,就在2014年秋天,她怀揣着"蛋糕梦",开启了创业"钱途"。如今,她创办了蛋糕设计工作室,还申请了营业执照,当上了工作室的CEO,经过努力,成为了世界上最年轻的"艺术蛋糕大师"。她想用自己的实际行动证明:在"蜜罐"里长大的孩子也有梦想,会靠自己的努力找到自己想要的生活。

一台电烤箱　点燃心中的"蛋糕梦"

陈思臣从小对蛋糕有一种近乎痴迷的喜爱，时常在蛋糕房外驻足，看面点师傅做蛋糕。大三下学期，妈妈参加活动时，抽中了一台电烤箱。就是这样一次偶然的机会，点燃了陈思臣心中的"蛋糕梦"。

她经常在网上搜寻蛋糕制作方法，试着在家里自己烤蛋糕。最初，她以为蛋糕只能做成蛋糕店里卖的那个样子。但是突然有一天，陈思臣在博客上看到一位久居英国的女士发表了几幅艺术蛋糕作品，她被深深地震撼了。"我从来没有想到过原来蛋糕也可以做得和艺术品一样精致！"

从那以后，陈思臣开始往自己的蛋糕里注入创意，不再简单地摆放卡通模型，而是注重蛋糕的整体设计感。只要有闲暇时间，陈思臣就到网上搜寻蛋糕制作工艺，寻找大师。

陈思臣可以把蛋糕做成玻璃效果，浅蓝色蛋糕表面镶嵌着不规则多边形的纹路，看起来像是炸裂的玻璃；她还可以把蛋糕做成游乐场里旋转木马的造型，几匹白马围着小亭子奔跑。在一般人眼中，很难把这些精致的艺术作品与蛋糕联系在一起。

艺术蛋糕来源于英国，可以将蛋糕装饰出各种各样的风格，这是欧美人极其喜爱的蛋糕装饰手法，目前在经济发达的江浙沪一带较为盛行，但是在北京这座城市却鲜为人知。2014年9月，陈思臣萌生了创办公司的想法，她想把艺术蛋糕当成事业去追求，让更多的人有所了解。

于是，陈思臣开始了密集的"拜师之旅"。

踏上孤独的"拜师"之旅

"这是我的一段新的路程，身为一名大学生，我情不自禁地被蛋糕的世界所吸引，开一个蛋糕设计工作室，是我的梦想。"怀揣着蛋糕梦，从没有离开爸妈单独远行的陈思臣，背起行囊，开始"探险"，踏上了难忘的拜师之旅。

毫无经验的陈思臣，完全凭借微博、博客的指引，到全国各地寻找蛋糕"大师"。陈思臣乘坐高铁来到济南，跟Joy老师学习制作一种名叫马卡龙的法式甜点。随后又抵达浙江海宁、广州、上海，学习翻糖技巧，这是制作艺术蛋糕的基础，也让陈思臣开始近距离接触"艺术蛋糕"这一行当。2014年10月到12月，整整三个月的时间，陈思臣的行程安排得满满的。

创业之路并不容易。"当你第一次创业的时候，你会发现：最先相信你的是陌生人，最先鼓励你的是合伙人，最先看不起你的是身边的人，最先不相信你的是你的亲人，打击你最狠的是最爱你的人……"这原本是马云说过的一句话，却在陈思臣创业初期最痛苦、最迷茫的时候，给予她莫大的精神慰藉，这句话实在让陈思臣感同身受。

陈思臣的家人并不支持她创业，认为女孩子应该找一份踏实稳定的工作，一个学翻译的大学生去搞蛋糕了，是一件很丢人的事情。班里同学对陈思臣也有误解，密集拜师求学那段时间，耽误了不少课程，这在同学眼里，是"不务正业"的表现。

面对质疑，陈思臣没有背弃初心，因为有太多人不了解艺术蛋糕，所以才会对她产生误解。然而，当陈思臣第一次把为客户量身定做的艺术蛋糕放到家人面前时，家人被陈思臣的手艺惊呆了。这时，陈思臣更加坚定了自己的创业路。

终于，2014年10月底，工作室的LOGO设计出炉，陈思臣在北京南二环一处小区里租了一间房子，并在工商局完成营业执照申请……北京Cake Eye（糕之眸）甜品设计有限公司诞生了！

功夫不负有心人　成世界艺术蛋糕大师

Cake Eye——陈思臣为自己的工作室起了一个很好听的名字。在她看来，蛋糕就像眼睛，为她照见了一片全新的世界。同时，"Eye"的中文发音是"爱"，做蛋糕，正是陈思臣所钟爱的事业。

陈思臣说，公司的定位非常明确，面向高端白领市场，专门提供艺术蛋糕定制服务，包括生日派对、婚庆典礼等，客户提供需求，他们负责完成从设计到制作的全部环节。另外，她还打算开设艺术蛋糕培训课程，包括英式翻糖、翻糖彩绘、玻璃蛋糕、零基础入门课等。下个周末，第一期培训课程就要开班了。

陈思臣为公司"招聘"了六名员工，都是她的朋友，其中有两人是二外学校的同学。销售、讲师、宣传、原料配送……分工各有不同，公司逐渐步入了正轨。

在公司刚成立的时候，陈思臣为了提升自己和公司的实力，专门飞往英国，参加"英国皇家蛋糕装饰艺术资格认证"考试，这是艺术蛋糕领域最权威的认证考试，获得了这项认证，意味着她可以当之无愧地被称为"艺术蛋糕设计师"。

2014年11月，陈思臣在英国待了十几天，她凭借艺术蛋糕作品"雀之圆舞曲"顺利通过考试。拿到证书后陈思臣才发现，她是通过考试的所有人中年龄最小的一个。

其实，陈思臣可谓是在"蜜罐"里长大的孩子。父母都是国企高管，她从小到大衣食无忧，家人也不指望她开辟一番大事业。但她为什么还要义无反顾地选择创业之路？陈思臣说，她想证明自己，90后并非没追求、没抱负，她有属于自己的梦想，即使没有父母的帮助，也能取得成功。

091
植物墙里种出"黄金果"

8名非园林专业的90后大学生,在一无资金二无技术的情况下,进入植物墙这一新兴市场掘金。团队作战激发了每个成员的最大潜能,公司成立第一年就实现产值近200万元,昨日,公司创始人李俊对记者称,"我们最大的优势是团队靠谱,分工明确,配合默契,每个人很快在自己的领域做到精通。"

拜访上百行家"学艺"

李俊的团队是由大学生创业团队发展过来的。很多人在大学都有过勤工俭学经历,但李俊跟别人不一样,他早就意识到"靠单打独斗一天就是几十元钱,要赚更多的钱必须靠团队"。于是,他将在各个高校结识的志同道合的学生组织起来,一起干了多个项目。譬如,他们把学长淘汰的自行车低价收来,经清洗、翻新后卖给学弟学妹,一个毕业季人均赚2万元。"我带的团队,成员多时有几十人,2012年毕业后,我和几名想创业的伙伴留下来组建了公司。"李俊称,之所以进军植物墙行业,是他看好这个新兴市场,竞争相对较小。公司成立后,他更注重团队分工协作,让同伴们在最适合的岗位发挥潜能。"大家志同道合,彼此欣赏,而且都相信植物墙市场很广阔,半年之内他们凭着创业激情在干,一分钱没拿,这令我很感动。"创业团队在技术方面起初一窍不通,对植物习性也几乎一无所知,但工程部的两名小伙很用心地去学,他们先后拜访、请教了近百位园艺行家,加之敢于创新,很快掌握了一种用植物袋、链模盆组等环保建材作种植载体的新兴技术,大大节约了成本,价格也降了下来,一平方米比市场价少700到900元。同时,在业内通常承诺免费维护一年的情况下,他们将免费维护期延伸至两到三年。"这是因我们对自己的滴灌系统技术和营业液等有信心。"

传统会议营销找客户

如何花最少的成本找到更多的客户？李俊和营销团队的做法是，在尝试用微博、QQ群等网络营销的同时，坚持用传统会议营销，他自认为比一对一的上门拜访效果要好很多。

李俊称，公司创立之初，客户资源不多，只要在园林公司、地产公司等领域遇到潜在客户，他们都会通过短信、电话跟对方沟通，邀约对方参加会议，然后有针对性地介绍、推广产品。"有人会觉得我们是小公司，不愿意来，但我们不放过任何一个机会，一般打10个电话，总会来个五六个，最终成交的可能会有两三个。"李俊称。

"要想真正留住客户，最重要的是真诚，我们会如实告知对方，我们是大学生创业团队，公司实力有限，但我们会尽其所能提供好的技术和服务，再从对方需求中找到接合点，讲明利润如何分成等，目前已有上十家大公司与我们建立了合作关系。"李俊说。

092 中国最牛的"速记"团队

七名刚刚走出校园的河北软件职业技术学院的大学生，用他们的指尖，托起了自己的创业梦，创立了属于河北大学生的速记公司，他们的目标是做中国最好的"速记"团队；他们创业的同时，不误做公益和担当社会责任，将做品牌做公益和社会担当放在一个天秤上一同托起，他们说新时代的大学生就是这个样子。2012年6月初，记者带着感动，走近这个由七名大学生创办的石家庄传文亚伟速记有限公司（下称"传文速记"），和他们一起品味创业路上的酸甜苦辣，共同见证这批大学生的创业激情、社会担当和魅力风采。

七名大学生的创业梦

传文速记是由七名河北软件职业技术学院的毕业生2011年创办的，他们之中既有毕业两年的"师哥",又有刚刚毕业的"学妹",但是他们都有一个共同的特点:身上都透露着一股冲劲儿。

刘婉煜是创办传文速记的七名大学生之一,同时也是一名专业速记师。刘婉煜告诉记者,自己从2007年上中专开始接触速录时,便喜欢上了速记,并下定决心学好速录。高考结束后,刘婉煜报了河北软件职业技术学院的速记专业,结识了一群志同道合的同学。

刘婉煜告诉记者,自己非常喜欢手指敲击速记机的感觉和清脆的声音,在学校的时候,自己就想要创办一家属于自己的速记公司,将自己的爱好和职业规划结合起来。在学校里,刘婉煜经常参加国内、国际上的速录大赛,并在第48、49届国际速录大赛中获得奖项,并在北京实习时为外交部等重大活动做过速录,积累了很多经验。

2011年初,班里的几名速记尖子生和学法律专业的师哥戴祯一拍即合,开始筹备创办自己的速记公司。2011年11月,一家属于自己的公司创办起来了,但是问题也随之而来:没有业务,公司如何生存?

毅然辞去安稳工作　甘为梦想放手一搏

戴祯是这个创业团队的一员。毕业后,戴祯在保定市某房地产公司找到了一份安稳的工作,并且由于工作能力突出,很受公司的重视。但是戴祯心中一直活跃着一个想法:自己创业,闯出一片属于自己的天空。"趁年轻,就要拼一拼,成与不成都不能让自己后悔!"2011年11月,戴祯在同事的惋惜声中辞掉了安稳的工作,开始创业。

公司成立起来了,如何让人们知道自己的公司,如何获得业务成为摆在大家面前的一个难题。戴祯挠了挠头,一脸无奈地告诉记者,连续几个月没有业务让大家都很沮丧,甚至有人萌生了退出团队的想法。

2012年3月,戴祯得知自己之前工作过的保定市某房地产公司要在石家庄裕华大酒店举行一个会议,并且有政府部门的工作者参加,戴祯觉得这是一个将公司宣传出去的机会。戴祯联系了当时在公司认识的同事,提出要为该公司免费做速录。从下午5点,一直谈到凌晨3点钟,该公司终于同意传文速记为其做速录。

提起这次速录,戴祯还一脸唏嘘:当时主办方没有给准备座位,我们自己搬桌子在录音室做记录;会议上讨论声音嘈杂,我们都坚持努力做下来了。"当时他们看到我们连讨论都记录清清楚楚时,一脸的惊讶,一个劲儿地夸我们,还请我们吃了顿大餐!"戴祯一脸自豪地告诉记者。

用指尖追赶时间　用速记托起梦想

随着公司的知名度不断扩大,很多以前对速录不了解的公司在戴祯的力荐下,开始尝试使用速录对会议进行记录。准确、认真、记得全、速度快是每个使用速录后的公司对这个大学生团队的评价。

据了解,传文速记先后为"全省建设工程质量监督站站长培训研讨班""河北省学习贯彻胡锦涛总书记在纪念共青团成立90周年大会上重要讲话座谈会""白洋淀湿地省级自然保护区规划调整专家审核会""惠达东亚论坛""搜狐访谈"等重大会议进行速录,还与新华网、华润集团、花溪宾馆等成为合作单位。

在自己创业成功的同时,这个大学生团队还将自己的创业经验分享给在校大学生,为拥有创业梦想的"学弟学妹"进行指导。从2012年3月份开始,这个大学生团体便在石家庄市一些高校举办励志讲座十余起,免费为在校大学生创业提供创业经验和帮助。

"我们也是大学生,也知道在学生时代的所思所为,为了能给大学生就业、创业和未来的发展提供一些帮助,用我们蓬勃向上、积极奋斗的精神感染同学们,用我们的创业事迹启发同学们,让大家活在当下,立足现实,充分发掘自己的特点和优势,努力奋斗,开创一个属于自己的未来。"戴祯如是说。

自掏腰包做公益　做对社会有贡献的人

就在记者采访时,刚为河北省图书馆"冀图讲坛"公益讲座免费做速记的速录师回来了,他们手里提的像钢琴一样的速记设备引起了记者的注意。这个设备由24个键位组成,分为左右两部分,各由12个字母构成,左右字母相同。

看到记者对速录机很感兴趣,一名速录师于是为记者演示如何操作速录机。记者随手拿起桌子上的一本书念了起来,只见速录师双手在速录机上迅速敲打,像弹钢琴一般优雅。记者粗略地算了一下,每分钟竟然录入200多字。

据了解,这个大学生团队不仅有创业的拼劲儿,还具有社会责任感。从2012年3月份开始,传文速记就与河北省图书馆"冀图讲坛"、石家庄市图书馆"石图讲堂"等公益讲座合作,免费为这些讲座做速录,已经成功合作20多场。

戴祯告诉记者,每次遇到公益讲座,公司都会派最好的速录师去做速录,甚至连饭钱都是自己掏。为了保证公司员工的利益,不仅公司不会向公益讲座收费,而且股东们还自己掏腰包,给员工发工资。

对于免费为公益讲座做速录,七名大学生意见非常一致:"我们公司一路走来,受到了很多人的帮助和支持,虽然我们还做不了大的事情,但是我们希望能够对社会贡献我们的一份微薄之力!"

做中国最好的速记　再苦再累都不怕

速录在国内的应用还不很广泛,市场前景广阔,但是人们对速录行业认知不够,甚至很多人不知道速录是干什么的,而且一些没用过速录师的人更愿意相信录音、摄像设备。加上石家庄已经有几家老牌的速录公司,人们更愿意相信他们,对一群大学生群体组成的公司似乎不大放心。

虽然有很多困难,但是这群可爱的大学生并没有被困难吓倒。"我们喜欢速录,而且现在人们对速录只是没有一个很好的认识,只要他们用过速录之后,一定会清楚地了解速录的好处,了解我们公司的优势!"刘婉煜信心满满地告诉记者,现在我们通过举办速录培训班来壮大速录师队伍,让更多的人认识速录。

戴祯攥紧拳头,一脸坚毅地说:既然选择了远方,就不顾风雨兼程!大老爷们的,吃点苦受点累算什么,只要自己不后悔就行了!我相信以后速录行业一定会成为社会不可或缺的行业,我们公司也必将发展成为国内最好的速录公司。

093
让黑木耳变成"黑金子"

金秋国庆前夕,位于河南省汝州市庙下镇寿上村的黑木耳又喜获丰收,正在种植场收拾干木耳的白向娜,一边忙手中的活,一边向记者描绘她的"黑木耳"。到了木耳采摘时节,上百名村民云集黑木耳种植示范园帮忙采摘,白向娜每天支付每位干活的农民35元。木耳售完一盘点,白向娜净赚了30多万元,不仅还清了贷款还净赚了3万多元。乡亲们看在眼里又是叹服又是羡慕。

努力学习就懂行

寿上村黑木耳种植示范园2011年10月由白向娜开始创办,成为庙下镇首家黑木耳种植专业示范园和大学生创业示范园，由此走向她艰辛又坚定的创业路。2012年春节前，白向娜到处买木料、菌种，当年种植园累计吸纳农村留守的老人和妇女劳动力1000余人次，为群众增加收入70余万元，每家每户都从小木耳里得到了大收获。

由于黑木耳是大众化消费食用菌，种植收益高，市场需求旺，近年来价格稳中有升，并且种植技术条件不高，注意温度、湿度、酸碱度和光线、营养就行，大部分群众都能学会种植，妇女、老人也能干。项目虽好，可是当地群众没种过，没技术，普遍有怕亏本的顾虑。如何让村民相信自己，跟自己干呢？白向娜决定自己创办黑木耳种植示范园。没有技术，她上网查资料，去书店买书籍，请专业技术人员，到种植现场参观学习，充分了解黑木耳的生长惯性，逐渐从一个门外汉变成了一个内行人，最终确定了种植黑木耳带动群众致富。

说到做到不怕困难

言必信，行必果。为了给群众以希望，白向娜和村干部一道，经过半年多的努力，成立了富万家农业合作社，流转土地1200多亩，种植良种谷子，收益良好，深受群众欢迎。但是流转土地还不到全村土地面积的一半，"有没有惠及更多群众的项目""如何开拓一条致富路"始终是萦绕白村官心头一个不解的结。袋装黑木耳种植，每天用人100名左右，都是留守妇女，天天都有活，现在已经采摘木耳5万多斤，今年预计能为群众增加收入150万元。

远大的理想只有付诸行动才会成功。"只有自己先尝试，闯出一条路，再带领群众一起干。"白向娜说干就干。种黑木耳，技术是关键。想创业，资金问题首当其冲。为了筹到资金，从不求人的她，婆家、娘家、亲朋好友家跑了不下四五趟，亲朋好友被她的诚心打动，纷纷伸出了援助之手，50万元启动资金很快到账。寿上村组干部听后深受感动，和群众们一起商议："这样为民着想的好村官哪里去找？！咱也没有钱支持，这样吧，她种植看中哪块地，咱们就腾开那块地！"。两天时间，20亩种植用地全部到位。

荣誉和梦想

2012年的4月27—28日，在北京梅地亚中心召开的"中国经济女性年度人物推举活动十周年纪念大会暨第十届中国经济女性发展论坛"上，白向娜被授予"2012中国优秀经济女性"称号。据了解，她是河南省计生系统唯一出席大会的代表，成功地展示了汝州市创业女性的良好形象。

一人富了不算富，全村人都富起来才是富。下一步，白向娜想寻找更多适合农村发展的道路，带领更多的群众致富。明年她将尝试种植袋料黑木耳，使黑木耳种植成为寿上村群众致富的主力军。种植成规模化的时候，她还准备成立种植合作社，统一培训，统一技术服务，统一防病治病，统一分级销售。白向娜坦露了自己的梦想，决定以她的合作社为载体，争取用3—5年的时间，带领寿上村老百姓在致富这条路上越走越光明，越走越富裕。

094
种养"两手抓"，每年抓到80万

这里的大棚里有红艳艳的草莓，这里的池塘里有肥硕的大鱼，每到周末，都有十来拨合肥市民携家带口到长丰县岗集镇青峰岭村游玩，或者采摘草莓，或者享受垂钓之乐，同时吃到地道的农家大锅饭，体验一把轻松愉快的农村生活。很多人慕名而来，就是为了支持一名大学生王胜返乡创业。在自己努力下，短短四年时间，王胜就从不谙农事的大学生变身精通农技的"乡下人"，其创办的农业观光园年收入达80万元。

1991年出生的王胜，瘦弱的身材，皮肤被晒得黝黑，显得比同龄人要老成一些。父亲由于生病不能下地干农活，母亲也患有先天性疾病，王胜从懂事的那天起，就一直是家里的小顶梁柱。

返乡创业从养鱼起步

2010年，王胜从铜陵学院毕业，正当他踌躇满志准备找工作时，叔叔的一席话打断了他的城市就业梦。叔叔找他谈话说，人要认准自己的优势，做自己喜欢的事。王胜考虑到自己一直生长在农村，从小不但耳濡目染农业生产，家里更是有几十亩耕地。如若回到农村做个新时代的新农民，不但可以更好地照顾身体不好的父母亲以及患病的叔叔婶婶，更有可能带动家乡群众共同致富，这不正是自己心存多年的梦想吗？在回归农村还是进军城市的思想交锋中，王胜最后还是选择了返乡创业。

2010年夏天，两手空空、身无分文的王胜挨家挨户地游说乡邻，让他承包村里的

40亩鱼塘。老人们对这个满脸还是稚气的娃子好言相劝，主要担心他如果养鱼到头来会是竹篮打水一场空。然而，拗不过王胜的执着，同情达理的乡亲们终于同意了他的请求，并允诺他先养殖后兑现承包费。

在叔叔的支持下，2010年深秋，王胜精心选择的草鱼、鳊鱼苗入塘了。然而，由于缺乏经验，2011年5月鱼苗大面积死亡。王胜马上联系水产专家，终于转危为安，当年鱼塘实现了4万元的纯收益，给他带来了创业发展的"第一桶金"。第二年在原有鱼塘的周围，王胜又新扩了3个鱼塘，养殖总面积达到110亩，并利用合肥近郊的区位优势，开展休闲垂钓。

"瞧，这些老茧就是干农活的结果，粗糙得都不敢拉女朋友的手。"王胜腼腆地伸出自己的那双手，这双手上有黄色的老茧。

发展休闲"淘金"农业

渔类养殖的初步成功让王胜看到了希望。2011年春节，同学聚会上，目光敏锐的他又瞅准了一个商机。那次，一位来自本县水湖镇的同学，给王胜带了两箱草莓，品尝之后王胜心想，被誉为"草莓之乡"的长丰县水湖镇离岗集镇并不太远，能否也在村里种些草莓？

带着这个疑问，王胜多次赴水湖镇考察。当年9月，10个草莓大棚就屹立在王胜自家的10亩良田上。为了攻破技术难关，他每周都要到水湖镇草莓基地请教专家，还多次邀请技术专家过来查看草莓长势。12月份，第一批草莓上市了，王胜赚了6万元。同时，王胜的水面养殖扩至200亩，又租了300亩地种反季节蔬菜，建成了"岗绿农业观光园"。

带领乡亲"抱团"致富

现在，王胜在草莓种植上又做出了大胆的尝试：他以600元/亩的价格流转了村里150亩土地，搭建了草莓大棚和其他基础设施，免费"借"给水湖镇的草莓种植大户，条件是所收获的草莓要按照批发价出售给他。

"现在草莓采摘越来越流行，但是单靠我自家的10亩大棚是远远满足不了市场。通过这种方法，我以低于市场价每斤10元左右的价格收购，然后再卖给游客和市场，赚的是中间差价。"王胜高兴地说，这样下来，一年赚40万元不成问题，加上鱼塘养殖和大棚蔬菜，他的年收入已达到80万元。

尝到成功的甜蜜后，王胜决定说服和带动周边的乡亲们改变传统农作物种植模式，发展草莓种植。2011年，在王胜的发起下，长丰县青峰岭果蔬种植专业合作社成立了。在相关部门的帮助下，合作社得到了县扶贫办的农业发展资金支持。2012年建设了50余亩大棚，全部零租金发包给村民种植草莓。当年，青峰岭村草莓种植达到30余户100余亩，实现总营销额近200万元，合作社农户户均增收近2万元。

现在，王胜正在整理今年合作社新租赁的300亩农田，今年村里还有不少农户要参加王胜的农业合作社。此外，王胜又将目光投向了果树种植，邀请砀山的技术人员来察看土地，计划和乡亲们一起种植油桃、柿子等经济作物。

"我不知道什么叫业余生活。每天早上5点起床晚上10点睡觉，一点空闲都没有，在草莓采摘旺季的时候就更不用说了。"王胜的心思全扑在了自己的事业上。

095
自创"绿媒"广告，获国家专利证书

临近岁末，大学毕业生又逢求职"寒冬"。在这场未来"饭碗"的争夺战里，不少人怀揣创业梦想，却感叹脚下无路。从事业单位到私企，从没有工作经验到自己发明"绿媒"创业，短短5个多月，24岁的女大学生王芳完成了从零到200万元订单的完美开端。

放弃稳定的工作"饭碗"创业

2012年，王芳毕业于太原理工大学艺术设计专业。"和绝大多数刚走出校门的大学生一样，父母也让我报考机关事业单位或者国有企业。"王芳说，父母都是临汾国企职工，属于体制内人员，在他们眼里，只有在这些单位上班才算正式就业。

在太原租房子后，王芳便买来各种复习资料埋头苦读。"正好太原市一家事业单位招考，我就报名了。"由于前期准备得比较充分，王芳顺利被录取，端上了"铁饭碗"。2012年10月，正式上了班。"工作比较清闲，以前大学里所学的专业知识，在这里几乎用不上，更多的是事务性工作。"王芳说，这让父母十分满意，但自己却觉得是一种煎熬。

选择自己喜欢的行业

2013年春节过后，王芳在父母的反对下，离开了别人羡慕的事业单位。在节后的招聘会上，她应聘到了一家文化传媒公司，岗位是营销专员。

在王芳看来，之所以做出这样的选择，原因有二：兴趣所在，喜欢这个行业；梦想驱使，想创业一番。"女孩又怎样？女孩就不能创业吗？"面对别人的疑问，王芳总是这样反问。

这家公司主要做户外平面广告。不过，2013年经济增长放缓，广告行业受到不小的冲击，营销专员的工作不好干，有时候跑两三天，也没有一家企业有广告意向。"其实很多行业都面临类似的情况。"王芳说，越是这样的经济形势，越是意味着创新和机遇。在她的概念里，广告行业转型发展，是当务之急。

国内自创"绿媒"广告模式

在太原市举办的一次大型文化类展会上，和很多参会人员一样，王芳被入场处锦簇的花团吸引了。职业敏感性让她驻足良久：来者必然是对文化产业感兴趣的人群，来者大多数都要看花团……能不能在花上做文化方面的广告？

王芳的这个构思很快得到公司高层的首肯。公司成立了以她为负责人的项目小组，负责"在花上做广告"项目的落地，也就是设法在花架上放上花盆，也放上广告，再将花架作为绿色饰品布置在医院、机场等处。

"其实，传统广告始终没有解决好广告受众的精准定位这一问题。"王芳将自己的项目命名为"花架广告"，又亲切地称之为"绿媒"。她说，"绿媒"区别于传统广告，可以做到受众的精准定位。

比如，户外平面广告无法将婴幼儿奶粉准确传播给有婴儿的家庭。但是，将有婴幼儿奶粉的"花架广告"广泛布置在妇幼保健院，这个问题便完美解决了。

愿意免费为大学生提供设备

"客户们不愿意做广告，很多时候是因为回报周期太长。"王芳告诉记者，回报周期一旦变短，愿意花钱做广告者会非常多。这些可行性方案确定后，王芳买来花架，在花架上摆上净化空气效果好的绿萝，并点缀以广告位，先在省儿童医院楼道、电梯口等地方试行摆放。

广告位很快就被抢购。紧接着，广告客户渐渐多了起来……从6月到11月，5个多月的时间里，王芳将"绿媒"拓展到机场、汽车4S店等公众场合，在美化环境的基础上，完成了广告额度从零到200万元订单的跨越。

现在，王芳的"绿媒"广告创意已经顺利通过专利申请，持有国家知识产权局颁发的专利证书。"'绿媒'需要定期浇水、换花，这些兼职工作我提供给了十几名在校大学生。"王芳表示，希望以自己的经历，给想要创业的大学生一些启示。"其实不仅在广告行业，其他行业也一样，总有一些创业机会就在身边，就看你肯不肯把握。"王芳表示，自己愿意免费为大学生提供花架、花卉等设备，帮助大学生创业。

096
走出校园进山村种植猕猴桃

这两天，位于浙江省慈溪市匡堰岗墩的猕猴桃种植基地一派繁忙景象，马巧玲正和工人们一起将收摘下来的猕猴桃装箱运往冷库，准备在年货展销会上销售。从9月下旬到现在，她的猕猴桃种植基地迎来了一拨又一拨的游客，有六七成的猕猴桃被游客当场买走。

马巧玲是宗汉街道马家路村人，2013年刚刚大学毕业。这位90后小女生，扎着一头马尾辫，有着小麦色皮肤，笑起来阳光般灿烂的她给人一种干练的感觉。让人更为意外的是，她已有4年猕猴桃种植经验。

高一下学期的一天，马巧玲在电视上看到一则大学生毕业后创业种植猕猴桃的新闻，受到很大启发。"当时想种猕猴桃的理由一是自己特别爱吃猕猴桃，二是妈妈之前做花木工程，我在潜移默化中喜欢上了园艺，学了不少这方面的知识。"

马巧玲说，她在网上查了很多有关猕猴桃的资料，发现猕猴桃种植最早起源于中国，但国内品种口感一般，糖分不高，价格卖不过进口的。"我便想到要引进优良猕猴桃品种，培育出本地产的原生态、好吃的猕猴桃。"

马巧玲将自己的想法告诉了妈妈，妈妈也很赞成，特意去猕猴桃种植基地实地考察。回来后，母女俩相互探讨了一番，都觉得发展前景不错，便决定试试。此后的一年里，她们又去全国各地参观猕猴桃种植基地，把种植地点定在了慈溪第一高山村——岗墩。"我邀请了农业专家鉴定，他们认为岗墩的土质和气候条件适合种植猕猴桃。"之后,她们在岗墩承包并雇人开垦了100亩山地,将猕猴桃种植前的有机肥进行挖洞埋肥。2009年初春,适合高山种植的徐香型猕猴桃种苗在岗墩落土生根。

边学知识边用于实践

2010年,马巧玲高中毕业考上了杭州职业技术学院,就读园艺专业。通过在学校更为专业、系统地学习,马巧玲掌握了更多的农业知识,也让她更加如鱼得水地钻研猕猴桃种植方面的技术和养护知识。

猕猴桃种植,前期困难很多,嫁接苗的成活率、植株病虫害等,都是需要面对和解决的。每次种植方面出现情况,妈妈都打电话向女儿请教。对于一些自己不能解决的问题,马巧玲就咨询学校老师。

猕猴桃苗株后期的护理工作也相当繁重,工作量大,投入也大。妈妈雇了工人进行日常管理养护,每年的4月份还要进行一次有机肥追肥工作。而每当放假,马巧玲就一头扎进山村,将自己在学校里所学的知识运用到实践当中来。在母女两人的精心照料下,种苗的成活率达到了80%以上。

2011年9月份,猕猴桃种植基地迎来了第一个收获季节。虽然产量只有几千斤,但看到辛辛苦苦忙活3年终于有了收获,母女俩不知道有多开心,那年她们还为自己的猕猴桃申请了"卡伽"品牌。就在猕猴桃种植慢慢走上正轨时,2010年7月,种植基地经历首次虫害,不少猕猴桃的枝干被虫吃了,并出现枝干死亡现象。马巧玲把虫害的照片发给浙江大学昆虫学的老师求教,通过对症下药化解了虫害危机。

劝说同学共赴山村创业

在种植基地的山坡上,马巧玲正和一名年龄相仿的员工探讨如何预防和解决猕猴桃枯叶问题。这名员工叫王宗,是马巧玲的同班同学,今年毕业后,她跟着马巧玲进了山村。

"我是被她'策反'来的。"家住观海卫镇的王宗告诉记者,她本来想去人才市场谋求一份园林管理方面的工作,但经不住马巧玲反复"洗脑",最终跟着她到山村种植猕猴桃。

王宗说,最终下决心来给马巧玲"打工",主要原因是专业对口,能发挥自己的特长,实现自己的人生价值。其实班里还有几名同学也有意向一起创业的,除了一名嘉兴的同学外,其他人终因家离慈溪太远而放弃了。马巧玲跟两位同学签订了劳动合同,她说,有这样两个得力的助手,相信她们的事业会干得越来越好。

匡堰镇农办华主任告诉记者,马巧玲给大学生在农业方面创业起到了良好的导向作用，镇农办和市农业局不仅在技术上给予支持，市镇两级政府还在经济上给予了补助和奖励。特别是在今年高温旱情较重的情况下，镇里协调专职消防队车辆，专门上山给马巧玲的100亩猕猴桃进行灌溉，解决了她们的燃眉之急。

拓展渠道发展旅游经济

9、10月份是猕猴桃采摘旺季，也是一年中种植基地最忙的时候，客人来了一拨又一拨。

"去年起就试着与本地几家旅行社合作，来了10多批游客，反响都挺不错的。"马巧玲说，她当初提出这一设想，是想让她的猕猴桃有更多的人知晓。今年采摘季节，旅行社带来的游客翻了近两倍，六七成的猕猴桃都被游客和散客当场买走。

马巧玲说，她一开始也考虑过进军超市，但做过市场调查后发现猕猴桃在超市的销量一般，而且猕猴桃不易保存，所以打消了这个念头。

除了每年参加全国各地的农博展和年货展销会，马巧玲还把她的猕猴桃放到美团网上推广，并打算通过微博等方式对自己的猕猴桃品牌进行网络营销。

"今年罕见的持续高温及台风'菲特'的影响，让猕猴桃的产量减了不少，希望明年会是个丰收年。"马巧玲说，今年的产量只有4万多斤，预计销售额在50万元左右。

目前，马巧玲的猕猴桃种植基地已渐渐步入正轨，她正与自己的母校洽谈校企合作的事项，把自己的种植基地作为学校开设选修课题的实践基地，为学弟学妹前来学习实践提供一个良好的平台。此外，马巧玲还有个拓展旅游观光配套服务的计划，为前来观光品尝猕猴桃的客人提供更多的休闲服务。对于自己的创业道路，马巧玲说，"踏踏实实用心做好每一件事，相信自己的创业道路会能越走越远"。

097
大学毕业做"青蛙王子"年入4000万

湖南省沅江市一大学生王理毕业5年来，考过公务员、研究生，也曾在职场上打拼过，最终不做销售搞养殖，勇敢创业年入千万，并获得"青蛙王子"的美名。

母亲受伤急钱用　催生创业梦

2008年，王理在吉林财经大学毕业，当时大学毕业以后，梦想其实和普通大学毕业生一样，曾去考过公务员，后来也想着考研，但都没有考上，最后应聘了广州一家公司。

王理说，考公务员和考研失利后，他应聘到广州一家公司做营销业务，因为肯吃苦、肯干，他的销售业绩比较突出，每月能拿到六七千元，扣除吃饭、住宿、交通、通讯等各项开销后，每月能有一两千元的结余。很快，他父母和弟弟也从湖南老家来到广州，全家人又团聚在一起，他父母希望他从此在广州安定下来。为了生计，王理的父母还租了一间平房，经营一家快餐店，每月收入大约五千元；他弟弟靠自己打工挣钱生活。起初，一家四口日子过得还算不错，但是，2008年下半年，王理母亲的一次意外受伤住院，打破了他们一家原来平静的生活，也催生了王理的创业梦想。

作为家里的老大，王理觉得自己理应承担起家庭的全部经济压力，自主创业、挣钱养家成为王理的一个主要目标，他决定自己开公司，就在他尝试多种创业的时候，一次与菜市场湖南老乡的聊天中，他意外地发现了一线商机。"他们说市场上销售的一种青蛙特别好卖，又看得见、摸得着，应该好养，为什么没有人大规模去养，要不我们几弟兄，一起去养青蛙吧。当时他们可能是玩笑话，说过以后就忘了，但是这句话，让我眼前一亮，觉得是个好事情。"王理回忆道。

别人的一句玩笑话，一下点醒了王理的思路，凭着天生的乐观精神和大学学来的经济学知识，王理四处查找青蛙养殖的有关资料，认真分析、评估青蛙养殖的成功率。

在做足了市场分析和调研后，王理准备开始他的创业计划，然而王理的计划却遭到了母亲的坚决反对。

王理也理解母亲的心思，母亲一生都在农村生活，吃了不少苦，一心想让王理过上城市人体面的生活，哪能刚跳出"农门"又要回去的道理。懂事的王理不和母亲较劲，而是先做通父亲的工作，给父亲算细账，讲长远规划，终于争取到了父亲的支持，父亲先回乡做前期准备工作，这边，王理一方面继续说服母亲。

重操旧业　筹集养蛙启动资金

争取到家里人的同意只是一个开始，要创业就需资金、场地、技术，这第一个难题就是缺启动资金，按王理估算启动资金至少需四五万元，但家里能够拿出的钱不到一万元,该怎么来解决这个难题呢?

钱的事情,我在接下来的这一两个月时间里,干起了大学时候的老本行,就是去大学城里面,去卖公务员的书籍,卖一些饰品,做摆地摊这些小生意。另外,跟别人合伙搞了一个烧烤摊,运气还可以,两个月的时间,虽然瘦了一圈,但还是攒了四万六千元。

通过辛苦的兼职,王理终于赚到启动资金,他谢绝了公司领导的一再挽留,辞职回到湖南老家,开始了他"青蛙王子"的创业之路。

选对品种养殖　销售遇"红灯"

既然作为一个普遍推广的事业来做,那么养殖品种就非常重要,养殖什么样的蛙才合适呢?

王理考虑到除了牛蛙、美国青蛙这些已经相对成熟的蛙类,只有棘胸蛙、黑斑蛙、林蛙这些可以养殖,但是林蛙、棘胸蛙受自然条件的约束,它们一定要在某种特殊的气候条件下才能够养殖,只有黑斑蛙可以大面积推广。

所谓黑斑蛙,就是农村最常见的野生青蛙,有些地方称作田鸡,它对环境、温度的要求不太高,在国内大多数地方都能生存。确定好品种后,王家父子和两个朋友开始没日没夜地在田间地头苦干,不断试验、育种,抗击各种自然灾害,半年时间过去了,大批的青蛙终于上市了。可就在这个节骨眼上,王理遇到了他有生以来最大的一道坎。

王理说,对于这种有经济利用价值、允许繁殖的蛙,国家法律有明确的规定,只有四种蛙可以养殖,即虎纹蛙、美国青蛙、林蛙和棘胸蛙,没有黑斑蛙。如果没有相关的手续,拿到街上去卖,这是犯法。按照规定,只要超过50只野生动物,也就是说不到5斤蛙,就已经触犯了法律。当时我们比较着急,因为距离青蛙上市只有一两个月的时间,我决定直接去林业局。

一听说自己养的青蛙不能办养殖许可证,王理的脑袋"嗡"地一声,就像被打了一闷棍,他不知道该怎么办了,好在当地林业局的领导知道这件事情后,看到他这样有决心干事业,非常重视他的问题,经多次向上级反映、沟通,事情总算有了转机。当他听到林业局领导说给予他们大学生创业特事特办的时候,他内心的激动、喜悦,不亚于拿到高考录取通知书。

拿到了湖南省第一张黑斑蛙养殖证

王理终于拿到了湖南省第一张黑斑蛙的养殖许可证。拿到养殖许可证后,王理养殖场的第一批青蛙顺利上市,第一年销售,他的纯利润就有近八十万元。经过几年来辛苦创业付出,现在,他的养殖场年销售额已达四千万元。

098
丝绸剪纸画,成就创业梦想

"我感觉人生就像翻山,没有哪条路是平坦的。"留着短发的李剑呵呵笑着,看起来像个刚走出校园的学生。这个1985年出生的姑娘,在很多人眼里是成功和幸运的:大学毕业后开始创业,短短三年已拥有一个年销售额突破500万元的公司。

大学毕业后选择创业

"这个孩子,跟我一样,倔得很。"伏兆娥慈爱地看着李剑,轻轻地说。作为宁夏非物质文化遗产——回乡剪纸的第三代传承人,伏兆娥既做餐饮生意,又要兼顾剪纸艺术,她和爱人都一直没有时间好好照顾子女,甚至忙的时候,还需要孩子们拿起剪刀,和她一起做剪纸。

"从小自立,也没什么不好。"李剑伏在母亲的肩头笑道。

李剑在第一次高考失败后,一个人扛着行李跑到固原市住校复读,考上大学后,揣着3000元和录取通知书,开始了四年的大学生活,没有再向家里要过一分钱。"其实就是想看看,自己能够自主独立到什么程度。"李剑说。

大学里,李剑一面勤工俭学,一面体验着各种角色:社团负责人、学生干部、辅导员,甚至在大二时尝试做起小生意,挣了一万多元,让同学羡慕不已。然而大三时,由于英语分数不够,她错过了保研的资格,倔脾气又来了,大四将自己所有的精力全部投在考研上,并瞄准了对口专业最好的学校,每天泡在图书馆。但最后仍然因为几分之差,与心仪的大学失之交臂。

"当时真有挫败感,觉得自己这么努力,却没有收获。"李剑感叹道。

继续考研、找工作、考公务员、创业,摆在面前的几条路,李剑选择了最让同学们瞠目的创业,项目则是她最熟悉的行业——剪纸。

"儿时陪着母亲创作剪纸的过程,现在仍然历历在目,在大学学习广告,考研,其实都是为了一个目标——回乡创业,把剪纸发扬光大。所以即便考研不成功,还是要干。"原来,早在学生时期,她便有了一个明确的目标,曲曲折折的路径,都是通往一个目的地。

创新,给传统剪纸找出路

没有创业经验,没有启动资金,有的只是对于剪纸的热爱和母亲伏兆娥的名气。"不是没考虑过失败,但是不尝试更可惜。"倔强的李剑偏偏要闯一闯。

2009年7月,大学刚刚毕业,李剑便回到家乡,从母亲那借来3万元钱,成立了宁夏艺盟礼益文化艺术品有限公司。可这3万元租了间办公室后,就花光了。

男友给了她最坚定的支持,将铺盖直接寄到宁夏,随身带着辛苦打工攒下的4万元钱和李剑一起创业。在当地妇联帮助下,他们申请的YBC创业、宁夏手工工艺资助等项目贷款终于到账。第一个产品——剪纸贺卡正式问世。"最苦的日子挺过来了。"两个年轻人相视一笑。

第一笔单子是300多张贺卡,一个星期内交工,没有工人,李剑号召全家上阵,妈妈、妹妹、小姨,一家人剪了4天,才完成贺卡的剪纸部分。由于印数太少,印刷厂不接活,两人就窝在办公室用打印机打印。正值数九寒天,打印机又出了故障,等到修好机子,完成贺卡,两人连续24小时没合眼。

东西送到顾客那里,顾客提出希望在贺卡上有祝福语,并且第二天就要,两人从下午5点一直写到了凌晨4点,虽然累得够呛,但是交单的那一刹那,"感觉好轻松,好兴奋。"李剑笑着说。

第一年,贺卡只卖出去3000多张,收入不到1万元,公司亏了近10万。"传统的剪纸市场就只能做这么大,要想突破就必须有创新!"在一次去杭州考察的过程中,李剑为杭州丝绸所吸引,"为什么不能做丝绸剪纸画?"打定主意,咬咬牙,李剑批发了4000多元钱的丝绸回家开始尝试,虽然那批丝绸成为了试验品,但是在投入了几万元后,他们成功地将剪纸与丝绸完美融合。最终,这项发明一举拿下"全国妇女手工制品最佳创意奖"。

有了新产品,该如何推销出去?两人用了最笨的办法,背着产品挨家挨户推销,闭门羹吃了无数,少有成功。总结经验,李剑认为:"宁夏最缺这种有回族文化气息的剪纸产品,应该会很受这些单位机关的欢迎。"

对准了市场,便找到了门路,新产品果然一炮打响,李剑逐步尝到了创业的甜头:2011年公司总销售额达到370万元,2012年则突破500万元。事业走上了正轨,荣誉接踵而来，银川市政协委员、创业之星……

拯救手工艺术还需市场推广

如今的李剑，不愿意把自己定位为一个生意人，而是更愿意做一个文化推广者。

为保证剪纸艺术品的原汁原味，李剑采取"企业＋传承人＋农户"的经营模式，并不单纯追求产量，而是与自治区妇联合作成立"宁夏妇女手工制品协会"，和母亲先后开办30多期手工制品培训班，1000余名妇女因此受益，公司也培养出了稳定的剪纸队伍。

作为回乡剪纸第四代传人，她的目光不仅仅停留在剪纸上，还扩展到了整个宁夏的非遗文化发展上。"很多民间的手工艺者，非遗传承人，其实过得很艰难。好的手工艺品由于没有市场推广而面临着消失的危险，我觉得自己有责任去帮一把。"李剑说。在她的发展梦想里，她要建一个回乡民俗文化发展基地，将宁夏的非遗艺术家请进来，教会更多人手艺，让回乡特色手工艺品打响全国。

这个梦想的实现必定充满坎坷。去年以来行情不好，不过李剑却干得更加起劲。"越是不景气，越是有机会，只有更有竞争力和创意的公司才能走到最后。我充满信心。"去年中阿博览会上，公司专门针对阿拉伯客人研发出特色阿文回乡剪纸挂历。丝绸配上阿文剪纸祝福和回乡特色的修饰，既有中国特色，又充满异域风情，大受阿拉伯客人好评，目前已经有几个国家的客商表达了合作意向。

不管遭遇多少挫折，这个29岁的姑娘，似乎身上有着使不完的劲。为了自己的回乡文化梦，李剑联系了宁夏艺术职业学院，让非遗传承人走进学校，开设职业课堂，剪纸、刺绣、布艺、雕刻、非遗产品设计等专业陆续开班。"既是让非遗传承人发挥热量，也是培养文化热爱者和传承者，这样我们未来的产业不就不缺产业工人了吗？"

099
做中国"最值钱"的煎饼人

10多平方米的煎饼店，13个座位，煎饼果子能从早卖到晚，猪蹄需提前预约限量发售，新浪微博粉丝量将近25000，成为新浪微博营销的典型案例。在很多人的固有思维模式里，摊煎饼是一个上不了"台面儿"的行当，然而，开店10个月，按目前的收益推算，"黄太吉"一年能实现500万元的流水，被风投估价4000万元人民币。

这家煎饼铺的老板叫赫畅，典型的80后创业者。从22岁起他先后经历了在百度、去哪儿网、谷歌担任品牌与用户体验管理工作，26岁与英国传奇广告教父萨奇兄弟创办4A数字营销公司，28岁创建数字创意公司DIF。黄太吉是他的第三次创业。

相对于前两次创业，做黄太吉这事被周围的朋友破了不少冷水，用赫畅的话说"除了我老婆，基本没有人看好我卖煎饼这事"。周围朋友的劝阻赫畅也能够理解，但是在赫畅看来，卖煎饼是一件非常"接地气"的事，且餐饮行业又是离每个人息息相关的行业。

从做广告到卖煎饼

关于黄太吉的来由，还要先从一个人说起，这就是现在黄太吉的老板娘。

据了解，在经历了几番跳槽之后，赫畅特别想自己做点事儿，但又苦于不知具体做些什么，就在此时，他认识了现在黄太吉的老板娘，一个地道的天津姑娘，随后赫畅开始经常往返于北京和天津之间。由于老婆是天津人，自己和老婆都喜欢吃煎饼，所以开始对做煎饼这件事产生了兴趣。

两个人经过商量，决定做一家煎饼铺，但店铺形式要区别于传统意义上的街头店，他希望能够颠覆煎饼之前在人们脑海中的印象，于是他决定把煎饼店开进北京的CBD。

经过三四个月的紧张筹备，就在一切准备就绪随时可以开业时，店铺的名字却还没有想好，如何起个朗朗上口又便于记忆的名字，着实让做了多年品牌管理的赫畅伤了不少脑筋。

赫畅告诉记者,自己想了很多名字,但是始终没有一个让自己特别满意。"黄太吉"这个名字是自己晚上做梦时梦见的名字。由于自己是来自于哈尔滨的满族人,自己的满族姓氏为赫舍里,于是他将小铺起名为黄太吉,取意"皇太极"之意。

名字取好后,紧接着就开始筹划开业。作为一个没有任何餐饮从业经验的人,为了保险起见,他特意选了一个周末作为第一天开业日子,他依稀记得开业当天大概卖了几百块钱。

随着大家的口口相传,没过多久生意就开始火了起来,每天中午排队吃煎饼的人已经不是门店内所能承载的,很多人为了能吃上煎饼经常要排近半个小时的队伍,这有点出乎他的意料。但是随着时间的推移,赫畅已对这种门庭若市的场景司空见惯。

为什么选择煎饼为自己创业的切入点,赫畅有自己的一套理论。

首先,从行业趋势上,赫畅认为中国的快餐有个特点:要么太接地气,要么太不接地气。另外,中国作为一个饮食大国,孩子的同年被很多洋品牌快餐包围,这是不正常的,中国人应该有自己引以为豪的快餐品牌。

此外,从制作工艺上讲,中国的美食相对于汉堡、披萨等西式快餐,在标准化工艺上要复杂的多,这也在很大程度上限定了中国快餐的发展。

如何才能既保证快餐的效率,又能还原现吃现做的工艺,且便于携带,综合考虑权衡之后,赫畅发现煎饼是个不错的切入点。

接地气的O2O:抓住微博营销时代

微博、微信、大众点评LBS,每一样黄太吉运用得都很溜,但并不是和其他一些小店那样开个微博打个广告而已,赫畅非常注重微博、微信营销的效果。黄太吉的微博上,美食粉丝们在上面进行频繁互动。最近,他还应邀参加厦门的微博营销大会并演讲。对于微博营销,赫畅主要关注以下几个方面。

首先,无论是企业微博,还是其他社会化媒体形式,要想让大家参与话题讨论,首先内容一定不要只注重宣传产品,而要有话题性,有话题才有附着性。而黄太吉,在话题的附着力上下足了功夫。时不时抛出一些带有附着力的话题来,引发大家的讨论和围观,例如煎饼店开进CBD、老板开奔驰送煎饼、美女老板娘送餐、煎饼相对论公开课等,这已成为很多粉丝们津津乐道的话题。

除了话题要有依附性之外,更要为食客们提供方便分享的环境和氛围。很难想象在一个只有13个座位的煎饼铺里,还提供无线上网服务,之所以这么做,赫畅希望能为顾客建立一个"分享"的环境和氛围,让大家在快速用餐时就把自己"用餐经验"

分享出去，传递给自己的朋友。

还有就是积极地和粉丝回复互动。据赫畅称，从开业至今黄太吉共收到过约7万多条微博评论，赫畅对每一条微博评论都会在第一时间回复，他认为这么做的动机不仅仅是互动，更重要的是用心和顾客沟通，迅速、及时的回复更是诚意的体现。

除了微博、微信、大众点评等平台，主流媒体也是不容忽略的渠道。据悉，正是通过北京电视台的"BTV美食地图节目"，才让这家店让更多的消费者熟知。对于黄太吉的营销，赫畅认为，往往看上去越不像营销的"营销"，产生的效果反而会更好。

坚持小而美

从2012年中旬开业至今，黄太吉不仅得到了众多食客们的拥趸，更吸引了很多投资人的注意，据赫畅称，目前主动找上门来的风投包括经纬创投、创业工场等国内众多知名风投，每天打电话来寻求加盟的人更是前仆后继。

关于被问及最多的加盟，赫畅有自己的想法：黄太吉只做直营，不做加盟。这样可以在品质把控上更利于管理和监督，他希望把黄太吉这个品牌做得尽可能长远。

关于公司未来的发展，赫畅告诉记者，黄太吉计划今年在北京开5—6家分店，计划明年将分店开到上海、深圳等地，如果一切发展顺利的话，也会考虑把黄太吉开到纽约、伦敦、墨尔本等国外地区，三年之后再回来做下一轮扩张。

他同时透露，未来黄太吉每家店铺的菜单不会完全相同，每家店铺会根据不同地区的特点研制新的特色产品，不同的店铺只保留那些经典款的产品，他认为这样做更有趣，也让食客们对不同的店铺有不同的念想。

对于黄太吉目前取得的成绩，赫畅认为这既是意料之外，也在情理之中。

"良心用好料，还原老味道"，这是黄太吉所倡导的经营理念。

"在用料上，我们坚持用有机生菜、纯绿豆面、无矾现炸油条"，"相对于'用好料'，我们最想强调的其实是后面'老味道'这部分"，煎饼、豆腐脑、油条，这"老三样儿"是黄太吉店里的主打商品，也是食客们点击率最高的产品，他希望把那些老味道赋予新的生命，在被西化的中国快餐市场树立新的标杆。

一个标准版的煎饼定价9.5元，对于这个定价赫畅有自己的道理。"纯绿豆面、有机生菜、无矾现炸油条这都是我们的竞争优势。我希望在未来5—7年，把黄太吉做成闭循环，各个环节的用料都能够自己供应，但这需要逐步实现。"赫畅说。

因为做黄太吉，赫畅三个月瘦了35斤，他坦言目前公司遇到的最大问题是管理上的瓶颈，他希望未来无论是从工艺流程上还是人员管理上都能更加优化和有条不紊。

100
轻轻松松做字画经纪人

湖北美术学院"六人创业团"为学生卖画,通过瞄准中低端艺术品市场,团队成立一年营收就达到160万元。近年来,中低端艺术品消费需求在一线城市开始兴起,随着中低端艺术品市场兴起,催生了不少学生画作经纪人,不少商家也在纷纷布局欲从中捞金。

团队瞄准平价艺术品市场"钱景"

2013年11月11日,还是学生的刘博侠成立了后浪创业团队,专门为学生卖画。"一张对开的画纸30元,一管进口的颜料20多元,每月的生活费大多买了这些必需品,而与之相对的是,同学们创作的作品变成经济收入。"谈起创业的初衷,刘博侠表示,就是为了帮同学赚钱,让同学们的作品物有所值。

说干就干,刘博侠和5名校友成立了创业团队,将破旧的工作室改造成办公室。为了补充行业知识,伙伴们大量地阅读行业书籍,只要哪里有画展、艺术展便自费参加。功夫不负有心人,在运营仅3个月时,团队获得风投公司的关注,拿到10万元的首笔投资资金。

由于他们把目标定位于市民和中端消费者,价格在几百元到3000元之间,所以作品受到酒店、餐饮店及市民的青睐。从成立至今不过一年多的时间,团队销售收入就达到160万元。

不仅是后浪团队,还有一大批的艺术生创业团队来袭。崛艺工作室负责人朱颖翔也是名在校学生,她的工作室主要从事动漫制作,也把学生的创作推向市场。目前工作室年收入达10万元。湖北美术学院的相关负责人介绍,目前,六成以上的学生都有创业经历或想法。

经济繁荣 促大众艺术品消费

文化艺术交流协会副秘书长蒋小兮介绍,随着中国经济继续发展,大众艺术消费的悄然兴起,越来越多的人开始涉足艺术品市场,这也是学校能催生大量学生作品经纪人的原因。

据一份2012年针对国内艺术消费人群的数据调查显示:目前已有越来越多的人进入艺术品消费领域,参与调查投票的人群中,实际年收入在10万元以下的占72.97%,10万元至100万元的占21.62%,100万元以上的占5.41%。显然,年收入在10万元以下的人群艺术消费一般都以中低档为主。

在2014年8月,后浪团队还远赴上海进行为期四天的考察,并协助艺术村创办系列艺术交流会、研讨会等,并引入订单机制,将社会需求与美院学生旺盛的创作能力进行有效对接。

后 记

相信自己的力量 创业从梦想开始

当我写完本书最后一篇稿件时，时值2015年的北京"两会"期间，出于职业敏感，我非常关注每年"两会"代表和委员们的各项提案。全国人大代表孙维特别关注大学生创业议案，用了半年时间，联合有关机构对陕西和其他几个省份的33744位在校大学生和5357位刚毕业两年的大学生调查，结果显示，大学生最渴望在创业过程中得到政府的资金扶持和简化相关审批手续。其中，59.96%的在校大学生有创业想法，有4.89%的在校大学生已在创业，20.73%暂时没有创业想法，还有14.4%的人在犹豫不决。

著名央视主持人、全国政协委员朱军也认为："大学生是最具创造力的群体，也处在最有创造力的年龄段，他们应该享受到特殊的待遇并获得创业机会，全社会应该营造有利于这个群体创业的环境，有风险就不创业，这是说不过去的。"本书就是在此创业环境下为指导大学生如何迈出创业第一步而撰写，旨在为准备创业和正在创业的大学生朋友提供有价值的借鉴，帮助他们树立创业信心。

《最新100个大学生创业致富金点子》是我经过一年时间选题研究，并联系接触了近千名创业的大学生，最终写成的。这也与我的个人经历有关，我二十多年前在家乡读中学时，为了减轻父母负担，每年暑假都去珠三角打工，曾在砖厂拉过砖车，做过建筑工地的杂工、保安。后来到了广州读大学，也继续勤工俭学，曾一度冒着烈日到华师大门口天桥上摆地摊卖贺卡、明信片，多次被城管驱管，也在大学宿舍销售过牛奶和面包及老家特产。后来，身为学生会"领导"的我，又做了一件轰动整个校园的"大事"，就是和一个同学承包大学的千人礼堂，自筹资金购买了一部5万元的二手电影放映机，每周末在大学礼堂和附近两所大学球场轮流放电影，每周售票收入达1600多元，片租每天才80元，学校也免收水电费和租金，我每周票房净收入达1400

元左右。记得当时（1996年）广州一般的大学教师的工资才800多元。回首往昔，我大学"风光"创业的背后，其间心酸无人知晓，至今感慨万千。我大学多次创业的经历，对今天创业的我，非常有帮助。

《最新100个大学生创业致富金点子》中成功创业的大学生先锋人物，其中一部分人就有我当年的影子。他们亲身实践蛮拼地创业，彰显了他们敢于创新、用于挑战、乐于创业、善于创业的品质，并最终实现创业梦想，使财富在短时间内获得翻倍增长。

笔者从全国最新300多个大学生成功创业者当中，认真梳理出100个具有代表性的大学生创业真经，全面剖析了他们的成功之道，并针对其创业中的关键问题，如创业项目准备、企业经营理念、产品营销秘籍、团队建设、企业制度、财务管理、风险控制、融资渠道、创新之道等，进行分析，将这成功的100个大学生的睿智思维和创业魅力展现在读者面前。以此激发大学生的创业热情，培养大学生的创业精神，提升大学生的创业能力，激励更多的大学生投身于创业实践，为实现他们美好的理想而努力！

入选《最新100个大学生创业致富金点子》的大学生能够获得今天的成功，绝对不是靠"赌"，而是靠他们的勤奋与努力。成功绝非偶然，也绝无捷径可走。他们在决定创业时，激情昂扬地求索，经历了各种挫折和痛苦，经历了各种磨难、挣扎与失败，也只有经历了这些，才能更好地提高自己的创业能力，更好地获得成功的资本，最终梦想变为现实。

春有百花秋有月，夏有凉风冬有雪。人生就是这样，一年四季都有好时节，大学生们，奔跑吧！只要你能抓住时机，展示自己的才智，并相信自己的能力，你的人生一定会充满"钱景"！一句话，"总理都喊你来创业，你还犹豫什么？"

在《最新100个大学生创业致富金点子》采写过程中，特别感谢广东外语外贸大学的谢文新教授的悉心指导。在本书的出版编辑过程中，感谢人民日报出版社的编辑老师，他们为本书的顺利出版付出了辛勤的努力。也感谢为这部书付出努力的所有出版人与发行人，他们的勤奋让作者和读者看到了出版人一丝不苟的敬业精神。